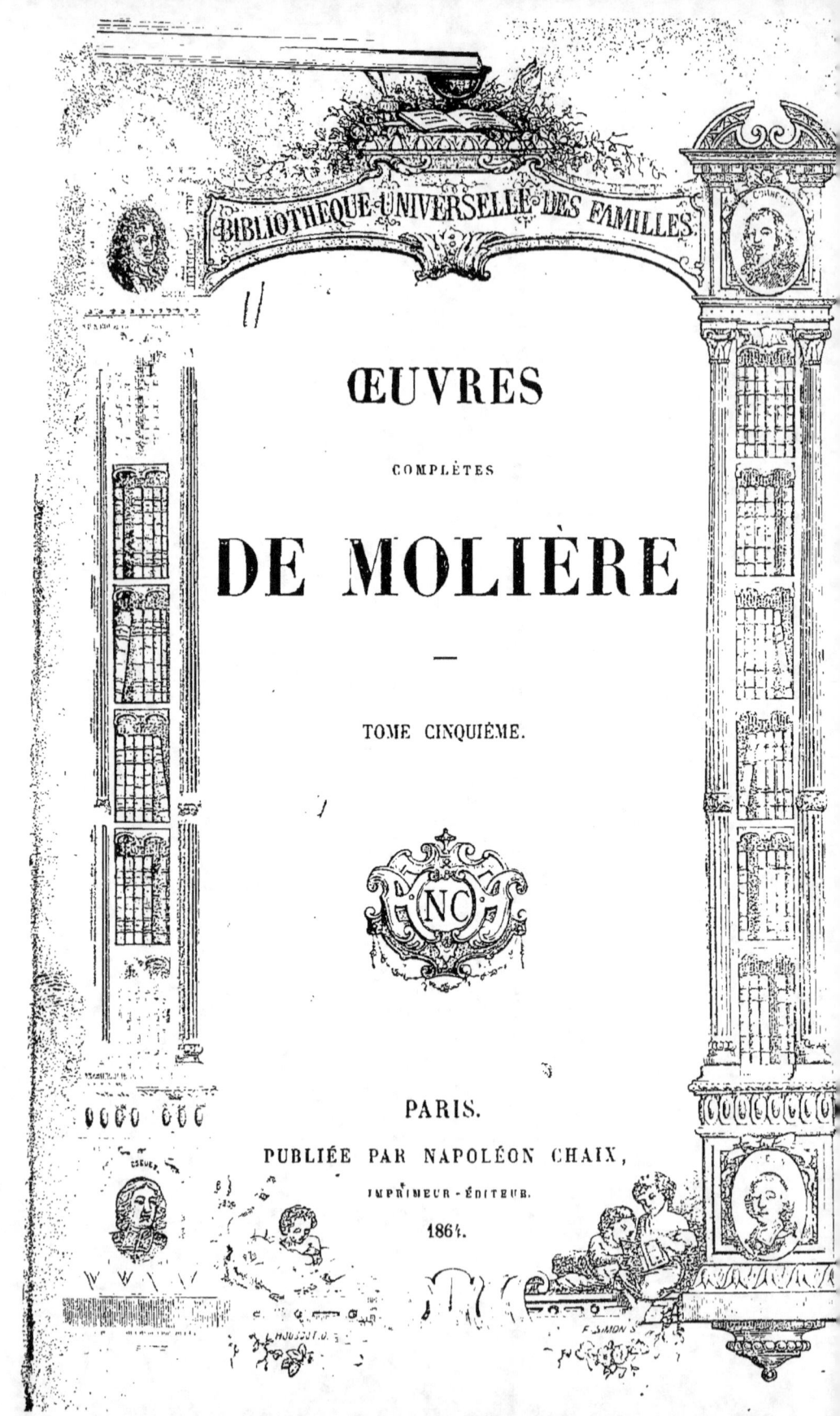

ŒUVRES
COMPLÈTES
DE MOLIÈRE

TOME CINQUIÈME.

PARIS.
PUBLIÉE PAR NAPOLÉON CHAIX,
IMPRIMEUR-ÉDITEUR.
1864.

FORMANT

500 BEAUX VOLUMES IN-OCTAVO

CHOISIS PARMI

LES MEILLEURS OUVRAGES ANCIENS ET MODERNES

PUBLIÉE

PAR NAPOLÉON CHAIX.

COLLECTION NAPOLÉON CHAIX.

ŒUVRES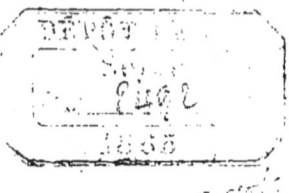

COMPLÈTES

DE MOLIÈRE

TOME CINQUIÈME.

PARIS

CHEZ NAPOLÉON CHAIX ET Cie,

IMPRIMEURS-ÉDITEURS.

1864.

PSYCHÉ.

TRAGI-COMÉDIE ET BALLET EN CINQ ACTES.

17 janvier 1671.

LE LIBRAIRE AU LECTEUR[1].

Cet ouvrage n'est pas tout d'une main. M. Quinault a fait les paroles qui s'y chantent en musique, à la réserve de la plainte italienne. M. de Molière a dressé le plan de la pièce et réglé la disposition, où il s'est plus attaché aux beautés et à la pompe du spectacle qu'à l'exacte régularité. Quant à la versification, il n'a pas eu le loisir de la faire entière. Le carnaval approchait; et les ordres pressants du roi, qui se voulait donner ce magnifique divertissement plusieurs fois avant le carême, l'ont mis dans la nécessité de souffrir un peu de secours. Ainsi, il n'y a que le prologue, le premier acte, la première scène du second, et la première du troisième, dont les vers soient de lui. M. Corneille a employé une quinzaine au reste; et par ce moyen Sa Majesté s'est trouvée servie dans le temps qu'elle l'avait ordonné.

---

[1] Cet avis, qui se trouve dans toutes les éditions, est probablement de Molière lui-même.

PERSONNAGES.

JUPITER.
VÉNUS.
L'AMOUR.
ÆGIALE, } Grâces.
PHAÈNE, }
PSYCHÉ.
LE ROI, père de Psyché.
AGLAURE, } sœurs de Psyché.
CIDIPPE, }
CLÉOMÈNE, } princes, amants de Psyché.
AGÉNOR,   }
LE ZÉPHIRE.
LYCAS.
LE Dieu d'un Fleuve.

Noms des acteurs qui ont joué d'original dans *Psyché*.

JUPITER.	Du Croisy.
VÉNUS.	Mlle Debrie.
L'AMOUR.	Baron[1].
ÆGIALE.	Mlle Beauval.
PHAÈNE.	Mlle du Croisy.
PSYCHÉ.	Mlle Molière.
LE ROI.	La Thorillière.
AGLAURE.	Mlle Marotte.
CIDIPPE.	Mlle Beauval.
CLÉOMÈNE.	Hubert.
AGÉNOR.	La Grange.
LE ZÉPHIRE.	Molière.
LYCAS.	Châteauneuf.
LE DIEU D'UN FLEUVE.	De Brie.

[1] Baron, alors âgé de dix-huit ans, joua avec un grand succès ce personnage de l'Amour.

PSYCHÉ[1].

PROLOGUE.

La scène représente sur le devant un lieu champêtre, et dans l'enfoncement un rocher percé à jour, au travers duquel on voit la mer en éloignement. — Flore paraît au milieu du théâtre, accompagnée de Vertumne, dieu des arbres et des fruits, et de Palémon, dieu des eaux. Chacun de ces dieux conduit une troupe de divinités : l'un mène à sa suite des dryades et des sylvains, et l'autre des dieux des fleuves et des naïades. Flore chante ce récit pour inviter Vénus à descendre en terre :

> Ce n'est plus le temps de la guerre ;
>   Le plus puissant des rois
>   Interrompt ses exploits,
> Pour donner la paix à la terre.
> Descendez, mère des Amours,
> Venez nous donner de beaux jours.

(Vertumne et Palémon, avec les divinités qui les accompagnent, joignent leurs voix à celle de Flore, et chantent ces paroles :)

---

[1] Outre la collaboration de Corneille, Molière eut recours à Quinault pour les paroles chantées. Lulli en composa la musique.

La tragédie-ballet de *Psyché* fut représentée aux Tuileries le 17 janvier 1671, et sur le théâtre du Palais-Royal le 24 juillet de la même année. Elle eut trente-huit représentations consécutives. L'année suivante elle fut deux fois reprise.

La fable de Psyché avait été traitée par la Fontaine en 1669 dans son roman en prose et en vers, qui est un chef-d'œuvre.

CHŒUR DES DIVINITÉS de la terre et des eaux, composé de Flore, nymphes, Palémon, Vertumne, sylvains, faunes, dryades et naïades.

Nous goûtons une paix profonde;
Les plus doux jeux sont ici-bas.
On doit ce repos plein d'appas
  Au plus grand roi du monde.
Descendez, mère des Amours,
Venez nous donner de beaux jours.

(Il se fait ensuite une entrée de ballet, composée de deux dryades, quatre sylvains, deux fleuves et deux naïades; après laquelle Vertumne et Palémon chantent ce dialogue :)

VERTUMNE.

Rendez-vous, beautés cruelles,
Soupirez à votre tour.

PALÉMON.

Voici la reine des belles,
Qui vient inspirer l'amour.

VERTUMNE.

Un bel objet toujours sévère
Ne se fait jamais bien aimer.

PALÉMON.

C'est la beauté qui commence de plaire;
Mais la douceur achève de charmer.

TOUS DEUX ENSEMBLE.

C'est la beauté qui commence de plaire;
Mais la douceur achève de charmer.

VERTUMNE.

Souffrons tous qu'Amour nous blesse;
Languissons, puisqu'il le faut.

PALÉMON.

Que sert un cœur sans tendresse?
Est-il un plus grand défaut?

PROLOGUE.

VERTUMNE.

Un bel objet toujours sévère
Ne se fait jamais bien aimer.

PALÉMON.

C'est la beauté qui commence de plaire;
Mais la douceur achève de charmer.

TOUS DEUX ENSEMBLE.

C'est la beauté qui commence de plaire;
Mais la douceur achève de charmer.

FLORE répond au dialogue de Vertumne et de Palémon par ce menuet, et les autres divinités y mêlent leurs danses :

Est-on sage,
Dans le bel âge,
Est-on sage
De n'aimer pas?
Que sans cesse
L'on se presse
De goûter les plaisirs ici-bas.
La sagesse
De la jeunesse,
C'est de savoir jouir de ses appas.

L'amour charme
Ceux qu'il désarme;
L'amour charme,
Cédons-lui tous.
Notre peine
Serait vaine
De vouloir résister à ses coups;
Quelque chaîne
Qu'un amant prenne
La liberté n'a rien qui soit si doux.

(Vénus descend du ciel dans une grande machine avec l'Amour, son fils, et deux petites Grâces, nommées Ægiale et Phaène; et les divinités de la terre et des eaux recommencent de joindre toutes leurs voix, et continuent par leurs danses de lui témoigner la joie qu'elles ressentent à son abord.)

CHOEUR de toutes les divinités de la terre et des eaux.

Nous goûtons une paix profonde,
Les plus doux jeux sont ici-bas;
On doit ce repos plein d'appas
  Au plus grand roi du monde.
Descendez, mère des Amours,
Venez nous donner de beaux jours.

VÉNUS, dans sa machine.

Cessez, cessez pour moi tous vos chants d'allégresse;
De si rares honneurs ne m'appartiennent pas;
Et l'hommage qu'ici votre bonté m'adresse
Doit être réservé pour de plus doux appas.
  C'est une trop vieille méthode
  De me venir faire sa cour;
  Toutes les choses ont leur tour,
  Et Vénus n'est plus à la mode.
  Il est d'autres attraits naissants
  Où l'on va porter ses encens.
Psyché, Psyché la belle, aujourd'hui tient ma place,
Déjà tout l'univers s'empresse à l'adorer;
  Et c'est trop que, dans ma disgrâce,
Je trouve encor quelqu'un qui me daigne honorer.
On ne balance point entre nos deux mérites;
A quitter mon parti tout s'est licencié,
Et du nombreux amas de Grâces favorites
Dont je traînais partout les soins et l'amitié,
Il ne m'en est resté que deux des plus petites,
  Qui m'accompagnent par pitié.
  Souffrez que ces demeures sombres
Prêtent leur solitude aux troubles de mon cœur,

Et me laissez, parmi leurs ombres,
Cacher ma honte et ma douleur.

(Flore et les autres déités se retirent, et Vénus avec sa suite sort de sa machine.)

ÆGIALE.

Nous ne savons, déesse, comment faire,
Dans ce chagrin qu'on voit vous accabler.
   Notre respect veut se taire,
   Notre zèle veut parler.

VÉNUS.

Parlez; mais si vos soins aspirent à me plaire,
Laissez tous vos conseils pour une autre saison,
   Et ne parlez de ma colère
   Que pour dire que j'ai raison.
C'était là, c'était là la plus sensible offense
Que ma divinité pût jamais recevoir :
   Mais j'en aurai la vengeance,
   Si les dieux ont du pouvoir.

PHAÈNE.

Vous avez plus que nous de clarté, de sagesse,
Pour juger ce qui peut être digne de vous;
Mais, pour moi, j'aurais cru qu'une grande déesse
   Devrait moins se mettre en courroux.

VÉNUS.

Et c'est là la raison de ce courroux extrême.
Plus mon rang a d'éclat, plus l'affront est sanglant;
Et, si je n'étais pas dans ce degré suprême,
Le dépit de mon cœur serait moins violent.
Moi, la fille du dieu qui lance le tonnerre,
   Mère du dieu qui fait aimer;
Moi, les plus doux souhaits du ciel et de la terre,
Et qui ne suis venue au jour que pour charmer;
   Moi qui, par tout ce qui respire,
Ai vu de tant de vœux encenser mes autels,
Et qui de la beauté, par des droits immortels,

Ai tenu de tout temps le souverain empire ;
Moi, dont les yeux ont mis deux grandes déités
Au point de me céder le prix de la plus belle,
Je me vois ma victoire et mes droits disputés
    Par une chétive mortelle !
Le ridicule excès d'un fol entêtement
Va jusqu'à m'opposer une petite fille !
Sur ses traits et les miens j'essuierai constamment
    Un téméraire jugement,
    Et du haut des cieux, où je brille,
J'entendrai prononcer aux mortels prévenus :
    « Elle est plus belle que Vénus ! »

ÆGIALE.

Voilà comme l'on fait ; c'est le style des hommes ;
Ils sont impertinents dans leurs comparaisons.

PHAÈNE.

Ils ne sauraient louer, dans le siècle où nous sommes,
    Qu'ils n'outragent les plus grands noms.

VÉNUS.

Ah ! que de ces trois mots la rigueur insolente
    Venge bien Junon et Pallas,
Et console leurs cœurs de la gloire éclatante
Que la fameuse pomme acquit à mes appas !
Je les vois s'applaudir de mon inquiétude,
Affecter à toute heure un ris malicieux,
Et, d'un fixe regard, chercher avec étude
    Ma confusion dans mes yeux.
Leur triomphante joie, au fort d'un tel outrage,
Semble me venir dire, insultant mon courroux :
« Vante, vante, Vénus, les traits de ton visage !
Au jugement d'un seul, tu l'emportas sur nous ;
    Mais, par le jugement de tous,
Une simple mortelle a sur toi l'avantage. »
Ah ! ce coup-là m'achève, il me perce le cœur ;
Je n'en puis plus souffrir les rigueurs sans égales ;

Et c'est trop de surcroît à ma vive douleur,
 Que le plaisir de mes rivales.
Mon fils, si j'eus jamais sur toi quelque crédit,
 Et si jamais je te fus chère,
Si tu portes un cœur à sentir le dépit
 Qui trouble le cœur d'une mère
 Qui si tendrement te chérit,
Emploie, emploie ici l'effort de ta puissance
 A soutenir mes intérêts,
 Et fais à Psyché, par tes traits,
 Sentir les traits de ma vengeance.
 Pour rendre son cœur malheureux,
Prends celui de tes traits le plus propre à me plaire,
 Le plus empoisonné de ceux
 Que tu lances dans ta colère.
Du plus bas, du plus vil, du plus affreux mortel,
Fais que jusqu'à la rage elle soit enflammée,
Et qu'elle ait à souffrir le supplice cruel
 D'aimer et n'être point aimée.

L'AMOUR.

Dans le monde on n'entend que plaintes de l'Amour;
On m'impute partout mille fautes commises,
Et vous ne croiriez point le mal et les sottises
 Que l'on dit de moi chaque jour.
 Si pour servir votre colère...

VÉNUS.

Va, ne résiste point aux souhaits de ta mère;
 N'applique tes raisonnements,
 Qu'à chercher les plus prompts moments
De faire un sacrifice à ma gloire outragée.
Pars, pour toute réponse à mes empressements,
Et ne me revois point que je ne sois vengée.

 (L'Amour s'envole, et Vénus se retire avec les Grâces.

FIN DU PROLOGUE.

ACTE PREMIER.

La scène est changée en une grande ville, où l'on découvre, des deux côtés, des palais et des maisons de différents ordres d'architecture.

SCÈNE I.

AGLAURE, CIDIPPE.

AGLAURE.

Il est des maux, ma sœur, que le silence aigrit :
Laissons, laissons parler mon chagrin et le vôtre,
 Et de nos cœurs l'un à l'autre
 Exhalons le cuisant dépit.
 Nous nous voyons sœurs d'infortune ;
Et la vôtre et la mienne ont un si grand rapport,
Que nous pouvons mêler toutes les deux en une,
 Et, dans notre juste transport,
 Murmurer, à plainte commune,
 Des cruautés de notre sort.
 Quelle fatalité secrète,
 Ma sœur, soumet tout l'univers
 Aux attraits de notre cadette,
 Et, de tant de princes divers
 Qu'en ces lieux la fortune jette,
 N'en présente aucun à nos fers ?

Quoi! voir de toutes parts, pour lui rendre les armes,
    Les cœurs se précipiter,
    Et passer devant nos charmes
    Sans s'y vouloir arrêter!
    Quel sort ont nos yeux en partage?
    Et qu'est-ce qu'ils ont fait aux dieux,
    De ne jouir d'aucun hommage
Parmi tous ces tributs de soupirs glorieux.
    Dont le superbe avantage
    Fait triompher d'autres yeux?
Est-il pour nous, ma sœur, de plus rude disgrâce
Que de voir tous les cœurs mépriser nos appas,
Et l'heureuse Psyché jouir avec audace
D'une foule d'amants attachés à ses pas?

        CIDIPPE.

    Ah! ma sœur, c'est une aventure
    A faire perdre la raison;
    Et tous les maux de la nature
    Ne sont rien en comparaison.

        AGLAURE.

Pour moi, j'en suis souvent jusqu'à verser des larmes.
Tout plaisir, tout repos par là m'est arraché;
Contre un pareil malheur ma constance est sans armes.
Toujours à ce chagrin mon esprit attaché
Me tient devant les yeux la honte de nos charmes,
    Et le triomphe de Psyché.
La nuit, il m'en repasse une idée éternelle,
    Qui sur toute chose prévaut.
Rien ne me peut chasser cette image cruelle;
Et, dès qu'un doux sommeil me vient délivrer d'elle,
    Dans mon esprit aussitôt
    Quelque songe la rappelle,
    Qui me réveille en sursaut.

        CIDIPPE.

Ma sœur, voilà mon martyre :

Dans vos discours je me voi ;
Et vous venez là de dire
Tout ce qui se passe en moi.

AGLAURE.

Mais encor, raisonnons un peu sur cette affaire.
Quels charmes si puissants en elle sont épars ?
Et par où, dites-moi, du grand secret de plaire
L'honneur est-il acquis à ses moindres regards ?
　　Que voit-on dans sa personne,
　　Pour inspirer tant d'ardeurs ?
　　Quel droit de beauté lui donne
　　L'empire de tous les cœurs ?
Elle a quelques attraits, quelque éclat de jeunesse :
On en tombe d'accord ; je n'en disconviens pas :
Mais lui cède-t-on fort pour quelque peu d'aînesse,
　　Et se voit-on sans appas ?
Est-on d'une figure à faire qu'on se raille ?
N'a-t-on point quelques traits et quelques agréments,
Quelque teint, quelques yeux, quelque air et quelque taille,
A pouvoir dans nos fers jeter quelques amants ?
　　Ma sœur, faites-moi la grâce
　　De me parler franchement :
Suis-je faite d'un air, à votre jugement,
Que mon mérite au sien doive céder la place ?
　　Et, dans quelque ajustement,
　　Trouvez-vous qu'elle m'efface ?

CIDIPPE.

　　Qui ? vous, ma sœur ? nullement.
　　Hier, à la chasse, près d'elle,
　　Je vous regardai longtemps ;
　　Et, sans vous donner d'encens,
　　Vous me parûtes plus belle.
Mais moi, dites, ma sœur, sans me vouloir flatter,
Sont-ce des visions que je me mets en tête,
Quand je me crois taillée à pouvoir mériter

ACTE I. SCÈNE I.

La gloire de quelque conquête?

AGLAURE.

Vous, ma sœur, vous avez, sans nul déguisement,
Tout ce qui peut causer une amoureuse flamme.
Vos moindres actions brillent d'un agrément
    Dont je me sens toucher l'âme;
    Et je serais votre amant
    Si j'étais autre que femme.

CIDIPPE.

D'où vient donc qu'on la voit l'emporter sur nous deux?
Qu'à ses premiers regards les cœurs rendent les armes?
Et que d'aucun tribut de soupirs et de vœux
    On ne fait honneur à nos charmes?

AGLAURE.

    Toutes les dames, d'une voix,
    Trouvent ses attraits peu de chose;
Et du nombre d'amants qu'elle tient sous ses lois,
    Ma sœur, j'ai découvert la cause.

CIDIPPE.

Pour moi, je la devine; et l'on doit présumer
Qu'il faut que là-dessous soit caché du mystère.
    Ce secret de tout enflammer
N'est point de la nature un effet ordinaire;
L'art de la Thessalie entre dans cette affaire;
Et quelque main a su, sans doute, lui former
    Un charme pour se faire aimer.

AGLAURE.

Sur un plus fort appui ma croyance se fonde;
Et le charme qu'elle a pour attirer les cœurs,
C'est un air en tout temps désarmé de rigueurs,
Des regards caressants que la bouche seconde,
    Un souris chargé de douceurs,
    Qui tend les bras à tout le monde,
    Et ne vous promet que faveurs.
Notre gloire n'est plus aujourd'hui conservée;

Et l'on n'est plus au temps de ces nobles fiertés
Qui, par un digne essai d'illustres cruautés,
Voulaient voir d'un amant la constance éprouvée.
De tout ce noble orgueil, qui nous seyait si bien,
On est bien descendu dans le siècle où nous sommes;
Et l'on en est réduite à n'espérer plus rien,
A moins que l'on se jette à la tête des hommes.

CIDIPPE.

Oui, voilà le secret de l'affaire; et je vois
    Que vous le prenez mieux que moi.
C'est pour nous attacher à trop de bienséance
Qu'aucun amant, ma sœur, à nous ne veut venir;
    Et nous voulons trop soutenir
L'honneur de notre sexe et de notre naissance.
Les hommes maintenant aiment ce qui leur rit;
L'espoir, plus que l'amour, est ce qui les attire;
    Et c'est par là que Psyché nous ravit
    Tous les amants qu'on voit sous son empire.
Suivons, suivons l'exemple, ajustons-nous au temps;
Abaissons-nous, ma sœur, à faire des avances;
Et ne ménageons plus de tristes bienséances,
Qui nous ôtent les fruits du plus beau de nos ans.

AGLAURE.

J'approuve la pensée, et nous avons matière
    D'en faire l'épreuve première
Aux deux princes qui sont les derniers arrivés.
Ils sont charmants, ma sœur, et leur personne entière
    Me... Les avez-vous observés?

CIDIPPE.

Ah! ma sœur, ils sont faits tous deux d'une manière,
Que mon âme... Ce sont deux princes achevés.

AGLAURE.

Je trouve qu'on pourrait rechercher leur tendresse
    Sans se faire déshonneur.

CIDIPPE.

Je trouve que, sans honte, une belle princesse
    Leur pourrait donner son cœur.

AGLAURE.

    Les voici tous deux, et j'admire
    Leur air et leur ajustement.

CIDIPPE.

    Ils ne démentent nullement
Tout ce que nous venons de dire.

SCÈNE II.

CLÉOMÈNE, AGÉNOR, AGLAURE, CIDIPPE.

AGLAURE.

D'où vient, princes, d'où vient que vous fuyez ainsi?
Prenez-vous l'épouvante en nous voyant paraître?

CLÉOMÈNE.

    On nous faisait croire qu'ici
La princesse Psyché, madame, pourrait être.

AGLAURE.

Tous ces lieux n'ont-ils rien d'agréable pour vous,
Si vous ne les voyez ornés de sa présence?

AGÉNOR.

Ces lieux peuvent avoir des charmes assez doux;
Mais nous cherchons Psyché dans notre impatience.

CIDIPPE.

    Quelque chose de bien pressant
Vous doit, à la chercher, pousser tous deux, sans doute.

CLÉOMÈNE.

    Le motif est assez puissant,
Puisque notre fortune enfin en dépend toute.

AGLAURE.

Ce serait trop à nous, que de nous informer
Du secret que ces mots nous peuvent enfermer.

CLÉOMÈNE.

Nous ne prétendons point en faire de mystère :
Aussi bien, malgré nous, paraîtrait-il au jour;
 Et le secret ne dure guère,
 Madame, quand c'est de l'amour.

CIDIPPE.

Sans aller plus avant, princes, cela veut dire
 Que vous aimez Psyché tous deux?

AGÉNOR.

 Tous deux soumis à son empire,
Nous allons de concert, lui découvrir nos feux.

AGLAURE.

C'est une nouveauté, sans doute, assez bizarre,
 Que deux rivaux si bien unis.

CLÉOMÈNE.

 Il est vrai que la chose est rare,
Mais non pas impossible à deux parfaits amis.

CIDIPPE.

Est-ce que dans ces lieux il n'est qu'elle de belle?
Et n'y trouvez-vous point à séparer vos vœux?

AGLAURE.

Parmi l'éclat du sang, vos yeux n'ont-ils vu qu'elle
 A pouvoir mériter vos feux?

CLÉOMÈNE.

Est-ce que l'on consulte au moment qu'on s'enflamme?
 Choisit-on qui l'on veut aimer?
 Et pour donner toute son âme,
Regarde-t-on quel droit on a de nous charmer?

AGÉNOR.

 Sans qu'on ait le pouvoir d'élire,
 On suit, dans une telle ardeur,

Quelque chose qui nous attire ;
Et, lorsque l'amour touche un cœur,
On n'a point de raisons à dire.

AGLAURE.

En vérité, je plains les fâcheux embarras
　　Où je vois que vos cœurs se mettent.
Vous aimez un objet dont les riants appas
Mêleront des chagrins à l'espoir qu'ils vous jettent ;
　　Et son cœur ne vous tiendra pas
　　Tout ce que ses yeux vous promettent.

CIDIPPE.

L'espoir qui vous appelle au rang de ses amants
Trouvera du mécompte aux douceurs qu'elle étale ;
Et c'est pour essuyer de très-fâcheux moments,
Que les soudains retours de son âme inégale.

AGLAURE.

Un clair discernement de ce que vous valez
Nous fait plaindre le sort où cet amour vous guide ;
Et vous pouvez trouver tous deux, si vous voulez,
Avec autant d'attraits, une âme plus solide.

CIDIPPE.

　　Par un choix plus doux de moitié,
Vous pouvez de l'amour sauver votre amitié ;
Et l'on voit en vous deux un mérite si rare,
Qu'un tendre avis veut bien prévenir, par pitié,
　　Ce que votre cœur se prépare.

CLÉOMÈNE.

Cet avis généreux fait, pour nous, éclater
　　Des bontés qui nous touchent l'âme ;
Mais le ciel nous réduit à ce malheur, madame,
　　De ne pouvoir en profiter.

AGÉNOR.

Votre illustre pitié veut en vain nous distraire
D'un amour dont tous deux nous redoutons l'effet ;

Ce que notre amitié, madame, n'a pas fait,
   Il n'est rien qui le puisse faire.
            CIDIPPE.
Il faut que le pouvoir de Psyché... La voici.

SCÈNE III.

PSYCHÉ, CIDIPPE, AGLAURE, CLÉOMÈNE, AGÉNOR.

            CIDIPPE.
Venez jouir, ma sœur, de ce qu'on vous apprête.
            AGLAURE.
Préparez vos attraits à recevoir ici
Le triomphe nouveau d'une illustre conquête.
            CIDIPPE.
Ces princes ont tous deux si bien senti vos coups,
Qu'à vous le découvrir leur bouche se dispose.
            PSYCHÉ.
Du sujet qui les tient si rêveurs parmi nous
   Je ne me croyais pas la cause;
   Et j'aurais cru toute autre chose,
   En les voyant parler à vous.
            AGLAURE.
   N'ayant ni beauté ni naissance
A pouvoir mériter leur amour et leurs soins,
   Ils nous favorisent au moins
   De l'honneur de la confidence.
            CLÉOMÈNE, à Psyché.
L'aveu qu'il nous faut faire à vos divins appas
Est sans doute, madame, un aveu téméraire;
   Mais tant de cœurs près du trépas
Sont, par de tels aveux, forcés à vous déplaire,
Que vous êtes réduite à ne les punir pas

Des foudres de votre colère.
Vous voyez en nous deux amis
Qu'un doux rapport d'humeurs sut joindre dès l'enfance;
Et ces tendres liens se sont vus affermis
Par cent combats d'estime et de reconnaissance.
Du destin ennemi les assauts rigoureux,
Les mépris de la mort, et l'aspect des supplices,
Par d'illustres éclats de mutuels offices,
Ont de notre amitié signalé les beaux nœuds;
Mais, à quelques essais qu'elle se soit trouvée,
    Son grand triomphe est en ce jour;
Et rien ne fait tant voir sa constance éprouvée,
Que de se conserver au milieu de l'amour.
Oui, malgré tant d'appas, son illustre constance
Aux lois qu'elle nous fait a soumis tous nos vœux;
Elle vient, d'une douce et pleine déférence,
Remettre à votre choix le succès de nos feux;
Et, pour donner un poids à notre concurrence,
Qui des raisons d'État entraîne la balance
    Sur le choix de l'un de nous deux,
Cette même amitié s'offre, sans répugnance,
D'unir nos deux États au sort du plus heureux.

AGÉNOR.

Oui, de ces deux États, madame,
Que sous votre heureux choix nous nous offrons d'unir,
    Nous voulons faire à notre flamme
    Un secours pour vous obtenir.
Ce que, pour ce bonheur, près du roi votre père
    Nous nous sacrifions tous deux,
N'a rien de difficile à nos cœurs amoureux;
Et c'est au plus heureux faire un don nécessaire
    D'un pouvoir dont le malheureux,
    Madame, n'aura plus affaire.

PSYCHÉ.

Le choix que vous m'offrez, princes, montre à mes yeux

De quoi remplir les vœux de l'âme la plus fière ;
Et vous me le parez tous deux d'une manière
Qu'on ne peut rien offrir qui soit plus précieux.
Vos feux, votre amitié, votre vertu suprême,
Tout me relève en vous l'offre de votre foi,
Et j'y vois un mérite à s'opposer lui-même
  A ce que vous voulez de moi.
Ce n'est pas à mon cœur qu'il faut que je défère,
  Pour entrer sous de tels liens ;
Ma main, pour se donner, attend l'ordre d'un père,
Et mes sœurs ont des droits qui vont devant les miens.
Mais, si l'on me rendait sur mes vœux absolue,
Vous y pourriez avoir trop de part à la fois ;
Et toute mon estime, entre vous suspendue,
Ne pourrait sur aucun laisser tomber mon choix.
  A l'ardeur de votre poursuite
Je répondrais assez de mes vœux les plus doux ;
  Mais c'est, parmi tant de mérite,
Trop que deux cœurs pour moi, trop peu qu'un cœur pour vous.
De mes plus doux souhaits j'aurais l'âme gênée
  A l'effort de votre amitié ;
Et j'y vois l'un de vous prendre une destinée
  A me faire trop de pitié.
Oui, princes, à tous ceux dont l'amour suit le vôtre
Je vous préférerais tous deux avec ardeur ;
  Mais je n'aurais jamais le cœur
De pouvoir préférer l'un de vous deux à l'autre.
  A celui que je choisirais
Ma tendresse ferait un trop grand sacrifice ;
Et je m'imputerais à barbare injustice
  Le tort qu'à l'autre je ferais.
Oui, tous deux vous brillez de trop de grandeur d'âme
  Pour en faire aucun malheureux ;
Et vous devez chercher dans l'amoureuse flamme
  Le moyen d'être heureux tous deux.

Si votre cœur me considère
Assez pour me souffrir de disposer de vous,
    J'ai deux sœurs capables de plaire,
Qui peuvent bien vous faire un destin assez doux;
Et l'amitié me rend leur personne assez chère
    Pour vous souhaiter leurs époux.

CLÉOMÈNE.

Un cœur dont l'amour est extrême
Peut-il bien consentir, hélas!
D'être donné par ce qu'il aime?
Sur nos deux cœurs, madame, à vos divins appas
    Nous donnons un pouvoir suprême;
    Disposez-en pour le trépas :
    Mais pour une autre que vous-même,
Ayez cette bonté de n'en disposer pas.

AGÉNOR.

Aux princesses, madame, on ferait trop d'outrage,
Et c'est, pour leurs attraits, un indigne partage,
    Que les restes d'une autre ardeur.
Il faut d'un premier feu la pureté fidèle
    Pour aspirer à cet honneur
    Où votre bonté nous appelle;
    Et chacune mérite un cœur
    Qui n'ait soupiré que pour elle.

AGLAURE.

Il me semble, sans nul courroux,
Qu'avant que de vous en défendre,
Princes, vous deviez bien attendre
Qu'on se fût expliqué sur vous.
Nous croyez-vous un cœur si facile et si tendre?
Et, lorsqu'on parle ici de vous donner à nous,
    Savez-vous si l'on veut vous prendre?

CIDIPPE.

Je pense que l'on a d'assez hauts sentiments
Pour refuser un cœur qu'il faut qu'on sollicite,

Et qu'on ne veut devoir qu'à son propre mérite
  La conquête de ses amants.

PSYCHÉ.

J'ai cru pour vous, mes sœurs, une gloire assez grande,
Si la possession d'un mérite si haut...

SCÈNE IV.

LYCAS, PSYCHÉ, AGLAURE, CIDIPPE, CLÉOMÈNE, AGÉNOR.

LYCAS, à Psyché.

Ah! madame!

PSYCHÉ.

Qu'as-tu?

LYCAS.

Le roi...

PSYCHÉ.

Quoi?

LYCAS.

Vous demande.

PSYCHÉ.

De ce trouble si grand que faut-il que j'attende?

LYCAS.

Vous ne le saurez que trop tôt.

PSYCHÉ.

Hélas! que pour le roi tu me donnes à craindre!

LYCAS.

Ne craignez que pour vous; c'est vous que l'on doit plaindre.

PSYCHÉ.

C'est pour louer le ciel, et me voir hors d'effroi,
De savoir que je n'aie à craindre que pour moi.
Mais apprends-moi, Lycas, le sujet qui te touche.

LYCAS.

Souffrez que j'obéisse à qui m'envoie ici,
Madame, et qu'on vous laisse apprendre de sa bouche
 Ce qui peut m'affliger ainsi.

PSYCHÉ.

Allons savoir sur quoi l'on craint tant ma faiblesse.

SCÈNE V.

AGLAURE, CIDIPPE, LYCAS.

AGLAURE.

Si ton ordre n'est pas jusqu'à nous étendu,
Dis-nous quel grand malheur nous couvre ta tristesse.

LYCAS.

Hélas! ce grand malheur, dans la cour répandu,
 Voyez-le vous-même, princesse,
Dans l'oracle qu'au roi les destins ont rendu.
Voici ses propres mots, que la douleur, madame,
 A gravés au fond de mon âme :
 « Que l'on ne pense nullement
» A vouloir de Psyché conclure l'hyménée;
» Mais qu'au sommet d'un mont elle soit promptement
 » En pompe funèbre menée;
 » Et que, de tous abandonnée,
» Pour époux elle attende en ces lieux constamment
» Un monstre dont on a la vue empoisonnée,
» Un serpent qui répand son venin en tous lieux,
» Et trouble dans sa rage et la terre et les cieux. »
 Après un arrêt si sévère,
Je vous quitte, et vous laisse à juger entre vous
Si, par de plus cruels et plus sensibles coups
Tous les dieux nous pouvaient expliquer leur colère.

SCÈNE VI.

AGLAURE, CIDIPPE.

CIDIPPE.
Ma sœur, que sentez-vous à ce soudain malheur
Où nous voyons Psyché par les destins plongée?
AGLAURE.
Mais vous, que sentez-vous, ma sœur?
CIDIPPE.
A ne vous point mentir, je sens que, dans mon cœur,
Je n'en suis pas trop affligée.
AGLAURE.
Moi, je sens quelque chose au mien
Qui ressemble assez à la joie.
Allons, le Destin nous envoie
Un mal que nous pouvons regarder comme un bien.

FIN DU PREMIER ACTE.

PREMIER INTERMÈDE.

La scène est changée en des rochers affreux, et fait voir en éloignement une grotte effroyable. — C'est dans ce désert que Psyché doit être exposée pour obéir à l'oracle. Une troupe de personnes affligées y viennent déplorer sa disgrâce. Une partie de cette troupe désolée témoigne sa pitié par des plaintes touchantes et par des concerts lugubres ; et l'autre exprime sa désolation par une danse pleine de toutes les marques du plus violent désespoir.

PLAINTES EN ITALIEN,

Chantées par une femme désolée et deux hommes affligés.

FEMME DÉSOLÉE.

Deh! piangete al pianto mio,
Sassi duri, antiche selve;
Lagrimate, fonti, e belve,
D'un bel volto il fato rio.

PREMIER HOMME AFFLIGÉ.

Ahi dolore!

SECOND HOMME AFFLIGÉ.

Ahi martire!

PREMIER HOMME AFFLIGÉ.

Cruda morte!

SECOND HOMME AFFLIGÉ.

Empia sorte!

TOUS TROIS.

Che condanni a morir tanta beltà!

Cieli! stelle! ahi crudeltà!
FEMME DÉSOLÉE.
Rispondete a miei lamenti,
Antri cavi, ascose rupi;
Deh! ridite, fondi cupi,
Del mio duolo i mesti accenti.
PREMIER HOMME AFFLIGÉ.
Ahi dolore!
SECOND HOMME AFFLIGÉ.
Ahi martire!
PREMIER HOMME AFFLIGÉ.
Cruda morte!
FEMME DÉSOLÉE ET SECOND HOMME AFFLIGÉ.
Empia sorte!
TOUS TROIS.
Che condanni a morir tanta beltà!
Cieli! stelle! ahi crudeltà!
SECOND HOMME AFFLIGÉ.
Com' esser può fra voi, o numi eterni,
Chi voglia estinta una beltà innocente?
Ahi! che tanto rigor, cielo inclemente,
Vince di crudeltà gli stessi inferni.
PREMIER HOMME AFFLIGÉ.
Nume fiero!
SECOND HOMME AFFLIGÉ.
Dio severo!
LES DEUX HOMMES AFFLIGÉS.
Perchè tanto rigor
Contro innocente cor?
Ahi! sentenza inudita!
Dar morte a la beltà, ch' altrui dà vita!
FEMME DÉSOLÉE.
Ahi! ch' indarno si tarda!
Non resiste a li dei mortale affetto,
Alto impero ne sforza,

Ove comanda il ciel, l' uom cede a forza.
PREMIER HOMME AFFLIGÉ.
Ahi dolore!
SECOND HOMME AFFLIGÉ.
Ahi martire!
PREMIER HOMME AFFLIGÉ.
Cruda morte!
FEMME DÉSOLÉE ET SECOND HOMME AFFLIGÉ.
Empia sorte!
TOUS TROIS.
Che condanni a morir tanta beltà!
Cieli! stelle! ahi crudeltà[1]!

(Ces plaintes sont entrecoupées et finies par une entrée de ballet de huit personnes affligées, qui par leurs attitudes expriment leur douleur.

---

[1] Voici une imitation des couplets italiens en vers français :

FEMME AFFLIGÉE.
Mêlez vos pleurs avec mes larmes,
Durs rochers, froides eaux, et vous, tigres affreux;
Pleurez le destin rigoureux
D'un objet dont le crime est d'avoir trop de charmes.
UN HOMME AFFLIGÉ.
O dieux! quelle douleur!
AUTRE HOMME AFFLIGÉ.
Ah! quel malheur!
UN HOMME AFFLIGÉ.
Rigueur mortelle!
AUTRE HOMME.
Fatalité cruelle!
TOUS TROIS.
Faut-il, hélas!
Qu'un sort barbare
Puisse condamner au trépas
Une beauté si rare!
Cieux, astres, pleins de dureté!
Ah! quelle cruauté!
FEMME AFFLIGÉE.
Répondez à ma plainte, échos de ces bocages;
Qu'un bruit lugubre éclate au fond de ces forêts;
Que les antres profonds, les cavernes sauvages,
Répètent les accents de mes tristes regrets.

AUTRE HOMME AFFLIGÉ.

Quel de vous, ô grands dieux! avec tant de furie,
Veut détruire tant de beauté?
Impitoyable ciel, par cette barbarie
Voulez-vous surmonter l'enfer en cruauté!

UN HOMME AFFLIGÉ.

Dieu plein de haine!

AUTRE HOMME AFFLIGÉ.

Divinité trop inhumaine!

LES DEUX HOMMES.

Pourquoi ce courroux si puissant
Contre un cœur innocent?
O rigueur inouïe!
Trancher de si beaux jours,
Lorsqu'ils donnent la vie
A tant d'amours!

FEMME AFFLIGÉE.

Que c'est un vain secours contre un mal sans remède,
Que d'inutiles pleurs et des cris superflus!
Quand le ciel a donné des ordres absolus,
Il faut que l'effort humain cède.

UN HOMME AFFLIGÉ.

O dieux! quelle douleur!

AUTRE HOMME AFFLIGÉ.

Ah! quel malheur!

UN HOMME AFFLIGÉ.

Rigueur mortelle!

AUTRE HOMME.

Fatalité cruelle!

TOUS TROIS.

Faut-il, hélas!
Qu'un sort barbare
Puisse condamner au trépas
Une beauté si rare!
Cieux, astres, pleins de dureté,
Ah! quelle cruauté!

Cette imitation a été attribuée à Fontenelle, lequel aurait traduit en vers ces paroles italiennes pour les intercaler dans son opéra de *Psyché*, donné en 1678. D'autres personnes pensent que c'est Molière lui-même qui en est l'auteur.

FIN DU PREMIER INTERMÈDE.

ACTE DEUXIÈME.

SCÈNE I.

LE ROI, PSYCHÉ, AGLAURE, CIDIPPE, LYCAS, SUITE.

PSYCHÉ.

De vos larmes, seigneur, la source m'est bien chère;
Mais c'est trop aux bontés que vous avez pour moi,
Que de laisser régner les tendresses de père
    Jusque dans les yeux d'un grand roi.
Ce qu'on vous voit ici donner à la nature,
Au rang que vous tenez, seigneur, fait trop d'injure,
Et j'en dois refuser les touchantes faveurs.
    Laissez moins sur votre sagesse
    Prendre d'empire à vos douleurs;
Et cessez d'honorer mon destin par des pleurs
Qui dans le cœur d'un roi montrent de la faiblesse.

LE ROI.

Ah! ma fille, à ces pleurs laisse mes yeux ouverts.
Mon deuil est raisonnable, encor qu'il soit extrême;
Et lorsque pour toujours on perd ce que je perds,
La sagesse, crois-moi, peut pleurer elle-même.
    En vain l'orgueil du diadème
Veut qu'on soit insensible à ces cruels revers;
En vain de la raison les secours sont offerts

Pour vouloir d'un œil sec voir mourir ce qu'on aime :
L'effort en est barbare aux yeux de l'univers,
Et c'est brutalité plus que vertu suprême.
  Je ne veux point, dans cette adversité,
    Parer mon cœur d'insensibilité,
      Et cacher l'ennui qui me touche.
      Je renonce à la vanité
      De cette dureté farouche
      Que l'on appelle fermeté ;
    Et de quelque façon qu'on nomme
Cette vive douleur dont je ressens les coups,
Je veux bien l'étaler, ma fille, aux yeux de tous,
Et dans le cœur d'un roi montrer le cœur d'un homme.

PSYCHÉ.

Je ne mérite pas cette grande douleur :
Opposez, opposez un peu de résistance
    Aux droits qu'elle prend sur un cœur
Dont mille événements ont marqué la puissance.
Quoi! faut-il que pour moi vous renonciez, seigneur,
    A cette royale constance
Dont vous avez fait voir, dans les coups du malheur,
    Une fameuse expérience?

LE ROI.

La constance est facile en mille occasions.
    Toutes les révolutions
Où nous peut exposer la fortune inhumaine,
La perte des grandeurs, les persécutions,
Le poison de l'envie et les traits de la haine,
    N'ont rien que ne puissent sans peine
    Braver les résolutions
D'une âme où la raison est un peu souveraine;
    Mais ce qui porte des rigueurs
    A faire succomber les cœurs
    Sous le poids des douleurs amères,
    Ce sont, ce sont les rudes traits

De ces fatalités sévères
Qui nous enlèvent pour jamais
Les personnes qui nous sont chères.
La raison, contre de tels coups,
N'offre point d'armes secourables;
Et voilà, des dieux en courroux,
Les foudres les plus redoutables
Qui se puissent lancer sur nous.

PSYCHÉ.

Seigneur, une douceur ici vous est offerte :
Votre hymen a reçu plus d'un présent des dieux,
Et, par une faveur ouverte,
Ils ne vous ôtent rien, en m'ôtant à vos yeux,
Dont ils n'aient pris le soin de réparer la perte.
Il vous reste de quoi consoler vos douleurs;
Et cette loi du ciel, que vous nommez cruelle,
Dans les deux princesses mes sœurs,
Laisse à l'amitié paternelle
Où placer toutes ses douceurs.

LE ROI.

Ah! de mes maux soulagement frivole!
Rien, rien ne s'offre à moi qui de toi me console.
C'est sur mes déplaisirs que j'ai les yeux ouverts;
Et, dans un destin si funeste,
Je regarde ce que je perds,
Et ne vois point ce qui me reste.

PSYCHÉ.

Vous savez mieux que moi qu'aux volontés des dieux,
Seigneur, il faut régler les nôtres;
Et je ne puis vous dire, en ces tristes adieux,
Que ce que beaucoup mieux vous pouvez dire aux autres.
Les dieux sont maîtres souverains
Des présents qu'ils daignent nous faire;
Ils ne les laissent dans nos mains
Qu'autant de temps qu'il peut leur plaire.

Lorsqu'ils viennent les retirer,
On n'a nul droit de murmurer
Des grâces que leur main ne veut plus nous étendre.
Seigneur, je suis un don qu'ils ont fait à vos vœux;
Et, quand par cet arrêt ils veulent me reprendre,
Ils ne vous ôtent rien que vous ne teniez d'eux;
Et c'est sans murmurer que vous devez me rendre.

LE ROI.

Ah! cherche un meilleur fondement
Aux consolations que ton cœur me présente ;
Et, de la fausseté de ce raisonnement,
Ne fais point un accablement
A cette douleur si cuisante,
Dont je souffre ici le tourment.
Crois-tu là me donner une raison puissante
Pour ne me plaindre point de cet arrêt des cieux?
Et dans le procédé des dieux,
Dont tu veux que je me contente,
Une rigueur assassinante
Ne paraît-elle pas aux yeux?
Vois l'état où ces dieux me forcent à te rendre,
Et l'autre où te reçut mon cœur infortuné :
Tu connaîtras par là qu'ils me viennent reprendre
Bien plus que ce qu'ils m'ont donné.
Je reçus d'eux en toi, ma fille,
Un présent que mon cœur ne leur demandait pas ;
J'y trouvais alors peu d'appas,
Et leur en vis, sans joie, accroître ma famille.
Mais mon cœur, ainsi que mes yeux,
S'est fait de ce présent une douce habitude :
J'ai mis quinze ans de soins, de veilles et d'étude
A me le rendre précieux;
Je l'ai paré de l'aimable richesse
De mille brillantes vertus;
En lui j'ai renfermé, par des soins assidus,

ACTE II. SCÈNE I.

Tous les plus beaux trésors que fournit la sagesse ;
A lui j'ai de mon âme attaché la tendresse ;
J'en ai fait de ce cœur le charme et l'allégresse,
La consolation de mes sens abattus,
  Le doux espoir de ma vieillesse.
  Ils m'ôtent tout cela, ces dieux !
Et tu veux que je n'aie aucun sujet de plainte
Sur cet affreux arrêt dont je souffre l'atteinte !
Ah ! leur pouvoir se joue avec trop de rigueur
  Des tendresses de notre cœur.
Pour m'ôter leur présent, leur fallait-il attendre
  Que j'en eusse fait tout mon bien ?
Ou plutôt, s'ils avaient dessein de le reprendre,
N'eût-il pas été mieux de ne me donner rien ?

PSYCHÉ.

  Seigneur, redoutez la colère
De ces dieux contre qui vous osez éclater.

LE ROI.

Après ce coup, que peuvent-ils me faire ?
Ils m'ont mis en état de ne rien redouter.

PSYCHÉ.

  Ah ! seigneur, je tremble des crimes
Que je vous fais commettre, et je dois me haïr...

LE ROI.

Ah ! qu'ils souffrent du moins mes plaintes légitimes ;
Ce m'est assez d'effort que de leur obéir ;
Ce doit leur être assez que mon cœur t'abandonne
Au barbare respect qu'il faut qu'on ait pour eux,
Sans prétendre gêner la douleur que me donne
L'épouvantable arrêt d'un sort si rigoureux.
Mon juste désespoir ne saurait se contraindre ;
Je veux, je veux garder ma douleur à jamais ;
Je veux sentir toujours la perte que je fais ;
De la rigueur du ciel je veux toujours me plaindre ;
Je veux, jusqu'au trépas, incessamment pleurer

Ce que tout l'univers ne peut me réparer.

PSYCHÉ.

Ah! de grâce, seigneur, épargnez ma faiblesse;
J'ai besoin de constance en l'état où je suis.
Ne fortifiez point l'excès de mes ennuis
    Des larmes de votre tendresse.
Seuls ils sont assez forts, et c'est trop pour mon cœur
  De mon destin et de votre douleur.

LE ROI.

Oui, je dois t'épargner mon deuil inconsolable.
Voici l'instant fatal de m'arracher de toi;
Mais comment prononcer ce mot épouvantable?
Il le faut toutefois; le ciel m'en fait la loi :
    Une rigueur inévitable
M'oblige à te laisser en ce funeste lieu.
    Adieu; je vais... Adieu.

SCÈNE II.

PSYCHÉ, AGLAURE, CIDIPPE.

PSYCHÉ.

Suivez le roi, mes sœurs : vous essuierez ses larmes,
    Vous adoucirez ses douleurs;
    Et vous l'accableriez d'alarmes,
Si vous vous exposiez encore à mes malheurs.
    Conservez-lui ce qui lui reste.
Le serpent que j'attends peut vous être funeste,
    Vous envelopper dans mon sort,
Et me porter en vous une seconde mort.
    Le ciel m'a seule condamnée

A son haleine empoisonnée :
Rien ne saurait me secourir ;
Et je n'ai pas besoin d'exemple pour mourir.
AGLAURE.
Ne nous enviez pas ce cruel avantage
De confondre nos pleurs avec vos déplaisirs,
De mêler nos soupirs à vos derniers soupirs :
D'une tendre amitié souffrez ce dernier gage.
PSYCHÉ.
C'est vous perdre inutilement.
CIDIPPE.
C'est en votre faveur espérer un miracle,
Ou vous accompagner jusques au monument.
PSYCHÉ.
Que peut-on se promettre après un tel oracle ?
AGLAURE.
Un oracle jamais n'est sans obscurité :
On l'entend d'autant moins que mieux on croit l'entendre ;
Et peut-être, après tout, n'en devez-vous attendre
Que gloire et que félicité.
Laissez-nous voir, ma sœur, par une digne issue
Cette frayeur mortelle heureusement déçue,
Ou mourir du moins avec vous,
Si le ciel à nos vœux ne se montre plus doux.
PSYCHÉ.
Ma sœur, écoutez mieux la voix de la nature
Qui vous appelle auprès du roi.
Vous m'aimez trop ; le devoir en murmure,
Vous en savez l'indispensable loi.
Un père vous doit être encor plus cher que moi.
Rendez-vous toutes deux l'appui de sa vieillesse ;
Vous lui devez chacune un gendre et des neveux.
Mille rois, à l'envi, vous gardent leur tendresse ;
Mille rois, à l'envi, vous offriront leurs vœux.
L'oracle me veut seule ; et seule aussi je veux

Mourir, si je puis, sans faiblesse,
Ou ne vous avoir pas pour témoins toutes deux
De ce que, malgré moi, la nature m'en laisse.
AGLAURE.
Partager vos malheurs, c'est vous importuner?
CIDIPPE.
J'ose dire un peu plus, ma sœur, c'est vous déplaire?
PSYCHÉ.
Non; mais enfin c'est me gêner,
Et peut-être du ciel redoubler la colère.
AGLAURE.
Vous le voulez, et nous partons.
Daigne ce même ciel, plus juste et moins sévère,
Vous envoyer le sort que nous vous souhaitons,
Et que notre amitié sincère,
En dépit de l'oracle et malgré vous, espère!
PSYCHÉ.
Adieu : c'est un espoir, ma sœur, et des souhaits
Qu'aucun des dieux ne remplira jamais.

SCÈNE III.

PSYCHÉ, seule.

Enfin, seule et toute à moi-même,
Je puis envisager cet affreux changement
Qui du haut d'une gloire extrême
Me précipite au monument.
Cette gloire était sans seconde;
L'éclat s'en répandait jusqu'aux deux bouts du monde.
Tout ce qu'il a de rois semblaient faits pour m'aimer;
Tous leurs sujets, me prenant pour déesse,

Commençaient à m'accoutumer
    Aux encens qu'ils m'offraient sans cesse;
Leurs soupirs me suivaient, sans qu'il m'en coûtât rien;
Mon âme restait libre en captivant tant d'âmes;
    Et j'étais, parmi tant de flammes,
Reine de tous les cœurs et maîtresse du mien.
    O ciel, m'auriez-vous fait un crime
    De cette insensibilité?
Déployez-vous sur moi tant de sévérité,
Pour n'avoir à leurs vœux rendu que de l'estime?
    Si vous m'imposiez cette loi,
Qu'il fallût faire un choix pour ne pas vous déplaire,
    Puisque je ne pouvais le faire,
    Que ne le faisiez-vous pour moi?
Que ne m'inspiriez-vous ce qu'inspire à tant d'autres
Le mérite, l'amour, et... Mais que vois-je ici?

SCÈNE IV.

CLÉOMÈNE, AGÉNOR, PSYCHÉ.

CLÉOMÈNE.

Deux amis, deux rivaux, dont l'unique souci
Est d'exposer leurs jours pour conserver les vôtres.

PSYCHÉ.

Puis-je vous écouter, quand j'ai chassé deux sœurs?
Princes, contre le ciel pensez-vous me défendre?
Vous livrer au serpent qu'ici je dois attendre,
Ce n'est qu'un désespoir qui sied mal aux grands cœurs;
    Et mourir alors que je meurs,

C'est accabler une âme tendre,
Qui n'a que trop de ses douleurs.

AGÉNOR.

Un serpent n'est pas invincible :
Cadmus, qui n'aimait rien, défit celui de Mars.
Nous aimons, et l'amour sait rendre tout possible
    Au cœur qui suit ses étendards,
A la main dont lui-même il conduit tous les dards.

PSYCHÉ.

Voulez-vous qu'il vous serve en faveur d'une ingrate
    Que tous ses traits n'ont pu toucher ;
Qu'il dompte sa vengeance au moment qu'elle éclate,
    Et vous aide à m'en arracher ?
    Quand même vous m'auriez servie,
    Quand vous m'auriez rendu la vie,
Quel fruit espérez-vous de qui ne peut aimer ?

CLÉOMÈNE.

Ce n'est point par l'espoir d'un si charmant salaire
    Que nous nous sentons animer :
    Nous ne cherchons qu'à satisfaire
Aux devoirs d'un amour qui n'ose présumer
    Que jamais, quoi qu'il puisse faire,
    Il soit capable de vous plaire,
    Et digne de vous enflammer.
Vivez, belle princesse, et vivez pour un autre :
    Nous le verrons d'un œil jaloux,
Nous en mourrons, mais d'un trépas plus doux
    Que s'il nous fallait voir le vôtre ;
Et si nous ne mourons en vous sauvant le jour,
Quelque amour qu'à nos yeux vous préfériez au nôtre,
Nous voulons bien mourir de douleur et d'amour.

PSYCHÉ.

Vivez, princes, vivez, et de ma destinée
Ne songez plus à rompre ou partager la loi :

Je crois vous l'avoir dit, le ciel ne veut que moi,
    Le ciel m'a seule condamnée.
Je pense ouïr déjà les mortels sifflements
    De son ministre qui s'approche :
Ma frayeur me le peint, me l'offre à tous moments ;
Et maîtresse qu'elle est de tous mes sentiments,
Elle me le figure au haut de cette roche.
J'en tombe de faiblesse, et mon cœur abattu
Ne soutient plus qu'à peine un reste de vertu.
Adieu, princes, fuyez, qu'il ne vous empoisonne.

AGÉNOR.

Rien ne s'offre à nos yeux encor qui les étonne ;
Et quand vous vous peignez un si proche trépas,
    Si la force vous abandonne,
    Nous avons des cœurs et des bras
    Que l'espoir n'abandonne pas.
Peut-être qu'un rival a dicté cet oracle,
Que l'or a fait parler celui qui l'a rendu :
    Ce ne serait pas un miracle
Que pour un dieu muet un homme eût répondu ;
Et dans tous les climats on n'a que trop d'exemples
Qu'il est, ainsi qu'ailleurs, des méchants dans les temples.

CLÉOMÈNE.

Laissez-nous opposer au lâche ravisseur,
A qui le sacrilége indignement vous livre,
Un amour qu'a le ciel choisi pour défenseur
De la seule beauté pour qui nous voulons vivre.
Si nous n'osons prétendre à sa possession,
Du moins en son péril permettez-nous de suivre
L'ardeur et les devoirs de notre passion.

PSYCHÉ.

    Portez-les à d'autres moi-mêmes,
    Princes, portez-les à mes sœurs,
    Ces devoirs, ces ardeurs extrêmes,

Dont pour moi sont remplis vos cœurs :
Vivez pour elles quand je meurs ;
Plaignez de mon destin les funestes rigueurs,
Sans leur donner en vous de nouvelles matières.
Ce sont mes volontés dernières ;
Et l'on a reçu de tout temps
Pour souveraines lois les ordres des mourants.

CLÉOMÈNE.

Princesse...

PSYCHÉ.

Encore un coup, princes, vivez pour elles.
Tant que vous m'aimerez, vous devez m'obéir :
Ne me réduisez pas à vouloir vous haïr,
Et vous regarder en rebelles,
A force de m'être fidèles.
Allez, laissez-moi seule expirer en ce lieu,
Où je n'ai plus de voix que pour vous dire adieu.
Mais je sens qu'on m'enlève, et l'air m'ouvre une route
D'où vous n'entendrez plus cette mourante voix.
Adieu, princes, adieu pour la dernière fois.
Voyez si de mon sort vous pouvez être en doute.

(Psyché est enlevée en l'air par deux Zéphyrs.)

AGÉNOR.

Nous la perdons de vue. Allons tous deux chercher
Sur le faîte de ce rocher,
Prince, les moyens de la suivre.

CLÉOMÈNE.

Allons-y chercher ceux de ne lui point survivre.

SCÈNE V.

L'AMOUR, en l'air.

Allez mourir, rivaux d'un dieu jaloux,
    Dont vous méritez le courroux
Pour avoir eu le cœur sensible aux mêmes charmes.
Et toi, forge, Vulcain, mille brillants attraits
    Pour orner un palais
Où l'Amour de Psyché veut essuyer les larmes,
    Et lui rendre les armes.

FIN DU DEUXIÈME ACTE.

DEUXIÈME INTERMÈDE.

La scène se change en une cour magnifique ornée de colonnes de lapis enrichies de figures d'or, qui forment un palais pompeux et brillant que l'Amour destine pour Psyché. Six cyclopes avec quatre fées y font une entrée de ballet, où ils achèvent en cadence quatre gros vases d'argent que les fées leur ont apportés. Cette entrée est entrecoupée par ce récit de Vulcain, qu'il fait à deux reprises.

PREMIER COUPLET.

Dépêchez, préparez ces lieux
Pour le plus aimable des dieux :
Que chacun pour lui s'intéresse;
N'oubliez rien des soins qu'il faut.
   Quand l'Amour presse,
On n'a jamais fait assez tôt.

L'Amour ne veut point qu'on diffère.
   Travaillez, hâtez-vous,
  Frappez, redoublez vos coups:
   Que l'ardeur de lui plaire
Fasse vos soins les plus doux.

SECOND COUPLET.

Servez bien un dieu si charmant;
Il se plaît dans l'empressement;
Que chacun pour lui s'intéresse;

N'oubliez rien de ce qu'il faut.
    Quand l'Amour presse,
On n'a jamais fait assez tôt.

L'Amour ne veut point qu'on diffère;
    Travaillez, hâtez-vous,
  Frappez, redoublez vos coups;
   Que l'ardeur de lui plaire
  Fasse vos soins les plus doux.

FIN DU DEUXIÈME INTERMÈDE.

ACTE TROISIÈME.

SCÈNE I.

L'AMOUR, ZÉPHIRE.

ZÉPHIRE.
Oui, je me suis galamment acquitté
De la commission que vous m'avez donnée ;
Et, du haut du rocher, je l'ai, cette beauté,
Par le milieu des airs doucement amenée
  Dans ce beau palais enchanté,
  Où vous pouvez en liberté
  Disposer de sa destinée.
Mais vous me surprenez par ce grand changement
  Qu'en votre personne vous faites ;
Cette taille, ces traits, et cet ajustement,
  Cachent tout à fait qui vous êtes ;
Et je donne aux plus fins à pouvoir, en ce jour,
  Vous reconnaître pour l'Amour.

L'AMOUR.
Aussi ne veux-je pas qu'on puisse me connaître ;
Je ne veux à Psyché découvrir que mon cœur,
Rien que les beaux transports de cette vive ardeur
  Que ses doux charmes y font naître ;
Et, pour en exprimer l'amoureuse langueur,

ACTE III. SCÈNE I.

Et cacher ce que je puis être
Aux yeux qui m'imposent des lois,
J'ai pris la forme que tu vois.

ZÉPHIRE.

En tout vous êtes un grand maître;
C'est ici que je le connois.
Sous des déguisements de diverse nature,
On a vu les dieux amoureux
Chercher à soulager cette douce blessure
Que reçoivent les cœurs de vos traits pleins de feux;
Mais en bon sens vous l'emportez sur eux;
Et voilà la bonne figure
Pour avoir un succès heureux
Près de l'aimable sexe où l'on porte ses vœux.
Oui, de ces formes-là l'assistance est bien forte;
Et, sans parler ni de rang ni d'esprit,
Qui peut trouver moyen d'être fait de la sorte
Ne soupire guère à crédit.

L'AMOUR.

J'ai résolu, mon cher Zéphire,
De demeurer ainsi toujours;
Et l'on ne peut le trouver à redire
A l'aîné de tous les Amours.
Il est temps de sortir de cette longue enfance
Qui fatigue ma patience;
Il est temps désormais que je devienne grand.

ZÉPHIRE.

Fort bien. Vous ne pouvez mieux faire;
Et vous entrez dans un mystère
Qui ne demande rien d'enfant.

L'AMOUR.

Ce changement, sans doute, irritera ma mère.

ZÉPHIRE.

Je prévois là-dessus quelque peu de colère.
Bien que les disputes des ans

Ne doivent point régner parmi les immortelles,
Votre mère Vénus est de l'humeur des belles
 Qui n'aiment point de grands enfants.
 Mais où je la trouve outragée,
C'est dans le procédé que l'on vous voit tenir;
 Et c'est l'avoir étrangement vengée,
Que d'aimer la beauté qu'elle voulait punir!
Cette haine où ses vœux prétendent que réponde
La puissance d'un fils que redoutent les dieux...
 L'AMOUR.
Laissons cela, Zéphire, et me dis si tes yeux
Ne trouvent pas Psyché la plus belle du monde.
Est-il rien sur la terre, est-il rien dans les cieux
Qui puisse lui ravir le titre glorieux
 De beauté sans seconde?
 Mais je la vois, mon cher Zéphire,
Qui demeure surprise à l'éclat de ces lieux.
 ZÉPHIRE.
Vous pouvez vous montrer pour finir son martyre,
 Lui découvrir son destin glorieux,
Et vous dire entre vous tout ce que peuvent dire
 Les soupirs, la bouche et les yeux.
En confident discret, je sais ce qu'il faut faire
Pour ne pas interrompre un amoureux mystère.

SCÈNE II.

PSYCHÉ seule.

Où suis-je? et dans un lieu que je croyais barbare,
Quelle savante main a bâti ce palais,
 Que l'art, que la nature pare
 De l'assemblage le plus rare

Que l'œil puisse admirer jamais?
Tout rit, tout brille, tout éclate
Dans ces jardins, dans ces appartements,
Dont les pompeux ameublements
N'ont rien qui n'enchante et ne flatte;
Et de quelque côté que tournent mes frayeurs,
Je ne vois sous mes pas que de l'or ou des fleurs.

Le ciel aurait-il fait cet amas de merveilles
Pour la demeure d'un serpent?
Et lorsque, par leur vue, il amuse et suspend
De mon destin jaloux les rigueurs sans pareilles,
Veut-il montrer qu'il s'en repent?
Non, non; c'est de sa haine, en cruauté féconde,
Le plus noir, le plus rude trait,
Qui, par une rigueur nouvelle et sans seconde,
N'étale ce choix qu'elle a fait
De ce qu'a de plus beau le monde,
Qu'afin que je le quitte avec plus de regret.

Que mon espoir est ridicule,
S'il croit par là soulager mes douleurs!
Tout autant de moments que ma mort se recule
Sont autant de nouveaux malheurs;
Plus elle tarde, et plus de fois je meurs.

Ne me fais plus languir, viens prendre ta victime,
Monstre qui dois me déchirer.
Veux-tu que je te cherche, et faut-il que j'anime
Tes fureurs à me dévorer?
Si le ciel veut ma mort, si ma vie est un crime,
De ce peu qui m'en reste ose enfin t'emparer.
Je suis lasse de murmurer
Contre un châtiment légitime;
Je suis lasse de soupirer :
Viens que j'achève d'expirer.

SCÈNE III.

L'AMOUR, PSYCHÉ, ZÉPHIRE.

L'AMOUR.

Le voilà, ce serpent, ce monstre impitoyable,
Qu'un oracle étonnant pour vous a préparé,
Et qui n'est pas, peut-être, à tel point effroyable
    Que vous vous l'êtes figuré.

PSYCHÉ.

Vous, seigneur, vous seriez ce monstre dont l'oracle
    A menacé mes tristes jours,
Vous qui semblez plutôt un dieu qui par miracle
    Daigne venir lui-même à mon secours!

L'AMOUR.

Quel besoin de secours au milieu d'un empire
    Où tout ce qui respire
N'attend que vos regards pour en prendre la loi,
Où vous n'avez à craindre autre monstre que moi?

PSYCHÉ.

Qu'un monstre tel que vous inspire peu de crainte!
    Et que, s'il a quelque poison,
    Une âme aurait peu de raison
    De hasarder la moindre plainte
    Contre une favorable atteinte
  Dont tout le cœur craindrait la guérison!
A peine je vous vois, que mes frayeurs cessées
Laissent évanouir l'image du trépas,
Et que je sens couler dans mes veines glacées
Un je ne sais quel feu que je ne connais pas.

J'ai senti de l'estime et de la complaisance,
   De l'amitié, de la reconnaissance;
De la compassion les chagrins innocents
   M'en ont fait sentir la puissance;
Mais je n'ai point encor senti ce que je sens.
Je ne sais ce que c'est ; mais je sais qu'il me charme,
   Que je n'en conçois point d'alarme :
Plus j'ai les yeux sur vous, plus je m'en sens charmer.
Tout ce que j'ai senti n'agissait point de même,
   Et je dirais que je vous aime,
Seigneur, si je savais ce que c'est que d'aimer.
Ne les détournez point, ces yeux qui m'empoisonnent,
Ces yeux tendres, ces yeux perçants, mais amoureux,
Qui semblent partager le trouble qu'ils me donnent.
   Hélas! plus ils sont dangereux,
  Plus je me plais à m'attacher sur eux.
Par quel ordre du ciel, que je ne puis comprendre,
   Vous dis-je plus que je ne dois,
Moi de qui la pudeur devrait du moins attendre
Que vous m'expliquassiez le trouble où je vous vois?
Vous soupirez, seigneur, ainsi que je soupire :
Vos sens comme les miens paraissent interdits.
C'est à moi de m'en taire, à vous de me le dire ;
   Et cependant c'est moi qui vous le dis.

          L'AMOUR.

Vous avez eu, Psyché, l'âme toujours si dure,
    Qu'il ne faut pas vous étonner
    Si, pour en réparer l'injure,
L'amour en ce moment se paye avec usure
    De ceux qu'elle a dû lui donner.
Ce moment est venu qu'il faut que votre bouche
Exhale des soupirs si longtemps retenus;
Et qu'en vous arrachant à cette humeur farouche,
Un amas de transports aussi doux qu'inconnus,
Aussi sensiblement tout à la fois vous touche

Qu'ils ont dû vous toucher durant tant de beaux jours
Dont cette âme insensible a profané le cours.

PSYCHÉ.

N'aimer point, c'est donc un grand crime?

L'AMOUR.

En souffrez-vous un rude châtiment?

PSYCHÉ.

C'est punir assez doucement.

L'AMOUR.

C'est lui choisir sa peine légitime,
Et se faire justice, en ce glorieux jour,
D'un manquement d'amour par un excès d'amour.

PSYCHÉ.

Que n'ai-je été plus tôt punie!
J'y mets le bonheur de ma vie.
Je devrais en rougir, ou le dire plus bas;
Mais le supplice a trop d'appas.
Permettez que, tout haut, je le die et redie :
Je le dirais cent fois, et n'en rougirais pas.
Ce n'est point moi qui parle; et de votre présence
L'empire surprenant, l'aimable violence,
Dès que je veux parler, s'empare de ma voix.
C'est en vain qu'en secret ma pudeur s'en offense,
Que le sexe et la bienséance
Osent me faire d'autres lois :
Vos yeux de ma réponse eux-mêmes font le choix;
Et ma bouche, asservie à leur toute-puissance,
Ne me consulte plus sur ce que je me dois.

L'AMOUR.

Croyez, belle Psyché, croyez ce qu'ils vous disent,
Ces yeux qui ne sont point jaloux,
Qu'à l'envi les vôtres m'instruisent
De tout ce qui se passe en vous.

Croyez-en ce cœur qui soupire,
Et qui, tant que le vôtre y voudra repartir,
　　Vous dira bien plus, d'un soupir,
　　Que cent regards ne peuvent dire.
　　C'est le langage le plus doux,
　C'est le plus fort, c'est le plus sûr de tous.

　　　　　PSYCHÉ.

　　L'intelligence en était due
A nos cœurs, pour les rendre également contents.
　J'ai soupiré, vous m'avez entendue;
　　Vous soupirez, je vous entends;
　　Mais ne me laissez plus en doute,
Seigneur, et dites-moi si par la même route,
Après moi, le Zéphire ici vous a rendu
　　Pour me dire ce que j'écoute.
Quand j'y suis arrivée, étiez-vous attendu?
Et quand vous lui parlez, êtes-vous entendu?

　　　　　L'AMOUR.

J'ai dans ce doux climat un souverain empire,
　　Comme vous l'avez sur mon cœur;
L'Amour m'est favorable, et c'est en sa faveur
Qu'à mes ordres Éole a soumis le Zéphire.
C'est l'Amour qui, pour voir mes feux récompensés,
　　Lui-même a dicté cet oracle
　　Par qui vos beaux jours menacés
D'une foule d'amants se sont débarrassés,
Et qui m'a délivré de l'éternel obstacle
　　De tant de soupirs empressés
Qui ne méritaient pas de vous être adressés.
Ne me demandez point quelle est cette province,
　　Ni le nom de son prince;
　Vous le saurez quand il en sera temps.
Je veux vous acquérir, mais c'est par mes services,
Par des soins assidus, et par des vœux constants.

Par les amoureux sacrifices
    De tout ce que je suis,
    De tout ce que je puis,
Sans que l'éclat du rang pour moi vous sollicite,
Sans que de mon pouvoir je me fasse un mérite ;
Et, bien que souverain dans cet heureux séjour,
Je ne vous veux, Psyché, devoir qu'à mon amour.
Venez en admirer avec moi les merveilles,
Princesse, et préparez vos yeux et vos oreilles
    A ce qu'il a d'enchantements ;
  Vous y verrez des bois et des prairies
    Contester sur leurs agréments
    Avec l'or et les pierreries ;
  Vous n'entendrez que des concerts charmants ;
  De cent beautés vous y serez servie,
 Qui vous adoreront sans vous porter envie,
    Et brigueront à tous moments,
    D'une âme soumise et ravie,
    L'honneur de vos commandements.

PSYCHÉ.

  Mes volontés suivent les vôtres :
  Je n'en saurais plus avoir d'autres ;
Mais votre oracle enfin vient de me séparer
    De deux sœurs, et du roi mon père,
    Que mon trépas imaginaire
    Réduit tous trois à me pleurer.
Pour dissiper l'erreur dont leur âme accablée
De mortels déplaisirs se voit pour moi comblée,
    Souffrez que mes sœurs soient témoins
    Et de ma gloire et de vos soins ;
Prêtez-leur, comme à moi, les ailes du Zéphire,
    Qui leur puissent de votre empire,
    Ainsi qu'à moi, faciliter l'accès :
    Faites-leur voir en quel lieu je respire ;
Faites-leur de ma perte admirer le succès.

L'AMOUR.

Vous ne me donnez pas, Psyché, toute votre âme :
Ce tendre souvenir d'un père et de deux sœurs
    Me vole une part des douceurs
    Que je veux toutes pour ma flamme.
N'ayez d'yeux que pour moi qui n'en ai que pour vous ;
Ne songez qu'à m'aimer, ne songez qu'à me plaire,
Et quand de tels soucis osent vous en distraire...

PSYCHÉ.

Des tendresses du sang peut-on être jaloux ?

L'AMOUR.

Je le suis, ma Psyché, de toute la nature :
Les rayons du soleil vous baisent trop souvent
Vos cheveux souffrent trop les caresses du vent :
    Dès qu'il les flatte, j'en murmure ;
    L'air même que vous respirez
Avec trop de plaisir passe par votre bouche ;
    Votre habit de trop près vous touche ;
    Et sitôt que vous soupirez,
    Je ne sais quoi qui m'effarouche,
Craint, parmi vos soupirs, des soupirs égarés.
Mais vous voulez vos sœurs : allez, partez, Zéphire ;
   Psyché le veut, je ne l'en puis dédire.

(Zéphire s'envole.)

SCÈNE IV.

L'AMOUR, PSYCHÉ.

L'AMOUR.

Quand vous leur ferez voir ce bienheureux séjour,
   De ces trésors faites-leur cent largesses,
   Prodiguez-leur caresses sur caresses,

Et du sang, s'il se peut, épuisez les tendresses,
  Pour vous rendre toute à l'amour.
Je n'y mêlerai point d'importune présence ;
Mais ne leur faites pas de si longs entretiens :
Vous ne sauriez pour eux avoir de complaisance,
  Que vous ne dérobiez aux miens.

PSYCHÉ.

Votre amour me fait une grâce
Dont je n'abuserai jamais.

L'AMOUR.

Allons voir cependant ces jardins, ce palais,
Où vous ne verrez rien que votre éclat n'efface.
Et vous, petits amours, et vous, jeunes zéphyrs,
Qui pour âmes n'avez que de tendres soupirs,
Montrez tous à l'envi ce qu'à voir ma princesse
  Vous avez senti d'allégresse.

FIN DU TROISIÈME ACTE.

TROISIÈME INTERMÈDE.

Il se fait une entrée de ballet de quatre amours et quatre zéphyrs, interrompue deux fois par un dialogue chanté par un amour et un zéphyr

PREMIER COUPLET.

LE ZÉPHYR.

Aimable jeunesse,
Suivez la tendresse;
Joignez aux beaux jours
La douceur des amours.
C'est pour vous surprendre
Qu'on vous fait entendre
Qu'il faut éviter leurs soupirs,
Et craindre leurs désirs :
Laissez-vous apprendre
Quels sont leurs plaisirs.

LE ZÉPHYR ET L'AMOUR chantent ensemble.

Chacun est obligé d'aimer
A son tour;
Et plus on a de quoi charmer,
Plus on doit à l'Amour.

LE ZÉPHYR seul.

Un cœur jeune et tendre

Est fait pour se rendre;
Il n'a point à prendre
De fâcheux détour.

LES DEUX ENSEMBLE.

Chacun est obligé d'aimer
A son tour;
Et plus on a de quoi charmer,
Plus on doit à l'Amour.

L'AMOUR seul.

Pourquoi se défendre?
Que sert-il d'attendre?
Quand on perd un jour,
On le perd sans retour.

LES DEUX ENSEMBLE.

Chacun est obligé d'aimer
A son tour;
Et plus on a de quoi charmer,
Plus on doit à l'Amour.

SECOND COUPLET.

LE ZÉPHYR.

L'Amour a des charmes,
Rendons-lui les armes;
Ses soins et ses pleurs
Ne sont pas sans douceurs.
Un cœur, pour le suivre,
A cent maux se livre.
Il faut, pour goûter ses appas,
Languir jusqu'au trépas.
Mais ce n'est pas vivre
Que de n'aimer pas.

LE ZÉPHYR ET L'AMOUR chantent ensemble.

S'il faut des soins et des travaux,
En aimant,
On est payé de mille maux
Par un heureux moment.

LE ZÉPHYR seul.

On craint, on espère;
Il faut du mystère.
Mais on n'obtient guère
De bien sans tourment.

LES DEUX ENSEMBLE.

S'il faut des soins et des travaux,
En aimant,
On est payé de mille maux
Par un heureux moment.

L'AMOUR seul.

Que peut-on mieux faire
Qu'aimer et que plaire?
C'est un soin charmant,
Que l'emploi d'un amant.

LES DEUX ENSEMBLE.

S'il faut des soins et des travaux,
En aimant,
On est payé de mille maux
Par un heureux moment.

FIN DU TROISIÈME INTERMÈDE.

ACTE QUATRIÈME.

Le théâtre devient un autre palais magnifique, coupé dans le fond par un vestibule, au travers duquel on voit un jardin superbe et charmant, décoré de plusieurs vases d'orangers, et d'arbres chargés de toutes sortes de fruits.

SCÈNE I.

AGLAURE, CIDIPPE.

AGLAURE.

Je n'en puis plus, ma sœur; j'ai vu trop de merveilles.
L'avenir aura peine à les bien concevoir;
Le soleil, qui voit tout, et qui nous fait tout voir,
  N'en a vu jamais de pareilles.
  Elles me chagrinent l'esprit;
Et ce brillant palais, ce pompeux équipage,
  Font un odieux étalage
Qui m'accable de honte autant que de dépit.
 Que la Fortune indignement nous traite,
  Et que sa largesse indiscrète
Prodigue aveuglément, épuise, unit d'efforts,
  Pour faire de tant de trésors
  Le partage d'une cadette !

CIDIPPE.

J'entre dans tous vos sentiments,

J'ai les mêmes chagrins ; et, dans ces lieux charmants,
　　Tout ce qui vous déplaît me blesse ;
Tout ce que vous prenez pour un mortel affront,
　　Comme vous, m'accable, et me laisse
L'amertume dans l'âme et la rougeur au front.

AGLAURE.

　Non, ma sœur, il n'est point de reines
Qui, dans leur propre État, parlent en souveraines
　　Comme Psyché parle en ces lieux.
On l'y voit obéie avec exactitude ;
Et de ses volontés une amoureuse étude
　　Les cherche jusque dans ses yeux.
　Mille beautés s'empressent autour d'elle,
　Et semblent dire à nos regards jaloux :
« Quels que soient nos attraits, elle est encor plus belle ;
Et nous, qui la servons, le sommes plus que vous. »
　　Elle prononce, on exécute ;
Aucun ne s'en défend, aucun ne s'en rebute.
　　Flore, qui s'attache à ses pas,
Répand à pleines mains, autour de sa personne,
　　Ce qu'elle a de plus doux appas ;
　Zéphire vole aux ordres qu'elle donne ;
Et son amante et lui, s'en laissant trop charmer,
Quittent, pour la servir, les soins de s'entr'aimer.

CIDIPPE.

　Elle a des dieux à son service,
　Elle aura bientôt des autels ;
Et nous ne commandons qu'à de chétifs mortels,
　　De qui l'audace et le caprice,
Contre nous, à toute heure, en secret révoltés,
　　Opposent à nos volontés
　　Ou le murmure ou l'artifice !

AGLAURE.

　C'était peu que, dans notre cour,
Tant de cœurs, à l'envi, nous l'eussent préférée ;

Ce n'était pas assez que, de nuit et de jour,
D'une foule d'amants elle y fût adorée :
Quand nous nous consolions de la voir au tombeau
  Par l'ordre imprévu d'un oracle,
  Elle a voulu de son destin nouveau
Faire en notre présence éclater le miracle,
  Et choisir nos yeux pour témoins
De ce qu'au fond du cœur nous souhaitions le moins.

CIDIPPE.

  Ce qui le plus me désespère,
C'est cet amant parfait et si digne de plaire
  Qui se captive sous ses lois.
Quand nous pourrions choisir entre tous les monarques,
  En est-il un, de tant de rois,
  Qui porte de si nobles marques?
  Se voir du bien par-delà ses souhaits,
N'est souvent qu'un bonheur qui fait des misérables ;
Il n'est ni train pompeux ni superbes palais
Qui n'ouvrent quelque porte à des maux incurables ;
Mais avoir un amant d'un mérite achevé,
  Et s'en voir chèrement aimée,
  C'est un bonheur si haut, si relevé,
  Que sa grandeur ne peut être exprimée.

AGLAURE.

N'en parlons plus, ma sœur, nous en mourrions d'ennui.
  Songeons plutôt à la vengeance ;
Et trouvons le moyen de rompre entre elle et lui
  Cette adorable intelligence.
La voici. J'ai des coups tout prêts à lui porter,
  Qu'elle aura peine d'éviter.

SCÈNE II.

PSYCHÉ, AGLAURE, CIDIPPE.

PSYCHÉ.

Je viens vous dire adieu ; mon amant vous renvoie,
    Et ne saurait plus endurer
Que vous lui retranchiez un moment de la joie
Qu'il prend de se voir seul à me considérer.
Dans un simple regard, dans la moindre parole,
    Son amour trouve des douceurs
    Qu'en faveur du sang je lui vole,
    Quand je les partage à des sœurs.

AGLAURE.

    La jalousie est assez fine ;
    Et ces délicats sentiments
    Méritent bien qu'on s'imagine
Que celui qui pour vous a ces empressements
    Passe le commun des amants.
Je vous en parle ainsi, faute de le connaître.
Vous ignorez son nom et ceux dont il tient l'être ;
    Nos esprits en sont alarmés.
Je le tiens un grand prince, et d'un pouvoir suprême,
    Bien au-delà du diadème ;
Ses trésors, sous vos pas confusément semés
Ont de quoi faire honte à l'abondance même ;
    Vous l'aimez autant qu'il vous aime ;
    Il vous charme, et vous le charmez :
Votre félicité, ma sœur, serait extrême,
    Si vous saviez qui vous aimez.

PSYCHÉ.

Que m'importe ? j'en suis aimée.

Plus il me voit, plus je lui plais.
Il n'est point de plaisirs dont l'âme soit charmée
　　Qui ne préviennent mes souhaits;
Et je vois mal de quoi la vôtre est alarmée,
　　Quand tout me sert dans ce palais.

AGLAURE.

Qu'importe qu'ici tout vous serve,
Si toujours cet amant vous cache ce qu'il est ?
Nous ne nous alarmons que pour votre intérêt.
En vain tout vous y rit, en vain tout vous y plaît,
Le véritable amour ne fait point de réserve;
　　Et qui s'obstine à se cacher
Sent quelque chose en soi qu'on lui peut reprocher.
　　Si cet amant devient volage
(Car souvent, en amour, le change est assez doux ;
　　Et j'ose le dire entre nous,
Pour grand que soit l'éclat dont brille ce visage,
Il en peut être ailleurs d'aussi belles que vous) ;
Si, dis-je, un autre objet sous d'autres lois l'engage;
　　Si dans l'état où je vous voi,
　　Seule en ses mains, et sans défense,
　　Il va jusqu'à la violence,
　　Sur qui vous vengera le roi
Ou de ce changement, ou de cette insolence?

PSYCHÉ.

Ma sœur, vous me faites trembler.
Juste ciel ! pourrais-je être assez infortunée...

CIDIPPE.

Que sait-on si déjà les nœuds de l'hyménée...

PSYCHÉ.

N'achevez pas, ce serait m'accabler.

AGLAURE.

Je n'ai plus qu'un mot à vous dire.
Ce prince qui vous aime, et qui commande aux vents,

ACTE IV. SCÈNE II.

Qui nous donne pour char les ailes du Zéphire,
Et de nouveaux plaisirs vous comble à tous moments,
Quand il rompt à vos yeux l'ordre de la nature,
Peut-être à tant d'amour mêle un peu d'imposture ;
Peut-être ce palais n'est qu'un enchantement ;
Et ces lambris dorés, ces amas de richesses,
    Dont il achète vos tendresses,
Dès qu'il sera lassé de souffrir vos caresses,
    Disparaîtront en un moment.
Vous savez, comme nous, ce que peuvent les charmes.

PSYCHÉ.

Que je sens à mon tour de cruelles alarmes !

AGLAURE.

Notre amitié ne veut que votre bien.

PSYCHÉ.

Adieu, mes sœurs : finissons l'entretien ;
J'aime, et je crains qu'on ne s'impatiente.
    Partez ; et demain, si je puis,
    Vous me verrez ou plus contente,
Ou dans l'accablement des plus mortels ennuis.

AGLAURE.

Nous allons dire au roi quelle nouvelle gloire,
Quel excès de bonheur le ciel répand sur vous.

CIDIPPE.

Nous allons lui conter d'un changement si doux
    La surprenante et merveilleuse histoire.

PSYCHÉ.

Ne l'inquiétez point, ma sœur, de vos soupçons ;
Et quand vous lui peindrez un si charmant empire...

AGLAURE.

Nous savons toutes deux ce qu'il faut taire ou dire,
Et n'avons pas besoin, sur ce point, de leçons.

(Zéphire enlève les deux sœurs de Psyché dans un nuage qui descend ju terre, et dans lequel il les emporte avec rapidité.)

SCÈNE III.

L'AMOUR, PSYCHÉ.

L'AMOUR.

Enfin vous êtes seule, et je puis vous redire,
Sans avoir pour témoins vos importunes sœurs,
Ce que des yeux si beaux ont pris sur moi d'empire,
    Et quels excès ont les douceurs
    Qu'une sincère ardeur inspire,
    Sitôt qu'elle assemble deux cœurs.
Je puis vous expliquer de mon âme ravie
    Les amoureux empressements,
  Et vous jurer qu'à vous seule asservie
Elle n'a pour objet de ses ravissements
Que de voir cette ardeur, de même ardeur suivie,
    Ne concevoir plus d'autre envie
  Que de régler mes vœux sur vos désirs,
Et de ce qui vous plaît faire tous mes plaisirs.
    Mais d'où vient qu'un triste nuage
  Semble offusquer l'éclat de ces beaux yeux?
  Vous manque-t-il quelque chose en ces lieux?
Des vœux qu'on vous y rend dédaignez-vous l'hommage?

PSYCHÉ.

Non, seigneur.

L'AMOUR.

          Qu'est-ce donc? et d'où vient mon malheur?
J'entends moins de soupirs d'amour que de douleur;
Je vois de votre teint les roses amorties
    Marquer un déplaisir secret;
    Vos sœurs à peine sont parties,
    Que vous soupirez de regret!

Ah! Psyché, de deux cœurs quand l'ardeur est la même,
　　Ont-ils des soupirs différents?
Et quand on aime bien, et qu'on voit ce qu'on aime,
　　Peut-on songer à des parents?

PSYCHÉ.

　Ce n'est point là ce qui m'afflige.

L'AMOUR.

　Est-ce l'absence d'un rival,
Et d'un rival aimé, qui fait qu'on me néglige?

PSYCHÉ.

Dans un cœur tout à vous que vous pénétrez mal!
Je vous aime, seigneur, et mon amour s'irrite
De l'indigne soupçon que vous avez formé.
Vous ne connaissez pas quel est votre mérite,
　Si vous craignez de n'être pas aimé.
Je vous aime; et depuis que j'ai vu la lumière,
　　Je me suis montrée assez fière
　Pour dédaigner les vœux de plus d'un roi;
Et, s'il vous faut ouvrir mon âme tout entière,
Je n'ai trouvé que vous qui fût digne de moi.
　　Cependant j'ai quelque tristesse
　　Qu'en vain je voudrais vous cacher :
Un noir chagrin se mêle à toute ma tendresse,
　　Dont je ne la puis détacher.
　　Ne m'en demandez point la cause;
Peut-être, la sachant, voudrez-vous m'en punir,
Et si j'ose aspirer encore à quelque chose,
Je suis sûre du moins de ne point l'obtenir.

L'AMOUR.

Eh! ne craignez-vous point qu'à mon tour je m'irrite
Que vous connaissiez mal quel est votre mérite,
　　Ou feigniez de ne pas savoir
　　Quel est sur moi votre absolu pouvoir?
Ah! si vous en doutez, soyez désabusée.
Parlez.

PSYCHÉ.
J'aurai l'affront de me voir refusée.
L'AMOUR.
Prenez en ma faveur de meilleurs sentiments,
L'expérience en est aisée :
Parlez, tout se tient prêt à vos commandements.
Si, pour m'en croire, il vous faut des serments,
J'en jure vos beaux yeux, ces maîtres de mon âme,
Ces divins auteurs de ma flamme;
Et, si ce n'est assez d'en jurer vos beaux yeux,
J'en jure par le Styx, comme jurent les dieux.
PSYCHÉ.
J'ose craindre un peu moins, après cette assurance.
Seigneur, je vois ici la pompe et l'abondance;
Je vous adore, et vous m'aimez;
Mon cœur en est ravi, mes sens en sont charmés;
Mais, parmi ce bonheur suprême,
J'ai le malheur de ne savoir qui j'aime :
Dissipez cet aveuglement,
Et faites-moi connaître un si parfait amant.
L'AMOUR.
Psyché, que venez-vous de dire?
PSYCHÉ.
Que c'est le bonheur où j'aspire;
Et si vous ne me l'accordez...
L'AMOUR.
Je l'ai juré, je n'en suis plus le maître;
Mais vous ne savez pas ce que vous demandez.
Laissez-moi mon secret. Si je me fais connaître,
Je vous perds, et vous me perdez.
Le seul remède est de vous en dédire.
PSYCHÉ.
C'est là sur vous mon souverain empire?
L'AMOUR.
Vous pouvez tout, et je suis tout à vous :

ACTE IV. SCÈNE III.

Mais, si nos feux vous semblent doux,
Ne mettez point d'obstacle à leur charmante suite;
Ne me forcez point à la fuite :
C'est le moindre malheur qui nous puisse arriver
D'un souhait qui vous a séduite.

PSYCHÉ.

Seigneur, vous voulez m'éprouver;
Mais je sais ce que j'en dois croire.
De grâce, apprenez-moi tout l'excès de ma gloire,
Et ne me cachez plus pour quel illustre choix
J'ai rejeté les vœux de tant de rois.

L'AMOUR.

Le voulez-vous?

PSYCHÉ.

Souffrez que je vous en conjure.

L'AMOUR.

Si vous saviez, Psyché, la cruelle aventure
Que par là vous vous attirez...

PSYCHÉ.

Seigneur, vous me désespérez.

L'AMOUR.

Pensez-y bien, je puis encor me taire.

PSYCHÉ.

Faites-vous des serments pour n'y point satisfaire?

L'AMOUR.

Hé bien! je suis le dieu le plus puissant des dieux,
Absolu sur la terre, absolu dans les cieux;
Dans les eaux, dans les airs, mon pouvoir est suprême :
En un mot, je suis l'Amour même,
Qui de mes propres traits m'étais blessé pour vous;
Et sans la violence, hélas! que vous me faites,
Et qui vient de changer mon amour en courroux,
Vous m'alliez avoir pour époux.
Vos volontés sont satisfaites,
Vous avez su qui vous aimiez,

Vous connaissez l'amant que vous charmiez;
  Psyché, voyez où vous en êtes :
Vous me forcez vous-même à vous quitter;
Vous me forcez vous-même à vous ôter
  Tout l'effet de votre victoire.
Peut-être vos beaux yeux ne me reverront plus.
Ce palais, ces jardins, avec moi disparus,
Vont faire évanouir votre naissante gloire.
  Vous n'avez pas voulu m'en croire;
Et, pour tout fruit de ce doute éclairci,
  Le Destin, sous qui le ciel tremble,
Plus fort que mon amour, que tous les dieux ensemble,
Vous va montrer sa haine, et me chasse d'ici.

(L'Amour disparaît, et dans l'instant qu'il s'envole, le superbe jardin s'évanouit. Psyché demeure seule au milieu d'une vaste campagne, et sur le bord sauvage d'un grand fleuve où elle se veut précipiter. Le dieu du fleuve paraît, assis sur un amas de joncs et de roseaux, et appuyé sur une grande urne, d'où sort un grosse source d'eau.)

SCÈNE IV.

PSYCHÉ, LE DIEU DU FLEUVE.

PSYCHÉ.

Cruel destin! funeste inquiétude!
  Fatale curiosité!
Qu'avez-vous fait, affreuse solitude,
  De toute ma félicité?
J'aimais un dieu, j'en étais adorée,
Mon bonheur redoublait de moment en moment;
  Et je me vois seule, éplorée,
Au milieu d'un désert, où, pour accablement,
  Et confuse et désespérée,
Je sens croître l'amour quand j'ai perdu l'amant.

ACTE IV. SCÈNE IV.

Le souvenir m'en charme et m'empoisonne,
Sa douceur tyrannise un cœur infortuné
Qu'aux plus cuisants chagrins ma flamme a condamné.
    O ciel! quand l'Amour m'abandonne,
Pourquoi me laisse-t-il l'amour qu'il m'a donné?
Source de tous les biens, inépuisable et pure,
      Maître des hommes et des dieux,
      Cher auteur des maux que j'endure,
Êtes-vous pour jamais disparu de mes yeux?
    Je vous en ai banni moi-même :
Dans un excès d'amour, dans un bonheur extrême,
D'un indigne soupçon mon cœur s'est alarmé.
Cœur ingrat! tu n'avais qu'un feu mal allumé;
Et l'on ne peut vouloir, du moment que l'on aime,
      Que ce que veut l'objet aimé.
Mourons, c'est le parti qui seul me reste à suivre
      Après la perte que je fais.
    Pour qui, grands dieux! voudrais-je vivre?
      Et pour qui former des souhaits?
Fleuve, de qui les eaux baignent ces tristes sables,
      Ensevelis mon crime dans tes flots,
    Et, pour finir des maux si déplorables,
Laisse-moi dans ton lit assurer mon repos.

LE DIEU DU FLEUVE.

    Ton trépas souillerait mes ondes,
      Psyché : le ciel te le défend;
Et peut-être qu'après des douleurs si profondes,
      Un autre sort t'attend.
Fuis plutôt de Vénus l'implacable colère.
Je la vois qui te cherche et qui te veut punir :
L'amour du fils a fait la haine de la mère.
    Fuis, je saurai la retenir.

PSYCHÉ.

    J'attends ses fureurs vengeresses :

Qu'auront-elles pour moi qui ne me soit trop doux?
Qui cherche le trépas ne craint dieux ni déesses,
    Et peut braver tout leur courroux.

SCÈNE V.

VÉNUS, PSYCHÉ, LE DIEU DU FLEUVE.

VÉNUS.

Orgueilleuse Psyché, vous m'osez donc attendre,
Après m'avoir sur terre enlevé mes honneurs,
    Après que vos traits suborneurs
Ont reçu les encens qu'aux miens seuls on doit rendre?
    J'ai vu mes temples désertés;
J'ai vu tous les mortels, séduits par vos beautés,
Idolâtrer en vous la beauté souveraine,
Vous offrir des respects jusqu'alors inconnus,
    Et ne se mettre pas en peine
    S'il était une autre Vénus :
    Et je vous vois encor l'audace
De n'en pas redouter les justes châtiments,
    Et de me regarder en face,
Comme si c'était peu que mes ressentiments!

PSYCHÉ.

Si de quelques mortels on m'a vue adorée,
Est-ce un crime pour moi d'avoir eu des appas
    Dont leur âme inconsidérée
Laissait charmer des yeux qui ne vous voyaient pas?
    Je suis ce que le ciel m'a faite,
Je n'ai que les beautés qu'il m'a voulu prêter.
Si les vœux qu'on m'offrait vous ont mal satisfaite,
Pour forcer tous les cœurs à vous les reporter,
    Vous n'aviez qu'à vous présenter,

Qu'à ne leur cacher plus cette beauté parfaite
  Qui pour les rendre à leur devoir,
Pour se faire adorer, n'a qu'à se faire voir.

VÉNUS.

  Il fallait vous en mieux défendre.
Ces respects, ces encens, se doivent refuser;
  Et, pour les mieux désabuser,
Il fallait, à leurs yeux, vous-même me les rendre.
  Vous avez aimé cette erreur
Pour qui vous ne deviez avoir que de l'horreur.
Vous avez bien fait plus : votre humeur arrogante,
  Sur le mépris de mille rois,
  Jusques aux cieux a porté de son choix
    L'ambition extravagante.

PSYCHÉ.

J'aurais porté mon choix, déesse, jusqu'aux cieux?

VÉNUS.

  Votre insolence est sans seconde.
  Dédaigner tous les rois du monde,
  N'est-ce pas aspirer aux dieux?

PSYCHÉ.

Si l'Amour pour eux tous m'avait endurci l'âme,
  Et me réservait toute à lui,
En puis-je être coupable? et faut-il qu'aujourd'hui,
  Pour prix d'une si belle flamme,
Vous vouliez m'accabler d'un éternel ennui?

VÉNUS.

  Psyché, vous deviez mieux connaître
  Qui vous étiez, et quel était ce dieu.

PSYCHÉ.

Et m'en a-t-il donné ni le temps ni le lieu,
Lui qui de tout mon cœur d'abord s'est rendu maître?

VÉNUS.

  Tout votre cœur s'en est laissé charmer,
Et vous l'avez aimé dès qu'il vous a dit : « J'aime. »

PSYCHÉ.

Pouvais-je n'aimer pas le dieu qui fait aimer,
 Et qui me parlait pour lui-même?
 C'est votre fils : vous savez son pouvoir;
  Vous en connaissez le mérite.

VÉNUS.

 Oui, c'est mon fils; mais un fils qui m'irrite,
Un fils qui me rend mal ce qu'il sait me devoir;
 Un fils qui fait qu'on m'abandonne,
Et qui, pour mieux flatter ses indignes amours,
Depuis que vous l'aimez ne blesse plus personne
Qui vienne à mes autels implorer mon secours.
 Vous m'en avez fait un rebelle :
On m'en verra vengée, et hautement, sur vous;
Et je vous apprendrai s'il faut qu'une mortelle
 Souffre qu'un dieu soupire à ses genoux.
Suivez-moi, vous verrez, par votre expérience,
  A quelle folle confiance
  Vous portait cette ambition.
Venez, et préparez autant de patience
  Qu'on vous voit de présomption.

FIN DU QUATRIÈME ACTE.

QUATRIÈME INTERMÈDE.

La scène représente les enfers. On y voit une mer toute de feu, dont les flots sont dans une perpétuelle agitation. Cette mer effroyable est bornée par des ruines enflammées ; et au milieu de ses flots agités, au travers d'une gueule affreuse, paraît le palais infernal de Pluton. Huit furies en sortent, et forment une entrée de ballet, où elles se réjouissent de la rage qu'elles ont allumée dans l'âme de la plus douce des divinités. Un lutin mêle quantité de sauts périlleux à leurs danses, cependant que Psyché, qui a passé aux enfers par le commandement de Vénus, repasse dans la barque de Caron avec la boîte qu'elle a reçue de Proserpine pour cette déesse.

FIN DU QUATRIÈME INTERMÈDE.

ACTE CINQUIÈME.

SCÈNE I.

PSYCHÉ seule.

Effroyables replis des ondes infernales,
Noirs palais où Mégère et ses sœurs font leur cour,
    Éternels ennemis du jour,
Parmi vos Ixions et parmi vos Tantales,
Parmi tant de tourments qui n'ont point d'intervalles,
    Est-il, dans votre affreux séjour
    Quelques peines qui soient égales
Aux travaux où Vénus condamne mon amour?
    Elle n'en peut être assouvie;
Et, depuis qu'à ses lois je me trouve asservie,
Depuis qu'elle me livre à ses ressentiments,
    Il m'a fallu, dans ces cruels moments,
        Plus d'une âme et plus d'une vie,
        Pour remplir ses commandements.
    Je souffrirais tout avec joie,
Si, parmi les rigueurs que sa haine déploie,
Mes yeux pouvaient revoir, ne fût-ce qu'un moment,
    Ce cher, cet adorable amant.
Je n'ose le nommer : ma bouche, criminelle
    D'avoir trop exigé de lui,

S'en est rendue indigne ; et, dans ce dur ennui,
   La souffrance la plus mortelle
Dont m'accable à toute heure un renaissant trépas,
   Est celle de ne le voir pas.
   Si son courroux durait encore,
Jamais aucun malheur n'approcherait du mien ;
Mais s'il avait pitié d'une âme qui l'adore,
Quoi qu'il fallût souffrir, je ne souffrirais rien.
Oui, Destins, s'il calmait cette juste colère,
   Tous mes malheurs seraient finis :
Pour me rendre insensible aux fureurs de la mère,
   Il ne faut qu'un regard du fils.
Je n'en veux plus douter, il partage ma peine,
Il voit ce que je souffre, et souffre comme moi.
   Tout ce que j'endure le gêne ;
Lui-même il s'en impose une amoureuse loi.
En dépit de Vénus, en dépit de mon crime,
C'est lui qui me soutient, c'est lui qui me ranime
Au milieu des périls où l'on me fait courir :
Il garde la tendresse où son feu le convie,
Et prend soin de me rendre une nouvelle vie
   Chaque fois qu'il me faut mourir.
   Mais que me veulent ces deux ombres
Qu'à travers le faux jour de ces demeures sombres
   J'entrevois s'avancer vers moi ?

SCÈNE II.

PSYCHÉ, CLÉOMÈNE, AGÉNOR.

PSYCHÉ.

Cléomène, Agénor, est-ce vous que je vois ?
   Qui vous a ravi la lumière ?

CLÉOMÈNE.

La plus juste douleur qui d'un beau désespoir
    Nous eût pu fournir la matière ;
Cette pompe funèbre, où du sort le plus noir
    Vous attendiez la rigueur la plus fière,
        L'injustice la plus entière.

AGÉNOR.

Sur ce même rocher où le ciel en courroux
    Vous promettait, au lieu d'époux,
Un serpent dont soudain vous seriez dévorée,
    Nous tenions la main préparée
A repousser sa rage, ou mourir avec vous.
Vous le savez, princesse, et lorsqu'à notre vue
Par le milieu des airs vous êtes disparue,
Du haut de ce rocher, pour suivre vos beautés,
Ou plutôt pour goûter cette amoureuse joie
D'offrir pour vous au monstre une première proie,
D'amour et de douleur l'un et l'autre emportés,
    Nous nous sommes précipités.

CLÉOMÈNE.

Heureusement déçus au sens de votre oracle,
Nous en avons ici reconnu le miracle,
Et su que le serpent prêt à vous dévorer
    Était le dieu qui fait qu'on aime,
Et qui, tout dieu qu'il est, vous adorant lui-même,
        Ne pouvait endurer
Qu'un mortel comme nous osât vous adorer.

AGÉNOR.

    Pour prix de vous avoir suivie,
Nous jouissons ici d'un trépas assez doux.
    Qu'avions-nous affaire de vie,
    Si nous ne pouvions être à vous ?
    Nous revoyons ici vos charmes,
Qu'aucun des deux là-haut n'aurait revus jamais.
Heureux si nous voyons la moindre de vos larmes

Honorer des malheurs que vous nous avez faits!
PSYCHÉ.

Puis-je avoir des larmes de reste,
Après qu'on a porté les miens au dernier point?
Unissons nos soupirs dans un sort si funeste;
　　Les soupirs ne s'épuisent point.
Mais vous soupireriez, princes, pour une ingrate.
Vous n'avez point voulu survivre à mes malheurs;
　　Et quelque douleur qui m'abatte,
　　Ce n'est point pour vous que je meurs.
CLÉOMÈNE.

L'avons-nous mérité, nous dont toute la flamme
N'a fait que vous lasser du récit de nos maux?
PSYCHÉ.

Vous pouviez mériter, princes, toute mon âme,
　　Si vous n'eussiez été rivaux.
　　Ces qualités incomparables
Qui de l'un et de l'autre accompagnaient les vœux,
　　Vous rendaient tous deux trop aimables
　　Pour mépriser aucun des deux.
AGÉNOR.

Vous avez pu, sans être injuste ni cruelle,
Nous refuser un cœur réservé pour un dieu.
Mais revoyez Vénus. Le Destin nous rappelle,
　　Et nous force à vous dire adieu.
PSYCHÉ.

Ne vous donne-t-il point le loisir de me dire
　　Quel est ici votre séjour?
CLÉOMÈNE.

Dans des bois toujours verts, où d'amour on respire,
　　Aussitôt qu'on est mort d'amour.
D'amour on y revit, d'amour on y soupire,
Sous les plus douces lois de son heureux empire;
Et l'éternelle nuit n'ose en chasser le jour,
　　Que lui-même il attire

Sur nos fantômes, qu'il inspire,
Et dont aux enfers même il se fait une cour.

AGÉNOR.

Vos envieuses sœurs, après nous descendues,
 Pour vous perdre se sont perdues ;
 Et l'une et l'autre tour à tour,
Pour le prix d'un conseil qui leur coûte la vie,
A côté d'Ixion, à côté de Titye,
Souffrent tantôt la roue, et tantôt le vautour.
L'Amour, par les Zéphyrs, s'est fait prompte justice
De leur envenimée et jalouse malice :
Ces ministres ailés de son juste courroux,
Sous couleur de les rendre encore auprès de vous,
Ont plongé l'une et l'autre au fond d'un précipice,
Où le spectacle affreux de leurs corps déchirés
N'étale que le moindre et le premier supplice
 De ces conseils dont l'artifice
 Fait les maux dont vous soupirez.

PSYCHÉ.

Que je les plains !

CLÉOMÈNE.

   Vous êtes seule à plaindre.
Mais nous demeurons trop à vous entretenir ;
Adieu. Puissions-nous vivre en votre souvenir !
Puissiez-vous, et bientôt, n'avoir plus rien à craindre !
Puisse, et bientôt, l'Amour vous enlever aux cieux,
 Vous y mettre à côté des dieux,
Et, rallumant un feu qui ne se puisse éteindre,
Affranchir à jamais l'éclat de vos beaux yeux
 D'augmenter le jour en ces lieux !

SCÈNE III.

PSYCHÉ seule.

Pauvres amants! Leur amour dure encore!
Tout morts qu'ils sont, l'un et l'autre m'adore,
Moi dont la dureté reçut si mal leurs vœux!
Tu n'en fais pas ainsi, toi qui seul m'as ravie,
Amant que j'aime encor cent fois plus que ma vie,
　　Et qui brises de si beaux nœuds!
Ne me fuis plus, et souffre que j'espère
Que tu pourras un jour rabaisser l'œil sur moi,
Qu'à force de souffrir j'aurai de quoi te plaire,
　　De quoi me rengager ta foi.
Mais ce que j'ai souffert m'a trop défigurée
　　Pour rappeler un tel espoir.
　L'œil abattu, triste, désespérée,
　　Languissante et décolorée,
　De quoi puis-je me prévaloir,
Si, par quelque miracle impossible à prévoir,
Ma beauté qui t'a plu ne se voit réparée?
　Je porte ici de quoi la réparer :
　　Ce trésor de beauté divine,
Qu'en mes mains pour Vénus a remis Proserpine,
Enferme des appas dont je puis m'emparer;
　　Et l'éclat en doit être extrême,
　　Puisque Vénus, la beauté même,
　　Les demande pour se parer.
En dérober un peu serait-ce un si grand crime?
Pour plaire aux yeux d'un dieu qui s'est fait mon amant,
Pour regagner son cœur et finir mon tourment,
　　Tout n'est-il pas trop légitime?

Ouvrons. Quelles vapeurs m'offusquent le cerveau,
Et que vois-je sortir de cette boîte ouverte?
Amour, si ta pitié ne s'oppose à ma perte,
Pour ne revivre plus je descends au tombeau.

(Elle s'évanouit, et l'Amour descend auprès d'elle en volant.)

SCÈNE IV.

L'AMOUR; PSYCHÉ évanouie.

L'AMOUR.

Votre péril, Psyché, dissipe ma colère,
Ou plutôt de mes feux l'ardeur n'a point cessé;
Et, bien qu'au dernier point vous m'ayez su déplaire,
    Je ne me suis intéressé
    Que contre celle de ma mère.
J'ai vu tous vos travaux, j'ai suivi vos malheurs;
Mes soupirs ont partout accompagné vos pleurs.
Tournez les yeux vers moi; je suis encor le même.
Quoi! je dis et redis tout haut que je vous aime,
Et vous ne dites point, Psyché, que vous m'aimez!
Est-ce que pour jamais vos beaux yeux sont fermés.
Qu'à jamais la clarté leur vient d'être ravie?
O mort! devais-tu prendre un dard si criminel,
Et sans aucun respect pour mon être éternel,
    Attenter à ma propre vie!
    Combien de fois, ingrate déité,
    Ai-je grossi ton noir empire
    Par les mépris et par la cruauté
    D'une orgueilleuse ou farouche beauté!
    Combien même, s'il le faut dire,
T'ai-je immolé de fidèles amants,
    A force de ravissements!

Va, je ne blesserai plus d'âmes,
Je ne percerai plus de cœurs,
Qu'avec des dards trempés aux divines liqueurs
Qui nourrissent du ciel les immortelles flammes,
Et n'en lancerai plus que pour faire à tes yeux
Autant d'amants, autant de dieux.
Et vous, impitoyable mère,
Qui la forcez à m'arracher
Tout ce que j'avais de plus cher,
Craignez, à votre tour, l'effet de ma colère.
Vous me voulez faire la loi,
Vous qu'on voit si souvent la recevoir de moi;
Vous, qui portez un cœur sensible comme un autre
Vous enviez au mien les délices du vôtre!
Mais dans ce même cœur j'enfoncerai des coups
Qui ne seront suivis que de chagrins jaloux;
Je vous accablerai de honteuses surprises,
Et choisirai partout, à vos vœux les plus doux,
Des Adonis et des Anchises
Qui n'auront que haine pour vous.

SCÈNE V.

VÉNUS, L'AMOUR; PSYCHÉ évanouie.

VÉNUS.

La menace est respectueuse;
Et d'un enfant qui fait le révolté
La colère présomptueuse...

L'AMOUR.

Je ne suis plus enfant, et je l'ai trop été;
Et ma colère est juste autant qu'impétueuse,

VÉNUS.

L'impétuosité s'en devrait retenir;
Et vous pourriez vous souvenir
Que vous me devez la naissance.

L'AMOUR.

Et vous pourriez n'oublier pas
Que vous avez un cœur et des appas
Qui relèvent de ma puissance;
Que mon arc de la vôtre est l'unique soutien;
Que sans mes traits elle n'est rien;
Et que si les cœurs les plus braves
En triomphe par vous se sont laissé traîner,
Vous n'avez jamais fait d'esclaves
Que ceux qu'il m'a plu d'enchaîner.
Ne me vantez donc plus ces droits de la naissance
Qui tyrannisent mes désirs;
Et, si vous ne voulez perdre mille soupirs,
Songez, en me voyant, à la reconnaissance,
Vous qui tenez de ma puissance
Et votre gloire et vos plaisirs.

VÉNUS.

Comment l'avez-vous défendue,
Cette gloire dont vous parlez?
Comment me l'avez-vous rendue?
Et, quand vous avez vu mes autels désolés,
Mes temples violés,
Mes honneurs ravalés,
Si vous avez pris part à tant d'ignominie,
Comment en a-t-on vu punie
Psyché, qui me les a volés?
Je vous ai commandé de la rendre charmée
Du plus vil de tous les mortels,
Qui ne daignât répondre à son âme enflammée
Que par des rebuts éternels,
Par les mépris les plus cruels;

Et vous-même l'avez aimée !
Vous avez contre moi séduit des immortels :
C'est pour vous qu'à mes yeux les Zéphyrs l'ont cachée;
　　Qu'Apollon même, suborné
Par un oracle adroitement tourné,
　　　Me l'avait si bien arrachée,
　　　Que si sa curiosité,
　　　Par une aveugle défiance,
　　　Ne l'eût rendue à ma vengeance,
　　Elle échappait à mon cœur irrité.
　　Voyez l'état où votre amour l'a mise,
　　Votre Psyché : son âme va partir ;
Voyez ; et, si la vôtre en est encore éprise,
　　　Recevez son dernier soupir.
Menacez, bravez-moi, cependant qu'elle expire :
　　　Tant d'insolence vous sied bien ;
Et je dois endurer quoi qu'il vous plaise dire,
　　　Moi qui, sans vos traits, ne puis rien !

　　　　　　L'AMOUR.

Vous ne pouvez que trop, déesse impitoyable !
Le Destin l'abandonne à tout votre courroux ;
　　　Mais soyez moins inexorable
Aux prières, aux pleurs d'un fils à vos genoux.
　　Ce doit vous être un spectacle assez doux
　　　De voir d'un œil Psyché mourante,
Et de l'autre ce fils, d'une voix suppliante,
Ne vouloir plus tenir son bonheur que de vous.
Rendez-moi ma Psyché, rendez-lui tous ses charmes ;
　　　Rendez-la, déesse, à mes larmes ;
Rendez à mon amour, rendez à ma douleur
Le charme de mes yeux et le choix de mon cœur.

　　　　　　VÉNUS.

　　Quelque amour que Psyché vous donne,
De ses malheurs par moi n'attendez pas la fin :
　　　Si le Destin me l'abandonne,

Je l'abandonne à son destin.
Ne m'importunez plus ; et, dans cette infortune,
Laissez-la, sans Vénus, triompher ou périr.

L'AMOUR.

Hélas! si je vous importune,
Je ne le ferais pas si je pouvais mourir.

VÉNUS.

Cette douleur n'est pas commune,
Qui force un immortel à souhaiter la mort.

L'AMOUR.

Voyez, par son excès, si mon amour est fort.
   Ne lui ferez-vous grâce aucune?

VÉNUS.

Je vous l'avoue, il me touche le cœur,
Votre amour; il désarme, il fléchit ma rigueur :
Votre Psyché reverra la lumière.

L'AMOUR.

Que je vous vais partout faire donner d'encens!

VÉNUS.

Oui, vous la reverrez dans sa beauté première ;
   Mais de vos vœux reconnaissants
   Je veux la déférence entière ;
Je veux qu'un vrai respect laisse à mon amitié
   Vous choisir une autre moitié.

L'AMOUR.

   Et moi, je ne veux plus de grâce :
   Je reprends toute mon audace ;
   Je veux Psyché, je veux sa foi ;
Je veux qu'elle revive, et revive pour moi,
Et tiens indifférent que votre haine lasse
   En faveur d'une autre se passe.
Jupiter, qui paraît, va juger entre nous
De mes emportements et de votre courroux.

(Après quelques éclairs et des roulements de tonnerre, Jupiter paraît en l'air sur son aigle.)

SCÈNE VI.

JUPITER, VÉNUS, L'AMOUR; PSYCHÉ évanouie.

L'AMOUR.

Vous, à qui seul tout est possible,
Père des dieux, souverain des mortels,
Fléchissez la rigueur d'une mère inflexible,
Qui sans moi n'aurait point d'autels.
J'ai pleuré, j'ai prié, je soupire, menace,
Et perds menaces et soupirs.
Elle ne veut pas voir que de mes déplaisirs
Dépend du monde entier l'heureuse ou triste face,
Et que, si Psyché perd le jour,
Si Psyché n'est à moi, je ne suis plus l'Amour.
Oui, je romprai mon arc, je briserai mes flèches,
J'éteindrai jusqu'à mon flambeau,
Je laisserai languir la Nature au tombeau;
Ou, si je daigne aux cœurs faire encor quelques brèches
Avec ces pointes d'or qui me font obéir,
Je vous blesserai tous là-haut pour des mortelles,
Et ne décocherai sur elles
Que des traits émoussés qui forcent à haïr,
Et qui ne font que des rebelles,
Des ingrates et des cruelles.
Par quelle tyrannique loi
Tiendrai-je à vous servir mes armes toujours prêtes,
Et vous ferai-je à tous conquêtes sur conquêtes,
Si vous me défendez d'en faire une pour moi?

JUPITER, à Vénus.

Ma fille, sois-lui moins sévère;
Tu tiens de sa Psyché le destin en tes mains :

La Parque, au moindre mot, va suivre ta colère;
Parle, et laisse-toi vaincre aux tendresses de mère,
Ou redoute un courroux que moi-même je crains.
    Veux-tu donner le monde en proie
A la haine, au désordre, à la confusion;
      Et d'un dieu d'union,
    D'un dieu de douceurs et de joie,
Faire un dieu d'amertume et de division?
    Considère ce que nous sommes,
Et si les passions doivent nous dominer:
    Plus la vengeance a de quoi plaire aux hommes,
    Plus il sied bien aux dieux de pardonner.

VÉNUS.

Je pardonne à ce fils rebelle.
Mais voulez-vous qu'il me soit reproché
    Qu'une misérable mortelle,
L'objet de mon courroux, l'orgueilleuse Psyché,
    Sous ombre qu'elle est un peu belle,
    Par un hymen dont je rougis,
Souille mon alliance et le lit de mon fils?

JUPITER.

    Eh bien! je la fais immortelle,
    Afin d'y rendre tout égal.

VÉNUS.

Je n'ai plus de mépris ni de haine pour elle,
Et l'admets à l'honneur de ce nœud conjugal.
    Psyché, reprenez la lumière
    Pour ne la reperdre jamais.
    Jupiter a fait votre paix,
    Et je quitte cette humeur fière
    Qui s'opposait à vos souhaits.

PSYCHÉ, sortant de son évanouissement.

    C'est donc vous, ô grande déesse,
Qui redonnez la vie à ce cœur innocent!

ACTE V. SCÈNE VI.

VÉNUS.

Jupiter vous fait grâce, et ma colère cesse.
Vivez, Vénus l'ordonne; aimez, elle y consent.

PSYCHÉ, à l'Amour.

Je vous revois enfin, cher objet de ma flamme!

L'AMOUR, à Psyché.

Je vous possède enfin, délices de mon âme !

JUPITER.

Venez, amants, venez aux cieux
Achever un si grand et si digne hyménée.
Viens-y, belle Psyché, changer de destinée;
Viens prendre place au rang des dieux.

Deux grandes machines descendent aux deux côtés de Jupiter, cependant qu'il dit ces derniers vers. Vénus avec sa suite monte dans l'une, l'Amour et Psyché dans l'autre, et tous ensemble remontent au ciel.

Les divinités qui avaient été partagées entre Vénus et son fils, se réunissent en les voyant d'accord; et toutes ensemble, par des concerts, des chants et des danses, célèbrent la fête des noces de l'Amour.

Apollon paraît le premier, et, comme dieu de l'harmonie, commence à chanter pour inviter les autres dieux à se réjouir.

RÉCIT D'APOLLON.

Unissons-nous, troupe immortelle :
Le dieu d'amour devient heureux amant,
Et Vénus a repris sa douceur naturelle
En faveur d'un fils si charmant;
Il va goûter en paix, après un long tourment,
Une félicité qui doit être éternelle.

TOUTES LES DIVINITÉS chantent ensemble ce couplet à la gloire de l'Amour.

Célébrons ce grand jour,
Célébrons tous une fête si belle ;
Que nos chants en tous lieux en portent la nouvelle;
Qu'ils fassent retentir le céleste séjour.
Chantons, répétons tour à tour,
Qu'il n'est point d'âme si cruelle

Qui tôt ou tard ne se rende à l'Amour.

APOLLON continue.

Le dieu qui nous engage
A lui faire la cour
Défend qu'on soit trop sage.
Les plaisirs ont leur tour :
C'est leur plus doux usage
Que de finir les soins du jour.
La nuit est le partage
Des jeux et de l'amour.

Ce serait grand dommage
Qu'en ce charmant séjour
On eût un cœur sauvage.
Les plaisirs ont leur tour :
C'est leur plus doux usage
Que de finir les soins du jour.
La nuit est le partage
Des jeux et de l'amour.

(Deux muses, qui ont toujours évité de s'engager sous les lois de l'Amour, conseillent aux belles qui n'ont point encore aimé de s'en défendre avec soin, à leur exemple.)

CHANSON DES MUSES.

Gardez-vous, beautés sévères :
Les amours font trop d'affaires;
Craignez toujours de vous laisser charmer :
Quand il faut que l'on soupire,
Tout le mal n'est pas de s'enflammer;
Le martyre
De le dire
Coûte plus cent fois que d'aimer.

SECOND COUPLET DES MUSES.

On ne peut aimer sans peines;
Il est peu de douces chaînes;
A tout moment on se sent alarmer.

ACTE V. SCÈNE VI.

Quand il faut que l'on soupire,
Tout le mal n'est pas de s'enflammer ;
Le martyre
De le dire
Coûte plus cent fois que d'aimer.

(Bacchus fait entendre qu'il n'est pas si dangereux que l'Amour.)

RÉCIT DE BACCHUS.

Si quelquefois
Suivant nos douces lois,
La raison se perd et s'oublie,
Ce que le vin nous cause de folie
Commence et finit en un jour ;
Mais quand un cœur est enivré d'amour,
Souvent c'est pour toute la vie.

ENTRÉE DE BALLET

Composée de deux Ménades et de deux Égipans, qui suivent Bacchus.

(Mome déclare qu'il n'a point de plus doux emploi que de médire, et que ce n'est qu'à l'Amour seul qu'il n'ose se jouer.)

RÉCIT DE MOME.

Je cherche à médire
Sur la terre et dans les cieux ;
Je soumets à ma satire
Les plus grands des dieux.
Il n'est dans l'univers que l'Amour qui m'étonne,
Il est le seul que j'épargne aujourd'hui ;
Il n'appartient qu'à lui
De n'épargner personne.

ENTRÉE DE BALLET

Composée de quatre polichinelles et de deux matassins, qui suivent Mome et viennent joindre leur plaisanterie et leur badinage aux divertissements de cette grande fête.

(Bacchus et Mome, qui les conduisent, chantent au milieu d'eux chacun une chanson, Bacchus à la louange du vin, et Mome une chanson enjouée sur le sujet et les avantages de la raillerie.)

RÉCIT DE BACCHUS.

Admirons le jus de la treille :
Qu'il est puissant, qu'il a d'attraits !
Il sert aux douceurs de la paix,
Et dans la guerre il fait merveille :
　Mais surtout pour les amours
　Le vin est d'un grand secours.

RÉCIT DE MOME.

Folâtrons, divertissons-nous,
Raillons, nous ne saurions mieux faire;
La raillerie est nécessaire
　Dans les jeux les plus doux.
Sans la douceur que l'on goûte à médire,
On trouve peu de plaisirs sans ennui :
　Rien n'est si plaisant que de rire,
　Quand on rit aux dépens d'autrui.

Plaisantons, ne pardonnons rien;
Rions, rien n'est plus à la mode;
On court péril d'être incommode
　En disant trop de bien.
Sans la douceur que l'on goûte à médire,
On trouve peu de plaisirs sans ennui;
　Rien n'est si plaisant que de rire,
　Quand on rit aux dépens d'autrui.

(Mars arrive au milieu du théâtre, suivi de sa troupe guerrière, qu'il excite à profiter de leur loisir, en prenant part aux divertissements.)

RÉCIT DE MARS.

Laissons en paix toute la terre;
Cherchons de doux amusements.
Parmi les jeux les plus charmants,
Mêlons l'image de la guerre.

ACTE V. SCÈNE VI.

ENTRÉE DE BALLET.

Suivants de Mars, qui font, en dansant avec des enseignes, une manière d'exercice.

DERNIÈRE ENTRÉE DE BALLET.

Les troupes différentes de la suite d'Apollon, de Bacchus, de Mome et de Mars, après avoir achevé leurs entrées particulières, s'unissent ensemble, et forment la dernière entrée, qui renferme toutes les autres.

Un chœur de toutes les voix et de tous les instruments, qui sont au nombre de quarante, se joint à la danse générale, et termine la fête des noces de l'Amour et de Psyché.

DERNIER CHOEUR.

Chantons les plaisirs charmants
  Des heureux amants.
Que tout le ciel s'empresse
  A leur faire sa cour.
Célébrons ce beau jour
Par mille doux chants d'allégresse ;
  Célébrons ce beau jour
Par mille doux chants pleins d'amour.

(Dans le grand salon du palais des Tuileries, où *Psyché* a été représentée devant Leurs Majestés, il y avait des timbales, des trompettes et des tambours, mêlés dans ces derniers concerts ; et ce dernier couplet se chantait ainsi :)

Chantons les plaisirs charmants
  Des heureux amants.
Répondez-nous, trompettes,
  Timbales et tambours ;
Accordez-vous toujours
Avec le doux son des musettes ;
  Accordez-vous toujours
Avec le doux chant des amours.

FIN DE PSYCHÉ.

LES
FOURBERIES DE SCAPIN.

COMÉDIE EN TROIS ACTES.

24 mai 1671.

PERSONNAGES.

ARGANTE, père d'Octave et de Zerbinette.
GÉRONTE, père de Léandre et d'Hyacinte.
OCTAVE, fils d'Argante, et amant d'Hyacinte.
LÉANDRE, fils de Géronte, et amant de Zerbinette.
ZERBINETTE, crue Égyptienne et reconnue fille d'Argante, et amante de Léandre.
HYACINTE, fille de Géronte et amante d'Octave.
SCAPIN, valet de Léandre, et fourbe.
SYLVESTRE, valet d'Octave.
NÉRINE, nourrice d'Hyacinte.
CARLE, fourbe.
DEUX PORTEURS.

Noms des acteurs qui ont joué d'original dans *les Fourberies de Scapin*.

ARGANTE.	Hubert.
GÉRONTE.	Du Croisy.
OCTAVE.	Baron.
LÉANDRE.	La Grange.
ZERBINETTE.	Mlle Beauval.
HYACINTE.	Mlle Molière.
SCAPIN.	Molière.
SYLVESTRE.	La Thorillière.
NÉRINE.	Mlle Debrie.

La scène est à Naples.

LES FOURBERIES DE SCAPIN [1].

ACTE PREMIER.

SCÈNE I.

OCTAVE, SYLVESTRE.

OCTAVE.

Ah! fâcheuses nouvelles pour un cœur amoureux! Dures extrémités où je me vois réduit! Tu viens, Sylvestre, d'apprendre au port que mon père revient?

SYLVESTRE.

Oui.

OCTAVE.

Qu'il arrive ce matin même?

SYLVESTRE.

Ce matin même.

OCTAVE.

Et qu'il revient dans la résolution de me marier?

SYLVESTRE.

Oui.

OCTAVE.

Avec une fille du seigneur Géronte?

---

[1] Cette pièce est imitée du *Phormion* de Térence.

SYLVESTRE.

Du seigneur Géronte.

OCTAVE.

Et que cette fille est mandée de Tarente ici pour cela?

SYLVESTRE.

Oui.

OCTAVE.

Et tu tiens ces nouvelles de mon oncle?

SYLVESTRE.

De votre oncle.

OCTAVE.

A qui mon père les a mandées par une lettre?

SYLVESTRE.

Par une lettre.

OCTAVE.

Et cet oncle, dis-tu, sait toutes nos affaires?

SYLVESTRE.

Toutes nos affaires.

OCTAVE.

Ah! parle, si tu veux, et ne te fais point, de la sorte, arracher les mots de la bouche.

SYLVESTRE.

Qu'ai-je à parler davantage? Vous n'oubliez aucune circonstance, et vous dites les choses tout justement comme elles sont.

OCTAVE.

Conseille-moi, du moins, et me dis ce que je dois faire dans ces cruelles conjonctures.

SYLVESTRE.

Ma foi, je m'y trouve autant embarrassé que vous; et j'aurais bon besoin que l'on me conseillât moi-même.

OCTAVE.

Je suis assassiné par ce maudit retour.

SYLVESTRE.

Je ne le suis pas moins.

OCTAVE.

Lorsque mon père apprendra les choses, je vais voir fondre sur moi un orage soudain d'impétueuses réprimandes.

SYLVESTRE.

Les réprimandes ne sont rien; et plût au ciel que j'en fusse quitte à ce prix! Mais j'ai bien la mine, pour moi, de payer plus cher vos folies; et je vois se former, de loin, un nuage de coups de bâton qui crèvera sur mes épaules.

OCTAVE.

O ciel! par où sortir de l'embarras où je me trouve?

SYLVESTRE.

C'est à quoi vous deviez songer avant que de vous y jeter.

OCTAVE.

Ah! tu me fais mourir par tes leçons hors de saison.

SYLVESTRE.

Vous me faites bien plus mourir par vos actions étourdies.

OCTAVE.

Que dois-je faire? Quelle résolution prendre? à quel remède recourir?

SCÈNE II.

OCTAVE, SCAPIN, SYLVESTRE.

SCAPIN.

Qu'est-ce, seigneur Octave? Qu'avez-vous? Qu'y a-t-il? Quel désordre est-ce là? Je vous vois tout troublé.

OCTAVE.

Ah! mon pauvre Scapin, je suis perdu; je suis désespéré; je suis le plus infortuné de tous les hommes.

SCAPIN.

Comment?

OCTAVE.

N'as-tu rien appris de ce qui me regarde?

SCAPIN.

Non.

OCTAVE.

Mon père arrive avec le seigneur Géronte, et ils me veulent marier.

SCAPIN.

Hé bien! qu'y a-t-il là de si funeste?

OCTAVE.

Hélas! tu ne sais pas la cause de mon inquiétude.

SCAPIN.

Non; mais il ne tiendra qu'à vous que je la sache bientôt; et je suis homme consolatif, homme à m'intéresser aux affaires des jeunes gens.

OCTAVE.

Ah! Scapin, si tu pouvais trouver quelque invention, forger quelque machine, pour me tirer de la peine où je suis, je croirais t'être redevable de plus que de la vie.

SCAPIN.

A vous dire la vérité, il y a peu de choses qui me soient impossibles, quand je m'en veux mêler. J'ai sans doute reçu du ciel un génie assez beau pour toutes les fabriques de ces gentillesses d'esprit, de ces galanteries ingénieuses, à qui le vulgaire ignorant donne le nom de fourberies; et je puis dire, sans vanité, qu'on n'a guère vu d'homme qui fût plus habile ouvrier de ressorts et d'intrigues; qui ait acquis plus de gloire que moi dans ce noble métier. Mais, ma foi, le mérite est trop maltraité aujourd'hui; et j'ai renoncé à toutes choses depuis certain chagrin d'une affaire qui m'arriva.

OCTAVE.

Comment? quelle affaire, Scapin?

SCAPIN.

Une aventure où je me brouillai avec la justice.

OCTAVE.

La justice?

SCAPIN.

Oui. Nous eûmes un petit démêlé ensemble.

SYLVESTRE.

Toi et la justice?

SCAPIN.

Oui. Elle en usa fort mal avec moi; et je me dépitai de telle sorte contre l'ingratitude du siècle, que je résolus de ne plus rien faire. Baste! Ne laissez pas de me conter votre aventure.

OCTAVE.

Tu sais, Scapin, qu'il y a deux mois que le seigneur Géronte et mon père s'embarquèrent ensemble pour un voyage qui regarde certain commerce où leurs intérêts sont mêlés?

SCAPIN.

Je sais cela.

OCTAVE.

Et que Léandre et moi nous fûmes laissés par nos pères, moi sous la conduite de Sylvestre, et Léandre sous ta direction.

SCAPIN.

Oui. Je me suis fort bien acquitté de ma charge.

OCTAVE.

Quelque temps après, Léandre fit rencontre d'une jeune Égyptienne dont il devint amoureux.

SCAPIN.

Je sais cela encore.

OCTAVE.

Comme nous sommes grands amis, il me fit aussitôt confidence de son amour, et me mena voir cette fille, que je trouvai belle, à la vérité, mais non pas tant qu'il voulait que je la trouvasse. Il ne m'entretenait que d'elle chaque jour, m'exagérait à tous moments sa beauté et sa grâce, me louait son esprit, et me parlait avec transport des charmes de son entretien, dont il me rapportait jusqu'aux moindres paroles, qu'il s'efforçait toujours de me faire trouver les plus spirituelles du monde. Il me querellait quelquefois de n'être pas assez sensible aux choses qu'il me venait dire, et me blâmait sans cesse de l'indifférence où j'étais pour les feux de l'amour.

SCAPIN.

Je ne vois pas encore où ceci veut aller.

OCTAVE.

Un jour que je l'accompagnais pour aller chez les gens qui gardent l'objet de ses vœux, nous entendîmes, dans une petite maison d'une rue écartée, quelques plaintes mêlées de beaucoup de sanglots. Nous demandons ce que c'est; une femme nous dit, en soupirant, que nous pouvions voir là quelque chose de pitoyable en des personnes étrangères; et qu'à moins que d'être insensibles, nous en serions touchés.

SCAPIN.

Où est-ce que cela nous mène?

OCTAVE.

La curiosité me fit presser Léandre de voir ce que c'était. Nous entrons dans une salle, où nous voyons une vieille femme mourante, assistée d'une servante qui faisait des regrets, et d'une jeune fille toute fondante en larmes, la plus belle et la plus touchante qu'on puisse jamais voir.

SCAPIN.

Ah! ah!

OCTAVE.

Une autre aurait paru effroyable en l'état où elle était; car elle n'avait pour habillement qu'une méchante petite jupe, avec des brassières de nuit qui étaient de simple futaine; et sa coiffure était une cornette jaune, retroussée au haut de sa tête, qui laissait tomber en désordre ses cheveux sur ses épaules; et cependant, faite comme cela, elle brillait de mille attraits, et ce n'était qu'agréments et que charmes que toute sa personne.

SCAPIN.

Je sens venir les choses.

OCTAVE.

Si tu l'avais vue, Scapin, en l'état que je te dis, tu l'aurais trouvée admirable.

SCAPIN.

Oh! je n'en doute point; et, sans l'avoir vue, je vois bien qu'elle était tout à fait charmante.

OCTAVE.

Ses larmes n'étaient point de ces larmes désagréables qui défigurent un visage; elle avait, à pleurer, une grâce touchante, et sa douleur était la plus belle du monde.

SCAPIN.

Je vois tout cela.

OCTAVE.

Elle faisait fondre chacun en larmes, en se jetant amoureusement sur le corps de cette mourante, qu'elle appelait sa chère mère; et il n'y avait personne qui n'eût l'âme percée, de voir un si bon naturel.

SCAPIN.

En effet, cela est touchant; et je vois bien que ce bon naturel-là vous la fit aimer.

OCTAVE.

Ah! Scapin, un barbare l'aurait aimée.

SCAPIN.

Assurément. Le moyen de s'en empêcher?

OCTAVE.

Après quelques paroles, dont je tâchai d'adoucir la douleur de cette charmante affligée, nous sortîmes de là; et demandant à Léandre ce qu'il lui semblait de cette personne, il me répondit froidement qu'il la trouvait assez jolie. Je fus piqué de la froideur avec laquelle il m'en parlait, et je ne voulus point lui découvrir l'effet que ses beautés avaient fait sur mon âme.

SYLVESTRE, à Octave.

Si vous n'abrégez ce récit, nous en voilà pour jusqu'à demain. Laissez-le-moi finir en deux mots. (A Scapin.) Son cœur prend feu dès ce moment : il ne saurait plus vivre qu'il n'aille consoler son aimable affligée. Ses fréquentes visites sont rejetées de la servante, devenue la gouvernante par le trépas de la mère. Voilà mon homme au désespoir; il presse, supplie, conjure : point d'affaire. On lui dit que la fille, quoique sans bien et sans appui, est de famille honnête, et qu'à moins que de l'épouser, on ne peut souffrir ses poursuites. Voilà son amour augmenté par les difficultés. Il consulte dans sa tête, agite, raisonne, balance, prend sa résolution : le voilà marié avec elle depuis trois jours.

SCAPIN.

J'entends.

SYLVESTRE.

Maintenant, mets avec cela le retour imprévu du père, qu'on n'attendait que dans deux mois; la découverte que l'oncle a faite du secret de notre mariage, et l'autre mariage qu'on veut faire de lui avec la fille que le seigneur Géronte a eue d'une seconde femme qu'on dit qu'il a épousée à Tarente.

OCTAVE.

Et, par-dessus tout cela, mets encore l'indigence où se trouve cette aimable personne, et l'impuissance où je me vois d'avoir de quoi la secourir.

SCAPIN.

Est-ce là tout? Vous voilà bien embarrassés tous deux pour une bagatelle! C'est bien là de quoi se tant alarmer! N'as-tu point de honte, toi, de demeurer court à si peu de chose? Que diable! te voilà grand et gros comme père et mère, et tu ne saurais trouver dans ta tête, forger dans ton esprit quelque ruse galante, quelque honnête petit stratagème pour ajuster vos affaires? Fi! peste soit du butor! Je voudrais bien que l'on m'eût donné autrefois nos vieillards à

duper ; je les aurais joués tous deux par-dessous la jambe :
et je n'étais pas plus grand que cela, que je me signalais
déjà par cent tours d'adresse jolis.

SYLVESTRE.

J'avoue que le ciel ne m'a pas donné tes talents, et que
je n'ai pas l'esprit, comme toi, de me brouiller avec la justice.

OCTAVE.

Voici mon aimable Hyacinte.

SCÈNE III.

HYACINTE, OCTAVE, SCAPIN, SYLVESTRE.

HYACINTE.

Ah ! Octave, est-il vrai ce que Sylvestre vient de dire à
Nérine, que votre père est de retour, et qu'il veut vous
marier ?

OCTAVE.

Oui, belle Hyacinte ; et ces nouvelles m'ont donné une
atteinte cruelle. Mais que vois-je ? vous pleurez ! Pourquoi
ces larmes ? Me soupçonnez-vous, dites-moi, de quelque infidélité ? et n'êtes-vous pas assurée de l'amour que j'ai pour
vous ?

HYACINTE.

Oui, Octave, je suis sûre que vous m'aimez ; mais je ne le
suis pas que vous m'aimiez toujours.

OCTAVE.

Hé ! peut-on vous aimer qu'on ne vous aime toute sa
vie ?

HYACINTE.

J'ai ouï dire, Octave, que votre sexe aime moins longtemps que le nôtre, et que les ardeurs que les hommes font voir sont des feux qui s'éteignent aussi facilement qu'ils naissent.

OCTAVE.

Ah! ma chère Hyacinte, mon cœur n'est donc pas fait comme celui des autres hommes; et je sens bien, pour moi, que je vous aimerai jusqu'au tombeau.

HYACINTE.

Je veux croire que vous sentez ce que vous dites, et je ne doute point que vos paroles ne soient sincères; mais je crains un pouvoir qui combattra dans votre cœur les tendres sentiments que vous pouvez avoir pour moi. Vous dépendez d'un père qui veut vous marier à une autre personne; et je suis sûre que je mourrai si ce malheur m'arrive.

OCTAVE.

Non, belle Hyacinte, il n'y a point de père qui puisse me contraindre à vous manquer de foi; et je me résoudrai à quitter mon pays, et le jour même, s'il est besoin, plutôt qu'à vous quitter. J'ai déjà pris, sans l'avoir vue, une aversion effroyable pour celle que l'on me destine; et, sans être cruel, je souhaiterais que la mer l'écartât d'ici pour jamais. Ne pleurez donc point, je vous prie, mon aimable Hyacinte; car vos larmes me tuent, et je ne les puis voir sans me sentir percer le cœur.

HYACINTE.

Puisque vous le voulez, je veux bien essuyer mes pleurs, et j'attendrai, d'un œil constant, ce qu'il plaira au ciel de résoudre de moi.

OCTAVE.

Le ciel nous sera favorable.

HYACINTE.

Il ne saurait m'être contraire, si vous m'êtes fidèle.

OCTAVE.

Je le serai, assurément.

ACTE I. SCÈNE III.

HYACINTE.

Je serai donc heureuse.

SCAPIN, à part.

Elle n'est pas tant sotte, ma foi; et je la trouve assez passable.

OCTAVE, montrant Scapin.

Voici un homme qui pourrait bien, s'il le voulait, nous être, dans tous nos besoins, d'un secours merveilleux.

SCAPIN.

J'ai fait de grands serments de ne me mêler plus du monde; mais, si vous m'en priez bien fort tous deux, peut-être...

OCTAVE.

Ah! s'il ne tient qu'à te prier bien fort pour obtenir ton aide, je te conjure de tout mon cœur de prendre la conduite de notre barque.

SCAPIN, à Hyacinte.

Et vous, ne me dites-vous rien?

HYACINTE.

Je vous conjure, à son exemple, par tout ce qui vous est le plus cher au monde, de vouloir servir notre amour.

SCAPIN.

Il faut se laisser vaincre, et avoir de l'humanité. Allez, je veux m'employer pour vous.

OCTAVE.

Crois que...

SCAPIN, à Octave.

Chut! (A Hyacinte.) Allez-vous-en, vous, et soyez en repos.

SCÈNE IV.

OCTAVE, SCAPIN, SYLVESTRE.

SCAPIN, à Octave.

Et vous, préparez-vous à soutenir avec fermeté l'abord de votre père.

OCTAVE.

Je t'avoue que cet abord me fait trembler par avance; et j'ai une timidité naturelle que je ne saurais vaincre.

SCAPIN.

Il faut pourtant paraître ferme au premier choc, de peur que, sur votre faiblesse, il ne prenne le pied de vous mener comme un enfant. Là, tâchez de vous composer par étude. Un peu de hardiesse; et songez à répondre résolûment sur tout ce qu'il vous pourra dire.

OCTAVE.

Je ferai du mieux que je pourrai.

SCAPIN.

Çà, essayons un peu, pour vous accoutumer. Répétons un peu votre rôle, et voyons si vous ferez bien. Allons; la mine résolue, la tête haute, les regards assurés.

OCTAVE.

Comme cela?

SCAPIN.

Encore un peu davantage.

OCTAVE.

Ainsi?

SCAPIN.

Bon. Imaginez-vous que je suis votre père qui arrive, et répondez-moi fermement, comme si c'était à lui-même. — Comment! pendard, vaurien, infâme, fils indigne d'un père comme moi, oses-tu bien paraître devant mes yeux, après tes bons déportements, après le lâche tour que tu m'as joué pendant mon absence? Est-ce là le fruit de mes soins, maraud? est-ce là le fruit de mes soins? le respect qui m'est dû? le respect que tu me conserves? (Allons donc.) Tu as l'insolence, fripon, de t'engager sans le consentement de ton père, de contracter un mariage clandestin! Réponds-moi, coquin, réponds-moi. Voyons un peu tes belles raisons... Oh! que diable, vous demeurez interdit!

OCTAVE.

C'est que je m'imagine que c'est mon père que j'entends.

SCAPIN.

Hé! oui; c'est par cette raison qu'il ne faut pas être comme un innocent.

OCTAVE.

Je m'en vais prendre plus de résolution, et je répondrai fermement.

SCAPIN.

Assurément?

OCTAVE.

Assurément.

SYLVESTRE.

Voilà votre père qui vient.

OCTAVE.

O ciel! je suis perdu. (Il s'enfuit.)

SCÈNE

SCAPIN, SYLVESTRE.

SCAPIN.

Holà, Octave, demeurez. Octave! Le voilà enfui. Quelle pauvre espèce d'homme! Ne laissons pas d'attendre le vieillard.

SYLVESTRE.

Que lui dirai-je?

SCAPIN.

Laisse-moi dire, moi, et ne fais que me suivre.

SCÈNE VI.

ARGANTE; SCAPIN et SYLVESTRE, dans le fond du théâtre.

ARGANTE, se croyant seul.

A-t-on jamais ouï parler d'une action pareille à celle-là?

SCAPIN, à Sylvestre.

Il a déjà appris l'affaire; et elle lui tient si fort en tête, que, tout seul, il en parle haut.

ARGANTE, se croyant seul.

Voilà une témérité bien grande !

SCAPIN, à Sylvestre.

Écoutons-le un peu.

ARGANTE, se croyant seul.

Je voudrais bien savoir ce qu'ils me pourront dire sur ce beau mariage.

SCAPIN, à part.

Nous y avons songé.

ARGANTE, se croyant seul.

Tâcheront-ils de me nier la chose?

SCAPIN, à part.

Non, nous n'y pensons pas.

ARGANTE, se croyant seul.

Ou s'ils entreprendront de l'excuser?

SCAPIN, à part.

Celui-là se pourra faire.

ARGANTE, se croyant seul.

Prétendront-ils m'amuser par des contes en l'air?

ACTE I. SCÈNE VI.

SCAPIN, à part.

Peut-être.

ARGANTE, se croyant seul.

Tous leurs discours seront inutiles.

SCAPIN, à part.

Nous allons voir.

ARGANTE, se croyant seul.

Ils ne m'en donneront point à garder.

SCAPIN, à part.

Ne jurons de rien.

ARGANTE, se croyant seul.

Je saurai mettre mon pendard de fils en lieu de sûreté.

SCAPIN, à part.

Nous y pourvoirons.

ARGANTE, se croyant seul.

Et pour le coquin de Sylvestre, je le rouerai de coups.

SYLVESTRE, à Scapin.

J'étais bien étonné s'il m'oubliait.

ARGANTE, apercevant Sylvestre.

Ah! ah! vous voilà donc, sage gouverneur de famille, beau directeur de jeunes gens !

SCAPIN.

Monsieur, je suis ravi de vous voir de retour.

ARGANTE.

Bonjour, Scapin. (A Sylvestre.) Vous avez suivi mes ordres vraiment d'une belle manière ! et mon fils s'est comporté fort sagement pendant mon absence !

SCAPIN.

Vous vous portez bien, à ce que je vois?

ARGANTE.

Assez bien. (A Sylvestre.) Tu ne dis mot, coquin, tu ne dis mot.

SCAPIN.

Votre voyage a-t-il été bon?

ARGANTE.

Mon Dieu! fort bon. Laisse-moi un peu quereller en repos.

SCAPIN.

Vous voulez quereller?

ARGANTE.

Oui, je veux quereller.

SCAPIN.

Et qui, monsieur?

ARGANTE, montrant Sylvestre.

Ce maraud-là.

SCAPIN.

Pourquoi?

ARGANTE.

Tu n'as pas ouï parler de ce qui s'est passé dans mon absence?

SCAPIN.

J'ai bien ouï parler de quelque petite chose.

ARGANTE.

Comment! quelque petite chose! Une action de cette nature!

SCAPIN.

Vous avez quelque raison.

ARGANTE.

Une hardiesse pareille à celle-là!

SCAPIN.

Cela est vrai.

ARGANTE.

Un fils qui se marie sans le consentement de son père!

SCAPIN.

Oui, il y a quelque chose à dire à cela. Mais je serais d'avis que vous ne fissiez point de bruit.

ARGANTE.

Je ne suis pas de cet avis, moi; et je veux faire du bruit

tout mon soûl. Quoi! tu ne trouves pas que j'aie tous les sujets du monde d'être en colère?

SCAPIN.

Si fait. J'y ai d'abord été, moi, lorsque j'ai su la chose; et je me suis intéressé pour vous, jusqu'à quereller votre fils. Demandez-lui un peu quelles belles réprimandes je lui ai faites, et comme je l'ai chapitré sur le peu de respect qu'il gardait à un père dont il devait baiser les pas. On ne peut pas lui mieux parler, quand ce serait vous-même. Mais quoi! je me suis rendu à la raison, et j'ai considéré que, dans le fond, il n'a pas tant de tort qu'on pourrait croire.

ARGANTE.

Que me viens-tu conter? Il n'a pas tant de tort de s'aller marier de but en blanc avec une inconnue?

SCAPIN.

Que voulez-vous? Il y a été poussé par sa destinée.

ARGANTE.

Ah! ah! voici une raison la plus belle du monde. On n'a plus qu'à commettre tous les crimes imaginables, tromper, voler, assassiner, et dire, pour excuse, qu'on y a été poussé par sa destinée.

SCAPIN.

Mon Dieu! vous prenez mes paroles trop en philosophe. Je veux dire qu'il s'est trouvé fatalement engagé dans cette affaire.

ARGANTE.

Et pourquoi s'y engageait-il?

SCAPIN.

Voulez-vous qu'il soit aussi sage que vous? Les jeunes gens sont jeunes, et n'ont pas toute la prudence qu'il leur faudrait pour ne rien faire que de raisonnable : témoin notre Léandre, qui, malgré toutes mes leçons, malgré toutes mes remontrances, est allé faire, de son côté, pis encore que votre fils. Je voudrais bien savoir si vous-même n'avez pas été jeune, et n'avez pas, dans votre temps, fait des fredaines comme les autres. J'ai ouï dire, moi, que vous avez été autrefois un compagnon parmi les femmes; que vous faisiez de votre drôle avec les plus galantes de ce temps-là, et que vous n'en approchiez point que vous ne poussassiez à bout.

ARGANTE.

Cela est vrai, j'en demeure d'accord; mais je m'en suis toujours tenu à la galanterie, et je n'ai point été jusqu'à faire ce qu'il a fait.

SCAPIN.

Que vouliez-vous qu'il fît? Il voit une jeune personne qui lui veut du bien (car il tient cela de vous, d'être aimé de toutes les femmes). Il la trouve charmante ; il lui rend des visites, lui conte des douceurs, soupire galamment, fait le passionné. Elle se rend à sa poursuite ; il pousse sa fortune. Le voilà surpris avec elle par ses parents, qui, la force à la main, le contraignent de l'épouser.

SYLVESTRE, à part.

L'habile fourbe que voilà !

SCAPIN.

Eussiez-vous voulu qu'il se fût laissé tuer? Il vaut mieux encore être marié qu'être mort.

ARGANTE.

On ne m'a pas dit que l'affaire se soit ainsi passée.

SCAPIN, montrant Sylvestre.

Demandez-lui plutôt : il ne vous dira pas le contraire.

ARGANTE, à Sylvestre.

C'est par force qu'il a été marié?

SYLVESTRE.

Oui, monsieur.

SCAPIN.

Voudrais-je-vous mentir?

ARGANTE.

Il devait donc aller tout aussitôt protester de violence chez un notaire.

SCAPIN.
C'est ce qu'il n'a pas voulu faire.
ARGANTE.
Cela m'aurait donné plus de facilité à rompre ce mariage.
SCAPIN.
Rompre ce mariage!
ARGANTE.
Oui.
SCAPIN.
Vous ne le romprez point.
ARGANTE.
Je ne le romprai point?
SCAPIN.
Non.
ARGANTE.
Quoi! je n'aurai pas pour moi les droits de père, et la raison de la violence qu'on a faite à mon fils?
SCAPIN.
C'est une chose dont il ne demeurera pas d'accord.
ARGANTE.
Il n'en demeurera pas d'accord?
SCAPIN.
Non.
ARGANTE.
Mon fils?
SCAPIN.
Votre fils. Voulez-vous qu'il confesse qu'il ait été capable de crainte, et que ce soit par force qu'on lui ait fait faire les choses? Il n'a garde d'aller avouer cela; ce serait se faire tort, et se montrer indigne d'un père comme vous.
ARGANTE.
Je me moque de cela.
SCAPIN.
Il faut, pour son honneur et pour le vôtre, qu'il dise dans le monde que c'est de bon gré qu'il l'a épousée.

ARGANTE.

Et je veux, moi, pour mon honneur et pour le sien, qu'il dise le contraire.

SCAPIN.

Non, je suis sûr qu'il ne le fera pas.

ARGANTE.

Je l'y forcerai bien.

SCAPIN.

Il ne le fera pas, vous dis-je.

ARGANTE.

Il le fera, ou je le déshériterai.

SCAPIN.

Vous?

ARGANTE.

Moi.

SCAPIN.

Bon!

ARGANTE.

Comment, bon?

SCAPIN.

Vous ne le déshériterez point.

ARGANTE.

Je ne le déshériterai point?

SCAPIN.

Non.

ARGANTE.

Non?

SCAPIN.

Non.

ARGANTE.

Ouais! voici qui est plaisant! Je ne déshériterai pas mon fils?

SCAPIN.

Non, vous dis-je.

ARGANTE.

Qui m'en empêchera?

SCAPIN.

Vous-même.

ARGANTE.

Moi?

SCAPIN.

Oui. Vous n'aurez pas ce cœur-là.

ARGANTE.

Je l'aurai.

SCAPIN.

Vous vous moquez.

ARGANTE.

Je ne me moque point.

SCAPIN.

La tendresse paternelle fera son office.

ARGANTE.

Elle ne fera rien.

SCAPIN.

Oui, oui.

ARGANTE.

Je vous dis que cela sera.

SCAPIN.

Bagatelles.

ARGANTE.

Il ne faut point dire bagatelles.

SCAPIN.

Mon Dieu! je vous connais; vous êtes bon naturellement.

ARGANTE.

Je ne suis point bon, et je suis méchant quand je veux. Finissons ce discours, qui m'échauffe la bile. (A Sylvestre.) Va-t'en, pendard; va-t'en me chercher mon fripon, tandis que j'irai rejoindre le seigneur Géronte, pour lui conter ma disgrâce.

SCAPIN.

Monsieur, si je vous puis être utile en quelque chose, vous n'avez qu'à me commander.

ARGANTE.

Je vous remercie. (A part.) Ah! pourquoi faut-il qu'il soit fils unique! et que n'ai-je à cette heure la fille que le ciel m'a ôtée, pour la faire mon héritière!

SCÈNE VII.

SCAPIN, SYLVESTRE.

SYLVESTRE.

J'avoue que tu es un grand homme, et voilà l'affaire en bon train; mais l'argent, d'autre part, nous presse pour notre subsistance, et nous avons de tous côtés des gens qui aboient après nous.

SCAPIN.

Laisse-moi faire, la machine est trouvée. Je cherche seulement dans ma tête un homme qui nous soit affidé, pour jouer un personnage dont j'ai besoin. Attends. Tiens-toi un peu. Enfonce ton bonnet en méchant garçon. Campe-toi sur un pied. Mets la main au côté. Fais les yeux furibonds. Marche un peu en roi de théâtre. Voilà qui est bien. Suis-moi. J'ai des secrets pour déguiser ton visage et ta voix.

SYLVESTRE.

Je te conjure, au moins, de ne m'aller point brouiller avec la justice.

SCAPIN.

Va, va, nous partagerons les périls en frères; et trois ans de galères de plus ou de moins ne sont pas pour arrêter un noble cœur.

FIN DU PREMIER ACTE.

ACTE DEUXIÈME.

SCÈNE I.

GÉRONTE, ARGANTE.

GÉRONTE.

Oui, sans doute, par le temps qu'il fait, nous aurons ici nos gens aujourd'hui; et un matelot qui vient de Tarente m'a assuré qu'il avait vu mon homme qui était près de s'embarquer. Mais l'arrivée de ma fille trouvera les choses mal disposées à ce que nous nous proposions; et ce que vous venez de m'apprendre de votre fils rompt étrangement les mesures que nous avions prises ensemble.

ARGANTE.

Ne vous mettez pas en peine; je vous réponds de renverser tout cet obstacle, et j'y vais travailler de ce pas.

GÉRONTE.

Ma foi, seigneur Argante, voulez-vous que je vous dise? l'éducation des enfants est une chose à quoi il faut s'attacher fortement.

ARGANTE.

Sans doute. A quel propos cela?

GÉRONTE.

A propos de ce que les mauvais déportements des jeunes

gens viennent le plus souvent de la mauvaise éducation que leurs pères leur donnent.

ARGANTE.

Cela arrive parfois. Mais que voulez-vous dire par là?

GÉRONTE.

Ce que je veux dire par là?

ARGANTE.

Oui.

GÉRONTE.

Que si vous aviez, en brave père, bien morigéné votre fils, il ne vous aurait pas joué le tour qu'il vous a fait.

ARGANTE.

Fort bien. De sorte donc que vous avez bien mieux morigéné le vôtre?

GÉRONTE.

Sans doute, et je serais bien fâché qu'il m'eût rien fait approchant de cela.

ARGANTE.

Et si ce fils, que vous avez, en brave père, si bien morigéné, avait fait pis encore que le mien? Hé?

GÉRONTE.

Comment?

ARGANTE.

Comment?

GÉRONTE.

Qu'est-ce que cela veut dire?

ARGANTE.

Cela veut dire, seigneur Géronte, qu'il ne faut pas être si prompt à condamner la conduite des autres, et que ceux qui veulent gloser doivent bien regarder chez eux s'il n'y a rien qui cloche.

GÉRONTE.

Je n'entends point cette énigme.

ARGANTE.

On vous l'expliquera.

GÉRONTE.

Est-ce que vous auriez ouï dire quelque chose de mon fils?

ARGANTE.

Cela se peut faire.

GÉRONTE.

Et quoi, encore?

ARGANTE.

Votre Scapin, dans mon dépit, ne m'a dit la chose qu'en gros, et vous pourrez de lui, ou de quelque autre, être instruit du détail. Pour moi, je vais vite consulter un avocat, et aviser des biais que j'ai à prendre. Jusqu'au revoir.

SCÈNE II.

GÉRONTE, seul.

Que pourrait-ce être que cette affaire-ci? Pis encore que le sien! Pour moi, je ne vois pas ce que l'on peut faire de pis : et je trouve que se marier sans le consentement de son père est une action qui passe tout ce qu'on peut s'imaginer.

SCÈNE III.

GÉRONTE, LÉANDRE.

GÉRONTE.

Ah! vous voilà!

LÉANDRE, courant à Géronte, pour l'embrasser.

Ah! mon père, que j'ai de joie de vous voir de retour!

GÉRONTE, refusant d'embrasser Léandre.

Doucement. Parlons un peu d'affaire.

LÉANDRE.

Souffrez que je vous embrasse, et que...

GÉRONTE, le repoussant encore.

Doucement, vous dis-je.

LÉANDRE.

Quoi! vous me refusez, mon père, de vous exprimer mon transport par mes embrassements?

GÉRONTE.

Oui. Nous avons quelque chose à démêler ensemble.

LÉANDRE.

Et quoi?

GÉRONTE.

Tenez-vous, que je vous voie en face.

LÉANDRE.

Comment?

GÉRONTE.

Regardez-moi entre deux yeux.

LÉANDRE.

Hé bien!

GÉRONTE.

Qu'est-ce donc qu'il s'est passé ici?

LÉANDRE.

Ce qui s'est passé?

GÉRONTE.

Oui. Qu'avez-vous fait dans mon absence?

LÉANDRE.

Que voulez-vous, mon père, que j'aie fait?

GÉRONTE.

Ce n'est pas moi qui veux que vous ayez fait, mais qui demande ce que c'est que vous avez fait.

LÉANDRE.

Moi, je n'ai fait aucune chose dont vous ayez lieu de vous plaindre.

GÉRONTE.

Aucune chose?

LÉANDRE.

Non.

GÉRONTE.

Vous êtes bien résolu!

LÉANDRE.

C'est que je suis sûr de mon innocence.

GÉRONTE.

Scapin pourtant a dit de vos nouvelles.

LÉANDRE.

Scapin!

GÉRONTE.

Ah! ah! ce mot vous fait rougir.

LÉANDRE.

Il vous a dit quelque chose de moi?

GÉRONTE.

Ce lieu n'est pas tout à fait propre à vider cette affaire, et nous allons l'examiner ailleurs. Qu'on se rende au logis: j'y vais revenir tout à l'heure. Ah! traître, s'il faut que tu me déshonores, je te renonce pour mon fils, et tu peux bien, pour jamais, te résoudre à fuir de ma présence.

SCÈNE IV.

LÉANDRE, seul.

Me trahir de cette manière! Un coquin qui doit, par cent raisons, être le premier à cacher les choses que je lui confie, est le premier à les aller découvrir à mon père. Ah! je jure le ciel que cette trahison ne demeurera pas impunie.

SCÈNE V.

OCTAVE, LÉANDRE, SCAPIN.

OCTAVE.

Mon cher Scapin, que ne dois-je point à tes soins! Que tu es un homme admirable! et que le ciel m'est favorable de t'envoyer à mon secours!

LÉANDRE.

Ah! ah! vous voilà! Je suis ravi de vous trouver, monsieur le coquin.

SCAPIN.

Monsieur, votre serviteur. C'est trop d'honneur que vous me faites.

LÉANDRE, en mettant l'épée à la main.

Vous faites le méchant plaisant. Ah! je vous apprendrai...

SCAPIN, se mettant à genoux.

Monsieur!

OCTAVE, se mettant entre deux pour empêcher Léandre de frapper Scapin.

Ah! Léandre!

LÉANDRE.

Non, Octave, ne me retenez point, je vous prie.

SCAPIN, à Léandre.

Hé! monsieur!

OCTAVE, retenant Léandre.

De grâce!

LÉANDRE, voulant frapper Scapin.

Laissez-moi contenter mon ressentiment.

OCTAVE.

Au nom de l'amitié, Léandre, ne le maltraitez point.

SCAPIN.

Monsieur, que vous ai-je fait?

ACTE II. SCÈNE V.

LÉANDRE, voulant frapper Scapin.

Ce que tu m'as fait, traître ?

OCTAVE, retenant encore Léandre.

Hé! doucement.

LÉANDRE.

Non, Octave, je veux qu'il me confesse lui-même, tout à l'heure, la perfidie qu'il m'a faite. Oui, coquin, je sais le trait que tu m'as joué, on vient de me l'apprendre, et tu ne croyais pas peut-être que l'on me dût révéler ce secret; mais je veux en avoir la confession de ta propre bouche, ou je vais te passer cette épée au travers du corps.

SCAPIN.

Ah! monsieur, auriez-vous bien ce cœur-là?

LÉANDRE.

Parle donc.

SCAPIN.

Je vous ai fait quelque chose, monsieur ?

LÉANDRE.

Oui, coquin ; et ta conscience ne te dit que trop ce que c'est.

SCAPIN.

Je vous assure que je l'ignore.

LÉANDRE, s'avançant pour frapper Scapin.

Tu l'ignores !

OCTAVE, retenant Léandre.

Léandre !

SCAPIN.

Hé bien! monsieur, puisque vous le voulez, je vous confesse que j'ai bu avec mes amis ce petit quartaut de vin d'Espagne dont on vous fit présent il y a quelques jours, et que c'est moi qui fis une fente au tonneau, et répandis de l'eau autour, pour faire croire que le vin s'était échappé.

LÉANDRE.

C'est toi, pendard, qui m'as bu mon vin d'Espagne, et

qui as été cause que j'ai tant querellé la servante, croyant que c'était elle qui m'avait fait le tour!

SCAPIN.

Oui, monsieur; je vous en demande pardon.

LÉANDRE.

Je suis bien aise d'apprendre cela. Mais ce n'est pas l'affaire dont il est question maintenant.

SCAPIN.

Ce n'est pas cela, monsieur?

LÉANDRE.

Non : c'est une autre affaire qui me touche bien plus, et je veux que tu me la dises.

SCAPIN.

Monsieur, je ne me souviens pas d'avoir fait autre chose.

LÉANDRE, voulant frapper Scapin.

Tu ne veux pas parler?

SCAPIN.

Hé !

OCTAVE, retenant Léandre.

Tout doux!

SCAPIN.

Oui, monsieur, il est vrai qu'il y a trois semaines que vous m'envoyâtes porter, le soir, une petite montre à la jeune Égyptienne que vous aimez. Je revins au logis, mes habits tout couverts de boue, et le visage plein de sang, et vous dis que j'avais trouvé des voleurs qui m'avaient bien battu, et m'avaient dérobé la montre. C'était moi, monsieur, qui l'avais retenue.

LÉANDRE.

C'est toi qui as retenu ma montre?

SCAPIN.

Oui, monsieur, afin de voir quelle heure il est.

LÉANDRE.

Ah! ah! j'apprends ici de jolies choses, et j'ai un serviteur fort fidèle, vraiment! Mais ce n'est pas cela encore que je demande.

SCAPIN.

Ce n'est pas cela?

LÉANDRE.

Non, infâme; c'est autre chose encore que je veux que tu me confesses.

SCAPIN, à part.

Peste!

LÉANDRE.

Parle vite, j'ai hâte.

SCAPIN.

Monsieur, voilà tout ce que j'ai fait.

LÉANDRE, voulant frapper Scapin.

Voilà tout?

OCTAVE, se mettant au-devant de Léandre.

Hé!

SCAPIN.

Hé bien! oui, monsieur, vous vous souvenez de ce loup-garou, il y a six mois, qui vous donna tant de coups de bâton la nuit, et vous pensa faire rompre le cou dans une cave où vous tombâtes en fuyant.

LÉANDRE.

Hé bien!

SCAPIN.

C'était moi, monsieur, qui faisais le loup-garou.

LÉANDRE.

C'était toi, traître, qui faisais le loup-garou?

SCAPIN.

Oui, monsieur; seulement pour vous faire peur, et vous ôter l'envie de nous faire courir toutes les nuits comme vous aviez de coutume.

LÉANDRE.

Je saurai me souvenir, en temps et lieu, de tout ce que

je viens d'apprendre. Mais je veux venir au fait, et que tu me confesses ce que tu as dit à mon père.

SCAPIN.

A votre père?

LÉANDRE.

Oui, fripon, à mon père.

SCAPIN.

Je ne l'ai pas seulement vu depuis son retour.

LÉANDRE.

Tu ne l'as pas vu?

SCAPIN.

Non, monsieur.

LÉANDRE.

Assurément?

SCAPIN.

Assurément. C'est une chose que je vais vous faire dire par lui-même.

LÉANDRE.

C'est de sa bouche que je le tiens pourtant.

SCAPIN.

Avec votre permission, il n'a pas dit la vérité.

SCÈNE VI.

LÉANDRE, OCTAVE, CARLE, SCAPIN.

CARLE.

Monsieur, je vous apporte une nouvelle qui est fâcheuse pour votre amour.

LÉANDRE.

Comment ?

CARLE.

Vos Égyptiens sont sur le point de vous enlever Zerbinette; et elle-même, les larmes aux yeux, m'a chargé de venir promptement vous dire que, si dans deux heures vous ne songez à leur porter l'argent qu'ils vous ont demandé pour elle, vous l'allez perdre pour jamais.

LÉANDRE.

Dans deux heures?

CARLE.

Dans deux heures.

SCÈNE VII.

LÉANDRE, OCTAVE, SCAPIN.

LÉANDRE.

Ah! mon pauvre Scapin, j'implore ton secours.

SCAPIN, passant devant Léandre avec un air fier.

Ah! mon pauvre Scapin! Je suis mon pauvre Scapin, à cette heure qu'on a besoin de moi.

LÉANDRE.

Va, je te pardonne tout ce que tu viens de me dire, et pis encore, si tu me l'as fait.

SCAPIN.

Non, non; ne me pardonnez rien; passez-moi votre épée au travers du corps. Je serai ravi que vous me tuiez.

LÉANDRE.

Non. Je te conjure plutôt de me donner la vie, en servant mon amour.

SCAPIN.

Point, point; vous ferez mieux de me tuer.

LÉANDRE.

Tu m'es trop précieux; et je te prie de vouloir bien employer pour moi ce génie admirable qui vient à bout de toute chose.

SCAPIN.

Non. Tuez-moi, vous dis-je.

LÉANDRE.

Ah! de grâce! ne songe plus à tout cela, et pense à me donner le secours que je te demande.

OCTAVE.

Scapin, il faut faire quelque chose pour lui.

SCAPIN.

Le moyen, après une avanie de la sorte?

LÉANDRE.

Je te conjure d'oublier mon emportement, et de me prêter ton adresse.

OCTAVE.

Je joins mes prières aux siennes.

SCAPIN.

J'ai cette insulte-là sur le cœur.

OCTAVE.

Il faut quitter ton ressentiment.

LÉANDRE.

Voudrais-tu m'abandonner, Scapin, dans la cruelle extrémité où se voit mon amour?

SCAPIN.

Me venir faire à l'improviste un affront comme celui-là!

LÉANDRE.

J'ai tort, je le confesse.

SCAPIN.

Me traiter de coquin, de fripon, de pendard, d'infâme!

LÉANDRE.

J'en ai tous les regrets du monde.

SCAPIN.

Me vouloir passer son épée au travers du corps!

LÉANDRE.

Je t'en demande pardon de tout mon cœur; et s'il ne tient qu'à me jeter à tes genoux, tu m'y vois, Scapin, pour te conjurer encore une fois de ne me point abandonner.

OCTAVE.

Ah! ma foi, Scapin, il se faut rendre à cela.

SCAPIN.

Levez-vous. Une autre fois ne soyez pas si prompt.

LÉANDRE.

Me promets-tu de travailler pour moi?

SCAPIN.

On y songera.

LÉANDRE.

Mais tu sais que le temps presse.

SCAPIN.

Ne vous mettez pas en peine. Combien est-ce qu'il vous faut?

LÉANDRE.

Cinq cents écus.

SCAPIN.

Et à vous?

OCTAVE.

Deux cents pistoles.

SCAPIN.

Je veux tirer cet argent de vos pères. (A Octave.) Pour ce qui est du vôtre, la machine est déjà toute trouvée. (A Léandre.) Et, quant au vôtre, bien qu'avare au dernier degré, il y faudra moins de façons encore; car vous savez que, pour l'esprit, il n'en a pas, grâces à Dieu, grande provision; et je le livre pour une espèce d'homme à qui l'on fera croire tout ce que l'on voudra. Cela ne vous offense point : il ne tombe entre lui et vous aucun soupçon de ressemblance; et vous savez assez l'opinion de tout le monde, qui veut qu'il ne soit votre père que pour la forme.

LÉANDRE.

Tout beau, Scapin!

SCAPIN.

Bon, bon; on fait bien scrupule de cela. Vous moquez-vous? Mais j'aperçois venir le père d'Octave. Commençons par lui, puisqu'il se présente. Allez-vous-en tous deux. (A Octave.) Et vous, avertissez votre Sylvestre de venir vite jouer son rôle.

SCÈNE VIII.

ARGANTE, SCAPIN.

SCAPIN, à part,

Le voilà qui rumine.

ARGANTE, se croyant seul.

Avoir si peu de conduite et de considération! s'aller jeter dans un engagement comme celui-là! Ah! ah! jeunesse impertinente!

SCAPIN.

Monsieur, votre serviteur.

ARGANTE.

Bonjour, Scapin.

SCAPIN.

Vous rêvez à l'affaire de votre fils?

ARGANTE.

Je t'avoue que cela me donne un furieux chagrin.

SCAPIN.

Monsieur, la vie est mêlée de traverses. Il est bon de s'y tenir sans cesse préparé ; et j'ai ouï dire, il y a longtemps, une parole d'un ancien que j'ai toujours retenue.

ARGANTE.

Quoi?

SCAPIN.

Que, pour peu qu'un père de famille ait été absent de chez lui, il doit promener son esprit sur tous les fâcheux accidents que son retour peut rencontrer ; se figurer sa maison brûlée, son argent dérobé, sa femme morte, son fils estropié, sa fille subornée ; et ce qu'il trouve qui ne lui est point arrivé, l'imputer à bonne fortune. Pour moi, j'ai pratiqué toujours cette leçon dans ma petite philosophie; et je ne suis jamais revenu au logis, que je ne me sois tenu prêt à la colère de mes maîtres, aux réprimandes, aux injures, aux coups de pieds au cul, aux bastonnades, aux étrivières; et ce qui a manqué à m'arriver, j'en ai rendu grâce à mon bon destin.

ARGANTE.

Voilà qui est bien; mais ce mariage impertinent, qui trouble celui que nous voulons faire, est une chose que je ne puis souffrir, et je viens de consulter des avocats pour le faire casser.

SCAPIN.

Ma foi, monsieur, si vous m'en croyez, vous tâcherez, par quelque autre voie, d'accommoder l'affaire. Vous savez ce que c'est que les procès en ce pays-ci, et vous allez vous enfoncer dans d'étranges épines.

ARGANTE.

Tu as raison, je le vois bien. Mais quelle autre voie?

SCAPIN.

Je pense que j'en ai trouvé une. La compassion que m'a donnée tantôt votre chagrin m'a obligé à chercher dans ma tête quelque moyen pour vous tirer d'inquiétude; car je ne saurais voir d'honnêtes pères chagrinés par leurs enfants que cela ne m'émeuve; et, de tout temps, je me suis senti pour votre personne une inclination particulière.

ARGANTE.

Je te suis obligé.

SCAPIN.

J'ai donc été trouver le frère de cette fille qui a été épousée. C'est un de ces braves de profession, de ces gens qui sont tout coups d'épée, qui ne parlent que d'échiner, et ne font non plus de conscience de tuer un homme que d'avaler un verre de vin. Je l'ai mis sur ce mariage, lui ai fait voir quelle facilité offrait la raison de la violence pour le faire casser, vos prérogatives du nom de père, et l'appui que vous donneraient auprès de la justice et votre droit, et votre argent, et vos amis. Enfin, je l'ai tant tourné de tous les côtés, qu'il a prêté l'oreille aux propositions que je lui ai faites d'ajuster l'affaire pour quelque somme; et il donnera son consentement à rompre le mariage, pourvu que vous lui donniez de l'argent.

ARGANTE.

Et qu'a-t-il demandé?

SCAPIN.

Oh! d'abord des choses par-dessus les maisons.

ARGANTE.

Et quoi?

SCAPIN.

Des choses extravagantes.

ARGANTE.

Mais encore?

SCAPIN.

Il ne parlait pas moins de cinq ou six cents pistoles.

ARGANTE.

Cinq ou six cents fièvres quartaines qui le puissent serrer! Se moque-t-il des gens?

SCAPIN.

C'est ce que je lui ai dit. J'ai rejeté bien loin de pareilles propositions, et je lui ai bien fait entendre que vous n'étiez point une dupe, pour vous demander des cinq ou six cents pistoles. Enfin, après plusieurs discours, voici où s'est réduit le résultat de notre conférence. Nous voilà au temps, m'a-t-il dit, que je dois partir pour l'armée; je suis après à m'équiper, et le besoin que j'ai de quelque argent me fait consentir, malgré moi, à ce qu'on me propose. Il me faut un cheval de service, et je n'en saurais avoir un qui soit tant soit peu raisonnable, à moins de soixante pistoles.

ARGANTE.

Hé bien! pour soixante pistoles, je les donne.

SCAPIN.

Il faudra le harnais et les pistolets; et cela ira bien à vingt pistoles encore.

ARGANTE.

Vingt pistoles et soixante, ce serait quatre-vingts.

SCAPIN.

Justement.

ARGANTE.

C'est beaucoup; mais, soit; je consens à cela.

SCAPIN.

Il me faut aussi un cheval pour monter mon valet, qui coûtera bien trente pistoles.

ARGANTE.

Comment, diantre! Qu'il se promène, il n'aura rien du tout.

SCAPIN.

Monsieur!

ARGANTE.

Non : c'est un impertinent.

SCAPIN.

Voulez-vous que son valet aille à pied?

ARGANTE.

Qu'il aille comme il lui plaira, et le maître aussi.

SCAPIN.

Mon Dieu, monsieur, ne vous arrêtez point à peu de chose. N'allez point plaider, je vous prie; et donnez tout, pour vous sauver des mains de la justice.

ARGANTE.

Hé bien! soit; je me résous à donner encore ces trente pistoles.

SCAPIN.

Il me faut encore, a-t-il dit, un mulet pour porter...

ARGANTE.

Oh! qu'il aille au diable avec son mulet! C'en est trop; et nous irons devant les juges.

SCAPIN.

De grâce, monsieur.

ARGANTE.

Non, je n'en ferai rien.

SCAPIN.

Monsieur, un petit mulet.

ARGANTE.

Je ne lui donnerais pas seulement un âne.

SCAPIN.

Considérez...

ARGANTE.

Non : j'aime mieux plaider.

SCAPIN.

Eh! monsieur, de quoi parlez-vous là, et à quoi vous résolvez-vous? Jetez les yeux sur les détours de la justice. Voyez combien d'appels et de degrés de juridiction ; combien de procédures embarrassantes ; combien d'animaux ravissants, par les griffes desquels il vous faudra passer : sergents, procureurs, avocats, greffiers, substituts, rapporteurs, juges, et leurs clercs. Il n'y a pas un de tous ces gens-là qui, pour la moindre chose, ne soit capable de donner un soufflet au meilleur droit du monde. Un sergent baillera de faux exploits, sur quoi vous serez condamné sans que vous le sachiez. Votre procureur s'entendra avec votre partie, et vous vendra à beaux deniers comptants. Votre avocat, gagné de même, ne se trouvera point lorsqu'on plaidera votre cause, ou dira des raisons qui ne feront que battre la campagne et n'iront point au fait. Le greffier délivrera par contumace des sentences et arrêts contre vous. Le clerc du rapporteur soustraira des pièces, ou le rapporteur même ne dira pas ce qu'il a vu ; et quand, par les plus grandes précautions du monde, vous aurez paré tout cela, vous serez ébahi que vos juges auront été sollicités contre vous, ou par des gens dévots, ou par des femmes qu'ils aimeront. Eh! monsieur, si vous le pouvez, sauvez-vous de cet enfer-là. C'est être damné dès ce monde que d'avoir à plaider ; et la seule pensée d'un procès serait capable de me faire fuir jusqu'aux Indes.

ARGANTE.

A combien est-ce qu'il fait monter le mulet?

SCAPIN.

Monsieur, pour le mulet, pour le cheval et celui de son homme, pour le harnais et les pistolets, et pour payer quelque petite chose qu'il doit à son hôtesse, il demande en tout deux cents pistoles.

ARGANTE.

Deux cents pistoles!

SCAPIN.

Oui.

ARGANTE, se promenant en colère le long du théâtre.

Allons, allons; nous plaiderons.

SCAPIN.

Faites réflexion...

ARGANTE.

Je plaiderai.

SCAPIN.

Ne vous allez point jeter...

ARGANTE.

Je veux plaider.

SCAPIN.

Mais pour plaider il vous faudra de l'argent. Il vous en faudra pour l'exploit; il vous en faudra pour le contrôle. Il vous en faudra pour la procuration, pour la présentation, conseils, productions, et journées du procureur. Il vous en faudra pour les consultations et plaidoiries des avocats; pour le droit de retirer le sac, et pour les grosses d'écritures. Il vous en faudra pour le rapport des substituts, pour les épices de conclusion; pour l'enregistrement du greffier, façon d'appointement, sentences et arrêts, contrôles, signatures et expéditions de leurs clercs, sans parler de tous les présents qu'il vous faudra faire. Donnez cet argent-là à cet homme-ci, vous voilà hors d'affaire.

ARGANTE.

Comment! deux cents pistoles!

SCAPIN.

Oui. Vous y gagnerez. J'ai fait un petit calcul, en moi-même, de tous les frais de la justice; et j'ai trouvé qu'en donnant deux cents pistoles à votre homme, vous en aurez de reste, pour le moins, cent cinquante, sans compter les soins, les pas et les chagrins que vous vous épargnerez. Quand il n'y aurait à essuyer que les sottises que disent devant tout le monde de méchants plaisants d'avocats, j'aimerais mieux donner trois cents pistoles que de plaider.

ARGANTE.

Je me moque de cela, et je défie les avocats de rien dire de moi.

SCAPIN.

Vous ferez ce qu'il vous plaira; mais si j'étais que de vous, je fuirais les procès.

ARGANTE.

Je ne donnerai point deux cents pistoles.

SCAPIN.

Voici l'homme dont il s'agit.

SCÈNE IX.

ARGANTE, SCAPIN, SYLVESTRE, déguisé en spadassin.

SYLVESTRE.

Scapin, fais-moi connaître un peu cet Argante qui est père d'Octave.

SCAPIN.

Pourquoi, monsieur?

SYLVESTRE.

Je viens d'apprendre qu'il veut me mettre en procès, et faire rompre par justice le mariage de ma sœur.

SCAPIN.

Je ne sais pas s'il a cette pensée; mais il ne veut point consentir aux deux cents pistoles que vous voulez; et il dit que c'est trop.

SYLVESTRE.

Par la mort! par la tête! par la ventre[1]! si je le trouve, je le veux échiner, dussé-je être roué vif.

(Argante, pour n'être point vu, se tient, en tremblant, couvert de Scapin.)

SCAPIN.

Monsieur, ce père d'Octave a du cœur, et peut-être ne vous craindra-t-il point.

SYLVESTRE.

Lui? lui? Par la sang! par la tête? s'il était là, je lui donnerais tout à l'heure de l'épée dans le ventre. (Apercevant Argante.) Qui est cet homme-là?

SCAPIN.

Ce n'est pas lui, monsieur; ce n'est pas lui.

SYLVESTRE.

N'est-ce point quelqu'un de ses amis?

SCAPIN.

Non, monsieur, au contraire, c'est son ennemi capital.

SYLVESTRE.

Son ennemi capital?

SCAPIN.

Oui.

SYLVESTRE.

Ah! parbleu, j'en suis ravi. (A Argante.) Vous êtes ennemi, monsieur, de ce faquin d'Argante? Hé?

SCAPIN.

Oui, oui; je vous en réponds.

---

[1] *Par la ventre*, et plus bas *par la sang*. On jurait autrefois par la vertu du sang, par la vertu du ventre de Dieu; on en était venu pour abréger à cette ellipse. C'est de même que s'est formé par corruption le juron vulgaire *par la sambleu*.

SYLVESTRE prend rudement la main d'Argante.

Touchez là. Touchez. Je vous donne ma parole, et vous jure sur mon honneur, par l'épée que je porte, par tous les serments que je saurais faire, qu'avant la fin du jour je vous déferai de ce maraud fieffé, de ce faquin d'Argante. Reposez-vous sur moi.

SCAPIN.

Monsieur, les violences en ce pays ne sont guère souffertes.

SYLVESTRE.

Je me moque de tout, et je n'ai rien à perdre.

SCAPIN.

Il se tiendra sur ses gardes, assurément; et il a des parents, des amis et des domestiques, dont il se fera un secours contre votre ressentiment.

SYLVESTRE.

C'est ce que je demande, morbleu! c'est ce que je demande. (Il met l'épée à la main.) Ah, tête! ah, ventre! Que ne le trouvé-je à cette heure avec tout son secours! Que ne paraît-il à mes yeux au milieu de trente personnes! Que ne les vois-je fondre sur moi les armes à la main! (Il se met en garde.) Comment! marauds, vous avez la hardiesse de vous attaquer à moi! Allons, morbleu, tue! (Il pousse de tous les côtés, comme s'il y avait plusieurs personnes devant lui.) Point de quartier. Donnons. Ferme. Poussons. Bon pied, bon œil. Ah! coquins! ah! canaille! vous en voulez par là! je vous en ferai tâter votre soûl. Soutenez, marauds, soutenez. Allons. A cette botte. A cette autre. (Il se tourne du côté d'Argante et de Scapin.) A celle-ci. A celle-là. Comment, vous reculez! Pied ferme, morbleu; pied ferme!

SCAPIN.

Eh! eh! eh! monsieur, nous n'en sommes pas.

SYLVESTRE.

Voilà qui vous apprendra à vous oser jouer à moi.

SCÈNE X.

ARGANTE, SCAPIN.

SCAPIN.

Hé bien! vous voyez combien de personnes tuées pour deux cents pistoles. Oh sus, je vous souhaite une bonne fortune.

ARGANTE, tout tremblant.

Scapin.

SCAPIN.

Plaît-il?

ARGANTE.

Je me résous à donner les deux cents pistoles.

SCAPIN.

J'en suis ravi pour l'amour de vous.

ARGANTE.

Allons le trouver; je les ai sur moi.

SCAPIN.

Vous n'avez qu'à me les donner. Il ne faut pas, pour votre honneur, que vous paraissiez là, après avoir passé ici pour autre que ce que vous êtes; et, de plus, je craindrais qu'en vous faisant connaître il n'allât s'aviser de vous demander davantage.

ARGANTE.

Oui; mais j'aurais été bien aise de voir comme je donne mon argent.

SCAPIN.

Est-ce que vous vous défiez de moi?

ARGANTE.

Non pas; mais...

SCAPIN.

Parbleu! monsieur, je suis un fourbe, ou je suis honnête homme; c'est l'un des deux. Est-ce que je voudrais vous tromper, et que, dans tout ceci, j'ai d'autre intérêt que le vôtre et celui de mon maître, à qui vous voulez vous allier? Si je vous suis suspect, je ne me mêle plus de rien, et vous n'avez qu'à chercher, dès cette heure, qui accommodera vos affaires.

ARGANTE.

Tiens donc.

SCAPIN.

Non, monsieur, ne me confiez point votre argent. Je serai bien aise que vous vous serviez de quelque autre.

ARGANTE.

Mon Dieu! tiens.

SCAPIN.

Non, vous dis-je, ne vous fiez point à moi. Que sait-on si je ne veux point vous attraper votre argent?

ARGANTE.

Tiens, te dis-je; ne me fais point contester davantage. Mais songe à bien prendre tes sûretés avec lui.

SCAPIN.

Laissez-moi faire; il n'a pas affaire à un sot.

ARGANTE.

Je vais t'attendre chez moi.

SCAPIN.

Je ne manquerai pas d'y aller. (Seul.) Et un. Je n'ai qu'à chercher l'autre. Ah! ma foi, le voici. Il semble que le ciel, l'un après l'autre, les amène dans mes filets.

SCÈNE XI.

GÉRONTE, SCAPIN.

SCAPIN, faisant semblant de ne point voir Géronte.

O ciel! ô disgrâce imprévue! ô misérable père! Pauvre Géronte, que feras-tu?

GÉRONTE, à part.

Que dit-il là de moi, avec ce visage affligé?

SCAPIN.

N'y a-t-il personne qui puisse me dire où est le seigneur Géronte?

GÉRONTE.

Qu'y a-t-il, Scapin?

SCAPIN, courant sur le théâtre sans vouloir entendre ni voir Géronte.

Où pourrai-je le rencontrer pour lui dire cette infortune?

GÉRONTE, arrêtant Scapin.

Qu'est-ce que c'est donc?

SCAPIN.

En vain je cours de tous côtés pour le pouvoir trouver.

GÉRONTE.

Me voici.

SCAPIN.

Il faut qu'il soit caché en quelque endroit qu'on ne puisse point deviner.

GÉRONTE, arrêtant Scapin.

Holà! es-tu aveugle, que tu ne me vois pas?

SCAPIN.

Ah! monsieur, il n'y a pas moyen de vous rencontrer.

GÉRONTE.

Il y a une heure que je suis devant toi. Qu'est-ce que c'est donc qu'il y a?

SCAPIN.

Monsieur...

GÉRONTE.

Quoi?

SCAPIN.

Monsieur, votre fils...

GÉRONTE.

Hé bien! mon fils...

SCAPIN.

Est tombé dans une disgrâce la plus étrange du monde.

GÉRONTE.

Et quelle?

SCAPIN.

Je l'ai trouvé tantôt tout triste de je ne sais quoi que vous lui avez dit, où vous m'avez mêlé assez mal à propos; et cherchant à divertir cette tristesse, nous nous sommes allés promener sur le port. Là, entre autres plusieurs choses, nous avons arrêté nos yeux sur une galère turque assez bien équipée. Un jeune Turc de bonne mine nous a invités d'y entrer, et nous a présenté la main. Nous y avons passé. Il nous a fait mille civilités, nous a donné la collation, où nous avons mangé des fruits les plus excellents qui se puissent voir, et bu du vin que nous avons trouvé le meilleur du monde.

GÉRONTE.

Qu'y a-t-il de si affligeant à tout cela?

SCAPIN.

Attendez, monsieur, nous y voici. Pendant que nous mangions, il a fait mettre la galère en mer, et, se voyant éloigné du port, il m'a fait mettre dans un esquif, et m'envoie vous dire que si vous ne lui envoyez par moi, tout à l'heure, cinq cents écus, il va vous emmener votre fils en Alger.

GÉRONTE.

Comment, diantre! cinq cents écus!

SCAPIN.

Oui, monsieur; et, de plus, il ne m'a donné pour cela que deux heures.

GÉRONTE.

Ah! le pendard de Turc! m'assassiner de la façon!

SCAPIN.

C'est à vous, monsieur, d'aviser promptement aux moyens de sauver des fers un fils que vous aimez avec tant de tendresse.

GÉRONTE.

Que diable allait-il faire dans cette galère?

SCAPIN.

Il ne songeait pas à ce qui est arrivé.

GÉRONTE.

Va-t'en, Scapin, va-t'en vite dire à ce Turc que je vais envoyer la justice après lui.

SCAPIN.

La justice en pleine mer! Vous moquez-vous des gens?

GÉRONTE.

Que diable allait-il faire dans cette galère?

SCAPIN.

Une méchante destinée conduit quelquefois les personnes.

GÉRONTE.

Il faut, Scapin, il faut que tu fasse ici l'action d'un serviteur fidèle.

SCAPIN.

Quoi, monsieur?

GÉRONTE.

Que tu ailles dire à ce Turc qu'il me renvoie mon fils, et que tu te mets à sa place jusqu'à ce que j'aie amassé la somme qu'il demande.

SCAPIN.

Hé! monsieur, songez-vous à ce que vous dites? et vous figurez-vous que ce Turc ait si peu de sens que d'aller recevoir un misérable comme moi à la place de votre fils?

GÉRONTE.

Que diable allait-il faire dans cette galère ?

SCAPIN.

Il ne devinait pas ce malheur. Songez, monsieur, qu'il ne m'a donné que deux heures.

GÉRONTE.

Tu dis qu'il demande...

SCAPIN.

Cinq cents écus.

GÉRONTE.

Cinq cents écus ! N'a-t-il point de conscience ?

SCAPIN.

Vraiment oui, de la conscience à un Turc !

GÉRONTE.

Sait-il bien ce que c'est que cinq cents écus ?

SCAPIN.

Oui, monsieur, il sait que c'est mille cinq cents livres.

GÉRONTE.

Croit-il, le traître, que mille cinq cents livres se trouvent dans le pas d'un cheval ?

SCAPIN.

Ce sont des gens qui n'entendent point de raison.

GÉRONTE.

Mais que diable allait-il faire à cette galère ?

SCAPIN.

Il est vrai. Mais quoi ! on ne prévoyait pas les choses. De grâce, monsieur, dépêchez !

GÉRONTE.

Tiens, voilà la clef de mon armoire.

SCAPIN.

Bon.

GÉRONTE.

Tu l'ouvriras.

SCAPIN.

Fort bien.

GÉRONTE.

Tu trouveras une grosse clef du côté gauche, qui est celle de mon grenier.

SCAPIN.

Oui.

GÉRONTE.

Tu iras prendre toutes les hardes qui sont dans cette grande manne, et tu les vendras aux fripiers, pour aller racheter mon fils.

SCAPIN, en lui rendant la clef.

Eh! monsieur, rêvez-vous? Je n'aurais pas cent francs de tout ce que vous dites; et, de plus, vous savez le peu de temps qu'on m'a donné.

GÉRONTE.

Mais que diable allait-il faire à cette galère?

SCAPIN.

Oh! que de paroles perdues! Laissez là cette galère, et songez que le temps presse, et que vous courez risque de perdre votre fils. Hélas! mon pauvre maître! peut-être que je ne te verrai de ma vie, et qu'à l'heure que je parle on t'emmène esclave en Alger. Mais le ciel me sera témoin que j'ai fait pour toi tout ce que j'ai pu; et que, si tu manques à être racheté, il n'en faut accuser que le peu d'amitié d'un père.

GÉRONTE.

Attends, Scapin, je m'en vais quérir cette somme.

SCAPIN.

Dépêchez donc vite, monsieur; je tremble que l'heure ne sonne.

GÉRONTE.

N'est-ce pas quatre cents écus que tu dis?

SCAPIN.

Non. Cinq cents écus.

GÉRONTE.

Cinq cents écus!

SCAPIN.

Oui.

GÉRONTE.

Que diable allait-il faire à cette galère?

SCAPIN.

Vous avez raison; mais hâtez-vous.

GÉRONTE.

N'y avait-il point d'autre promenade?

SCAPIN.

Cela est vrai. Mais faites promptement.

GÉRONTE.

Ah! maudite galère!

SCAPIN, à part.

Cette galère lui tient au cœur.

GÉRONTE.

Tiens, Scapin, je ne me souvenais pas que je viens justement de recevoir cette somme en or et je ne croyais pas qu'elle dût m'être sitôt ravie. (Il lui présente sa bourse, qu'il ne laisse pourtant pas aller; et dans ses transports il fait aller son bras de côté et d'autre, et Scapin le sien pour avoir la bourse.) Tiens, va-t'en racheter mon fils.

SCAPIN.

Oui, monsieur.

GÉRONTE.

Mais dis à ce Turc que c'est un scélérat.

SCAPIN.

Oui.

GÉRONTE.

Un infâme.

SCAPIN.

Oui.

GÉRONTE.

Un homme sans foi, un voleur.

SCAPIN.

Laissez-moi faire.

GÉRONTE.

Qu'il me tire cinq cents écus contre toute sorte de droit.

SCAPIN.
Oui.
GÉRONTE.
Que je ne les lui donne ni à la mort, ni à la vie.
SCAPIN.
Fort bien.
GÉRONTE.
Et que, si jamais je l'attrape, je saurai me venger de lui.
SCAPIN.
Oui.
GÉRONTE, remet la bourse dans sa poche, et s'en va
Va, va vite requérir mon fils.
SCAPIN, allant après Géronte.
Holà, monsieur.
GÉRONTE.
Quoi ?
SCAPIN.
Où est donc cet argent?
GÉRONTE.
Ne te l'ai-je pas donné?
SCAPIN.
Non, vraiment; vous l'avez remis dans votre poche.
GÉRONTE.
Ah ! c'est la douleur qui me trouble l'esprit.
SCAPIN.
Je le vois bien.
GÉRONTE.
Que diable allait-il faire dans cette galère! Ah maudite galère! traître de Turc à tous les diables!
SCAPIN, seul.
Il ne peut digérer les cinq cents écus que je lui arrache; mais il n'est pas quitte envers moi; et je veux qu'il me paye en une autre monnaie l'imposture qu'il m'a faite auprès de son fils.

SCÈNE XII.

OCTAVE, LÉANDRE, SCAPIN.

OCTAVE.

Hé bien! Scapin, as-tu réussi pour moi dans ton entreprise?

LÉANDRE.

As-tu fait quelque chose pour tirer mon amour de la peine où il est?

SCAPIN, à Octave.

Voilà deux cents pistoles que j'ai tirées de votre père.

OCTAVE.

Ah! que tu me donnes de joie!

SCAPIN, à Léandre.

Pour vous, je n'ai pu faire rien.

LÉANDRE veut s'en aller.

Il faut donc que j'aille mourir : et je n'ai que faire de vivre, si Zerbinette m'est ôtée.

SCAPIN.

Holà! holà! tout doucement. Comme diantre vous allez vite!

LÉANDRE se retourne.

Que veux-tu que je devienne?

SCAPIN.

Allez, j'ai votre affaire ici.

LÉANDRE revient.

Ah! tu me redonnes la vie.

SCAPIN.

Mais à condition que vous me permettrez, à moi, une petite vengeance contre votre père, pour le tour qu'il m'a fait.

LÉANDRE.

Tout ce que tu voudras.

SCAPIN.

Vous me le promettez devant témoin.

LÉANDRE.

Oui.

SCAPIN.

Tenez, voilà cinq cents écus.

LÉANDRE.

Allons-en promptement acheter celle que j'adore.

FIN DU DEUXIÈME ACTE.

ACTE TROISÈIME.

SCÈNE I.

ZERBINETTE, HYACINTE, SCAPIN, SYLVESTRE.

SYLVESTRE.

Oui, vos amants ont arrêté entre eux que vous fussiez ensemble; et nous nous acquittons de l'ordre qu'ils nous ont donné.

HYACINTE, à Zerbinette.

Un tel ordre n'a rien qui ne me soit fort agréable. Je reçois avec joie une compagne de la sorte; et il ne tiendra pas à moi que l'amitié qui est entre les personnes que nous aimons ne se répande entre nous deux.

ZERBINETTE.

J'accepte la proposition, et ne suis point personne à reculer lorsqu'on m'attaque d'amitié.

SCAPIN.

Et lorsque c'est d'amour qu'on vous attaque?

ZERBINETTE.

Pour l'amour, c'est une autre chose; on y court un peu plus de risque, et je n'y suis pas si hardie.

ACTE III. SCÈNE .

SCAPIN.

Vous l'êtes, que je crois, contre mon maître maintenant, et ce qu'il vient de faire pour vous doit vous donner du cœur pour répondre comme il faut à sa passion.

ZERBINETTE.

Je ne m'y fie encore que de la bonne sorte, et ce n'est pas assez pour m'assurer entièrement, que ce qu'il vient de faire. J'ai l'humeur enjouée, et sans cesse je ris; mais, tout en riant, je suis sérieuse sur de certains chapitres; et ton maître s'abusera, s'il croit qu'il lui suffise de m'avoir achetée, pour me voir toute à lui. Il doit lui en coûter autre chose que de l'argent; et, pour répondre à son amour de la manière qu'il souhaite, il me faut un don de sa foi, qui soit assaisonné de certaines cérémonies qu'on trouve nécessaires.

SCAPIN.

C'est là aussi comme il l'entend. Il ne prétend à vous qu'en tout bien et en tout honneur; et je n'aurais pas été homme à me mêler de cette affaire, s'il avait une autre pensée.

ZERBINETTE.

C'est ce que je veux croire, puisque vous me le dites; mais, du côté du père, j'y prévois des empêchements.

SCAPIN.

Nous trouverons moyen d'accommoder les choses.

HYACINTE, à Zerbinette.

La ressemblance de nos destins doit contribuer encore à faire naître notre amitié, et nous nous voyons toutes deux dans les mêmes alarmes, toutes deux exposées à la même infortune.

ZERBINETTE.

Vous avez cet avantage au moins que vous savez de qui vous êtes née, et que l'appui de vos parents, que vous pouvez faire connaître, est capable d'ajuster tout, peut assurer votre bonheur, et faire donner un consentement au mariage qu'on trouve fait. Mais, pour moi, je ne rencontre aucun secours dans ce que je puis être; et l'on me voit dans un état qui n'adoucira pas les volontés d'un père qui ne regarde que le bien.

HYACINTE.

Mais aussi avez-vous cet avantage, que l'on ne tente point, par un autre parti, celui que vous aimez.

ZERBINETTE.

Le changement du cœur d'un amant n'est pas ce qu'on peut le plus craindre. On se peut naturellement croire assez de mérite pour garder sa conquête; et ce que je vois de plus redoutable dans ces sortes d'affaires, c'est la puissance paternelle, auprès de qui tout le mérite ne sert de rien.

HYACINTE.

Hélas! pourquoi faut-il que de justes inclinations se trouvent traversées? La douce chose que d'aimer, lorsque l'on ne voit point d'obstacles à ces aimables chaînes dont deux cœurs se lient ensemble!

SCAPIN.

Vous vous moquez; la tranquillité en amour est un calme désagréable. Un bonheur tout uni nous devient ennuyeux; il faut du haut et du bas dans la vie, et les difficultés qui se mêlent aux choses réveillent les ardeurs, augmentent les plaisirs.

ZERBINETTE.

Mon Dieu! Scapin, fais-nous un peu ce récit, qu'on m'a dit qui est si plaisant, du stratagème dont tu t'es avisé pour tirer de l'argent de ton vieillard avare. Tu sais qu'on ne perd point sa peine lorsqu'on me fait un conte, et que je le paie assez bien, par la joie qu'on m'y voit prendre.

SCAPIN.

Voilà Sylvestre, qui s'en acquittera aussi bien que moi. J'ai dans la tête certaine petite vengeance dont je vais goûter le plaisir.

SYLVESTRE.

Pourquoi, de gaieté de cœur, veux-tu chercher à t'attirer de méchantes affaires?

SCAPIN.

Je me plais à tenter des entreprises hasardeuses.

SYLVESTRE.

Je te l'ai déjà dit, tu quitterais le dessein que tu as, si tu m'en voulais croire.

SCAPIN.

Oui; mais c'est moi que j'en croirai.

SYLVESTRE.

A quoi diable te vas-tu amuser?

SCAPIN.

De quoi diable te mets-tu en peine?

SYLVESTRE.

C'est que je vois que, sans nécessité, tu vas courir risque de t'attirer une venue de coups de bâton.

SCAPIN.

Hé bien! c'est aux dépens de mon dos, et non pas du tien.

SYLVESTRE.

Il est vrai que tu es maître de tes épaules, et tu en disposeras comme il te plaira.

SCAPIN.

Ces sortes de périls ne m'ont jamais arrêté; et je hais ces cœurs pusillanimes qui, pour trop prévoir les suites des choses, n'osent rien entreprendre.

ZERBINETTE, à Scapin.

Nous aurons besoin de tes soins.

SCAPIN.

Allez. Je vous irai bientôt rejoindre. Il ne sera pas dit qu'impunément on m'ait mis en état de me trahir moi-même, et de découvrir des secrets qu'il était bon qu'on ne sût pas.

SCÈNE II.

GÉRONTE, SCAPIN.

GÉRONTE.

Hé bien! Scapin, comment va l'affaire de mon fils?

SCAPIN.

Votre fils, monsieur, est en lieu de sûreté; mais vous courez maintenant, vous, le péril le plus grand du monde, et je voudrais, pour beaucoup, que vous fussiez dans votre logis.

GÉRONTE.

Comment donc?

SCAPIN.

A l'heure que je parle, on vous cherche de toutes parts pour vous tuer.

GÉRONTE.

Moi?

SCAPIN.

Oui.

GÉRONTE.

Et qui?

SCAPIN.

Le frère de cette personne qu'Octave a épousée. Il croit que le dessein que vous avez de mettre votre fille à la place que tient sa sœur est ce qui pousse le plus fort à faire rompre leur mariage; et, dans cette pensée, il a résolu hautement de décharger son désespoir sur vous, et vous ôter la vie pour venger son honneur. Tous ses amis, gens d'épée comme lui, vous cherchent de tous les côtés, et demandent de vos nouvelles. J'ai vu même, deçà et delà, des soldats de sa compagnie qui interrogent ceux qu'ils trouvent, et occupent par pelotons toutes les avenues de votre maison : de sorte que vous ne sauriez aller chez vous, vous ne sauriez faire un pas, ni à droit, ni à gauche, que vous ne tombiez dans leurs mains.

GÉRONTE.

Que ferai-je, mon pauvre Scapin?

SCAPIN.

Je ne sais pas, monsieur; et voici une étrange affaire. Je tremble pour vous depuis les pieds jusqu'à la tête, et... Attendez. (Scapin se retourne et fait semblant d'aller voir au fond du théâtre s'il n'y a personne.)

GÉRONTE, en tremblant.

Hé?

SCAPIN, revenant.

Non, non, non, ce n'est rien.

GÉRONTE.

Ne saurais-tu trouver quelque moyen pour me tirer de peine?

SCAPIN.

J'en imagine bien un ; mais je courrais risque, moi, de me faire assommer.

GÉRONTE.

Hé! Scapin, montre-toi serviteur zélé. Ne m'abandonne pas, je te prie.

SCAPIN.

Je le veux bien. J'ai une tendresse pour vous qui ne saurait souffrir que je vous laisse sans secours.

GÉRONTE.

Tu en seras récompensé, je t'assure, et je te promets cet habit-ci, quand je l'aurai un peu usé.

SCAPIN.

Attendez. Voici une affaire que je me suis trouvée fort à propos pour vous sauver. Il faut que vous vous mettiez dans ce sac, et que...

GÉRONTE, croyant voir quelqu'un.

Ah !

SCAPIN.

Non, non, non, non, ce n'est personne. Il faut, dis-je, que vous vous mettiez là dedans, et que vous gardiez de remuer en aucune façon. Je vous chargerai sur mon dos comme un paquet de quelque chose, et je vous porterai ainsi au travers de vos ennemis, jusque dans votre maison, où, quand nous serons une fois, nous pourrons nous barricader, et envoyer quérir main forte contre la violence.

GÉRONTE.

L'invention est bonne.

SCAPIN.

La meilleure du monde. Vous allez voir. (A part.) Tu me payeras l'imposture.

GÉRONTE.

Hé ?

SCAPIN.

Je dis que vos ennemis seront bien attrapés. Mettez-vous bien jusqu'au fond, et surtout prenez garde de ne vous point montrer et de ne branler pas, quelque chose qui puisse arriver.

GÉRONTE.

Laisse-moi faire, je saurai me tenir...

SCAPIN.

Cachez-vous. Voici un spadassin qui vous cherche. (En contrefaisant sa voix.) « Quoi ! jé n'aurai pas l'abantage dé tuer cé Géronte, et quelqu'un, par charité, né m'enseignera pas où il est !. » (A Géronte avec sa voix ordinaire.) Ne branlez pas. (Reprenant son ton contrefait.) « Cadédis, jé lé trouberai, sé cachât-il au centre dé la terre. » (A Géronte avec son ton naturel.) Ne vous montrez pas. (Tout le langage gascon est supposé de celui qu'il contrefait, et le reste de lui.) « Oh ! l'homme au sac. » Monsieur. « Jé té vaille un louis, et m'enseigne où put être Géronte. » Vous cherchez le seigneur Géronte ? « Oui, mordi, jé lé cherche. » Et pour quelle affaire, monsieur ? « Pour quelle affaire ? »

Oui. « Jé beux, cadédis, lé faire mourir sous les coups de vaton. » Oh! monsieur, les coups de bâton ne se donnent point à des gens comme lui, et ce n'est pas un homme à être traité de la sorte. « Qui? cé fat dé Géronte, cé maraud, cé velitre? » Le seigneur Géronte, monsieur, n'est ni fat, ni maraud, ni belître, et vous devriez, s'il vous plaît, parler d'autre façon. « Comment, tu mé traites, à moi, avec cette hautur? » Je défends, comme je dois, un homme d'honneur qu'on offense. « Est-ce que tu es des amis dé cé Géronte? » Oui, monsieur, j'en suis. « Ah! cadédis, tu es de ses amis : à la vonne hure. » (Il donne plusieurs coups de bâton sur le sac.) « Tiens, boilà cé que jé té vaille pour lui. » (Il crie comme s'il recevait les coups de bâton.) Ah, ah, ah, ah, monsieur. Ah, ah, monsieur, tout beau. Ah, doucement. Ah, ah, ah. « Va, porte-lui cela dé ma part. Adiusias. » Ah. Diable soit le Gascon! Ah. (En se plaignant et remuant le dos, comme s'il avait reçu les coups de bâton.)

GÉRONTE, mettant la tête hors du sac.

Ah! Scapin, je n'en puis plus.

SCAPIN.

Ah! monsieur, je suis tout moulu, et les épaules me font un mal épouvantable.

GÉRONTE.

Comment? c'est sur les miennes qu'il a frappé.

SCAPIN.

Nenni, monsieur, c'était sur mon dos qu'il frappait.

GÉRONTE.

Que veux-tu dire? J'ai bien senti les coups, et les sens bien encore.

SCAPIN.

Non, vous dis-je; ce n'est que le bout du bâton qui a été jusque sur vos épaules.

GÉRONTE.

Tu devais donc te retirer un peu plus loin, pour m'épargner...

SCAPIN lui remet la tête dans le sac.

Prenez garde; en voici un autre qui a la mine d'un étranger. (Cet endroit est de même que celui du Gascon, pour le changement de langage et le jeu de théâtre.) « Parti! moi courir comme une Basque, et moi ne pouvre point troufair de tout le jour sti tiable de Gironte. » Cachez-vous bien. « Dites-moi un peu, fous, monsir l'homme, s'il ve plaît, fous safoir point où l'est sti Gironte que moi cherchair? » Non, monsieur, je ne sais point où est Géronte. « Dites-moi-le, fous, frenchemente; moi li fouloir pas grande chose à lui. L'est seulemente pour ly donnair un petite régale sur le dos d'un douzaine de coups de bâtonne, et de trois ou quatre petites coups d'épée au trafers de son poitrine. » Je vous assure, monsieur, que je ne sais pas où il est. « Il me semble que ji foi remuair quelque chose dans sti sac. » Pardonnez-moi, monsieur. « Ly est assurément quelque histoire là-tetans. » Point du tout, monsieur. « Moi l'avoir enfie de tonner ain coup d'épée dans sté sac. » Ah! monsieur, gardez-vous-en bien. « Montre-le-moi un peu, fous, ce que c'être là. » Tout beau, monsieur. « Quement, tout beau! » Vous n'avez que faire de vouloir voir ce que je porte. « Et moi, je le fouloir foir, moi. » Vous ne le verrez point. « Ahi! que de badinemente. » Ce sont hardes qui m'appartiennent. « Montre-moi, fous, te dis-je. » Je n'en ferai rien. « Toi ne faire rien? » Non. « Moi pailler de ste bâtonne dessus les épaules de toi. » Je me moque de cela. « Ah! toi faire le trôle! » (Il donne des coups de bâton sur le sac, et crie comme s'il les recevait.) Ahi, ahi, ahi, Ah, monsieur, ah, ah, ah, ah. « Jusqu'au refoir : l'être là un petit leçon pour li apprendre à toi à parler insolentemente. » Ah. Peste soit du baragouineux! Ah.

GÉRONTE, sortant sa tête du sac.

Ah! je suis roué.

SCAPIN.

Ah! je suis mort.

GÉRONTE.

Pourquoi diantre faut-il qu'ils frappent sur mon dos?

SCAPIN, lui remettant la tête dans le sac.

Prenez garde; voici une demi-douzaine de soldats tout ensemble. (Il contrefait plusieurs personnes ensemble.) « Allons, tâchons à trouver ce Géronte, cherchons partout. N'épargnons point nos pas. Courons toute la ville. N'oublions aucun lieu. Visitons tout. Furetons de tous les côtés. Par où irons-nous? Tournons par là. Non, par ici. A gauche. A droit. Nenni. Si fait. » (A Géronte, avec sa voix ordinaire.) Cachez-vous bien. « Ah! camarades, voici son valet. Allons, coquin, il faut que tu nous enseignes où est ton maître. » Hé! messieurs, ne me maltraitez point. « Allons, dis-nous où il est. Parle. Hâte-toi. Expédions. Dépêche vite. Tôt. » Hé! messieurs, doucement. (Géronte met doucement la tête hors du sac, et aperçoit la fourberie de Scapin.) « Si tu ne nous fais trouver ton maître tout à l'heure, nous allons faire pleuvoir sur toi une ondée de coups de bâton. » J'aime mieux souffrir toute chose que de vous découvrir mon maître. « Nous allons t'assommer. » Faites tout ce qu'il vous plaira. « Tu as envie d'être battu? » Je ne trahirai point mon maître. « Ah! tu veux en tâter? Voilà... » Oh! (Comme il est près de frapper, Géronte sort du sac, et Scapin s'enfuit.)

GÉRONTE, seul.

Ah! infâme! ah! traître! ah! scélérat! C'est ainsi que tu m'assassines?

SCÈNE III.

ZERBINETTE, GÉRONTE.

ZERBINETTE, riant, sans voir Géronte.

Ah, ah. Je veux prendre un peu l'air.

GÉRONTE, à part, sans voir Zerbinette.

Tu me le payeras, je te jure.

ZERBINETTE, sans voir Géronte.

Ah, ah, ah, ah! La plaisante histoire! et la bonne dupe que ce vieillard!

GÉRONTE.

Il n'y a rien de plaisant à cela; et vous n'avez que faire d'en rire.

ZERBINETTE.

Quoi? Que voulez-vous dire, monsieur?

GÉRONTE.

Je veux dire que vous ne devez pas vous moquer de moi.

ZERBINETTE.

De vous?

GÉRONTE.

Oui.

ZERBINETTE.

Comment! qui songe à se moquer de vous?

GÉRONTE.

Pourquoi venez-vous ici me rire au nez?

ZERBINETTE.

Cela ne vous regarde point, et je ris toute seule d'un conte qu'on vient de me faire, le plus plaisant qu'on puisse entendre. Je ne sais pas si c'est parce que je suis intéressée dans la chose; mais je n'ai jamais trouvé rien de si drôle qu'un tour qui vient d'être joué par un fils à son père pour en attraper de l'argent.

GÉRONTE.

Par un fils à son père, pour en attraper de l'argent?

ZERBINETTE.

Oui. Pour peu que vous me pressiez, vous me trouverez assez disposée à vous dire l'affaire; et j'ai une démangeaison naturelle à faire part des contes que je sais.

GÉRONTE.

Je vous prie de me dire cette histoire.

ZERBINETTE.

Je le veux bien. Je ne risquerai pas grand'chose à vous la dire, et c'est une aventure qui n'est pas pour être longtemps secrète. La destinée a voulu que je me trouvasse parmi une bande de ces personnes qu'on appelle Égyptiens, et qui, rôdant de province en province, se mêlent de dire la bonne fortune, et quelquefois de beaucoup d'autres choses. En arrivant dans cette ville, un jeune homme me vit et conçut pour moi de l'amour. Dès ce moment, il s'attache à mes pas; et le voilà d'abord comme tous les jeunes gens, qui croient qu'il n'y a qu'à parler, et qu'au moindre mot qu'ils nous disent, leurs affaires sont faites; mais il trouva une fierté qui lui fit un peu corriger ses premières pensées. Il fit connaître sa passion aux gens qui me tenaient, et il les trouva disposés à me laisser à lui, moyennant quelque somme. Mais le mal de l'affaire était que mon amant se trouvait dans l'état où l'on voit très-souvent la plupart des fils de famille, c'est-à-dire qu'il était un peu dénué d'argent. Il a un père qui, quoique riche, est un avaricieux fieffé, le plus vilain homme du monde. Attendez. Ne me saurais-je souvenir de son nom? Haïe. Aidez-moi un peu. Ne pouvez-vous me nommer quelqu'un de cette ville qui soit connu pour être avare au dernier point?

GÉRONTE.

Non.

ZERBINETTE.

Il y a à son nom du ron... ronte... Or... Oronte... Non. Gé... Géronte. Oui, Géronte, justement; voilà mon vilain, je l'ai trouvé : c'est ce ladre-là que je dis. Pour venir à notre conte, nos gens ont voulu aujourd'hui partir de cette ville; et mon amant m'allait perdre, faute d'argent, si, pour en tirer de son père, il n'avait trouvé du secours dans l'industrie d'un serviteur qu'il a. Pour le nom du serviteur, je le sais à merveille. Il s'appelle Scapin; c'est un homme incomparable, et il mérite toutes les louanges qu'on peut donner.

GÉRONTE, à part.

Ah! coquin que tu es!

ZERBINETTE.

Voici le stratagème dont il s'est servi pour attraper sa dupe. Ah, ah, ah, ah. Je ne saurais m'en souvenir, que je ne rie de tout mon cœur. Ah, ah, ah. Il est allé trouver ce chien d'avare... ah, ah, ah, et lui a dit qu'en se promenant sur le port avec son fils, hi, hi, ils avaient vu une galère turque, où on les avait invités d'entrer ; qu'un jeune Turc leur y avait donné la collation. Ah. Que, tandis qu'ils mangeaient, on avait mis la galère en mer, et que le Turc l'avait renvoyé lui seul à terre dans un esquif, avec ordre de dire au père de son maître qu'il emmenait son fils en Alger, s'il ne lui envoyait tout à l'heure cinq cents écus. Ah, ah, ah. Voilà mon ladre, mon vilain dans de furieuses angoisses ; et la tendresse qu'il a pour son fils fait un combat étrange avec son avarice. Cinq cents écus qu'on lui demande sont justement cinq cents coups de poignard qu'on lui donne. Ah, ah, ah. Il ne peut se résoudre à tirer cette somme de ses entrailles ; et la peine qu'il souffre lui fait trouver cent moyens ridicules pour ravoir son fils. Ah, ah, ah. Il veut envoyer la justice en mer après la galère du Turc. Ah, ah, ah. Il sollicite son valet de s'aller offrir à tenir la place de son fils, jusqu'à ce qu'il ait amassé l'argent qu'il n'a pas envie de donner. Ah, ah, ah. Il abandonne, pour faire les cinq cents écus, quatre ou cinq vieux habits qui n'en valent pas trente. Ah, ah, ah. Le valet lui fait comprendre à tous coups l'impertinence de ses propositions ; et chaque réflexion est douloureusement accompagnée d'un : « Mais que diable allait-il faire dans cette galère ? Ah ! maudite galère ! Traître de Turc ! » Enfin, après plusieurs détours, après avoir longtemps gémi et soupiré... Mais il me semble que vous ne riez point de mon conte. Qu'en dites-vous ?

GÉRONTE.

Je dis que le jeune homme est un pendard, un insolent, qui sera puni par son père du tour qu'il lui a fait ; que l'Égyptienne est une malavisée, une impertinente, de dire des injures à un homme d'honneur, qui saura lui apprendre à venir ici débaucher les enfants de famille ; et que le valet est un scélérat, qui sera par Géronte envoyé au gibet avant qu'il soit demain.

SCÈNE IV.

ZERBINETTE, SYLVESTRE.

SYLVESTRE.

Où est-ce donc que vous vous échappez. Savez-vous bien que vous venez de parler là au père de votre amant?

ZERBINETTE.

Je viens de m'en douter, et je me suis adressée à lui-même sans y penser, pour lui conter son histoire.

SYLVESTRE.

Comment, son histoire?

ZERBINETTE.

Oui. J'étais toute remplie du conte, et je brûlais de le redire. Mais qu'importe? Tant pis pour lui. Je ne vois pas que les choses, pour nous, en puissent être ni pis ni mieux.

SYLVESTRE.

Vous aviez grande envie de babiller ; et c'est avoir bien de la langue que de ne pouvoir se taire de ses propres affaires.

ZERBINETTE.

N'aurait-il pas appris cela de quelque autre?

SCÈNE V.

ARGANTE, ZERBINETTE, SYLVESTRE.

ARGANTE, derrière le théâtre.

Holà! Sylvestre.

SYLVESTRE, à Zerbinette.

Rentrez dans la maison. Voilà mon maître qui m'appelle.

SCÈNE VI.

ARGANTE, SYLVESTRE.

ARGANTE.

Vous vous êtes donc accordés, coquin, vous vous êtes accordés, Scapin, vous et mon fils, pour me fourber; et vous croyez que je l'endure?

SYLVESTRE.

Ma foi, monsieur, si Scapin vous fourbe, je m'en lave les mains, et vous assure que je n'y trempe en aucune façon.

ARGANTE.

Nous verrons cette affaire, pendard, nous verrons cette affaire; et je ne prétends pas qu'on me fasse passer la plume par le bec[1].

---

[1] *Faire passer à quelqu'un la plume par le bec*, le traiter comme un oison.

On a conservé l'habitude, dans certaines contrées, de fixer une plume au bec des oisons, pour les empêcher de traverser les haies : c'est ce qu'on appelle les brider.

SCÈNE VII.

GÉRONTE, ARGANTE, SYLVESTRE.

GÉRONTE.
Ah! seigneur Argante, vous me voyez accablé de disgrâce.

ARGANTE.
Vous me voyez aussi dans un accablement horrible.

GÉRONTE.
Le pendard de Scapin, par une fourberie, m'a attrapé cinq cents écus.

ARGANTE.
Le même pendard de Scapin, par une fourberie aussi, m'a attrapé deux cents pistoles.

GÉRONTE.
Il ne s'est pas contenté de m'attraper cinq cents écus, il m'a traité d'une manière que j'ai honte de dire. Mais il me la payera.

ARGANTE.
Je veux qu'il me fasse raison de la pièce qu'il m'a jouée.

GÉRONTE.
Et je prétends faire de lui une vengeance exemplaire.

SYLVESTRE, à part.
Plaise au ciel que, dans tout ceci, je n'aie point ma part!

GÉRONTE.
Mais ce n'est pas encore tout, seigneur Argante; et un malheur nous est toujours l'avant-coureur d'un autre. Je me réjouissais aujourd'hui de l'espérance d'avoir ma fille, dont je faisais toute ma consolation; et je viens d'apprendre de mon homme qu'elle est partie il y a longtemps de Tarente,

et qu'on y croit qu'elle a péri dans le vaisseau où elle s'embarqua.

ARGANTE.

Mais pourquoi, s'il vous plaît, la tenir à Tarente, et ne vous être pas donné la joie de l'avoir avec vous?

GÉRONTE.

J'ai eu mes raisons pour cela; et des intérêts de famille m'ont obligé jusques ici à tenir fort secret ce second mariage. Mais que vois-je?

SCÈNE VIII.

ARGANTE, GÉRONTE, NÉRINE, SYLVESTRE.

GÉRONTE.

Ah! te voilà, nourrice?

NÉRINE, se jetant aux genoux de Géronte.

Ah! seigneur Pandolphe, que...

GÉRONTE.

Appelle-moi Géronte, et ne te sers plus de ce nom. Les raisons ont cessé qui m'avaient obligé à le prendre parmi vous à Tarente.

NÉRINE.

Las! que ce changement de nom nous a causé de troubles et d'inquiétudes dans les soins que nous avons pris de vous venir chercher ici!

GÉRONTE.

Où est ma fille, et sa mère?

NÉRINE.

Votre fille, monsieur, n'est pas loin d'ici; mais, avant que de vous la faire voir, il faut que je vous demande pardon de l'avoir mariée, dans l'abandonnement où, faute de vous rencontrer, je me suis trouvée avec elle.

GÉRONTE.

Ma fille mariée?

NÉRINE.

Oui, monsieur.

GÉRONTE.

Et avec qui?

NÉRINE.

Avec un jeune homme nommé Octave, fils d'un certain seigneur Argante.

GÉRONTE.

O ciel !

ARGANTE.

Quelle rencontre !

GÉRONTE.

Mène-nous, mène-nous promptement où elle est.

NÉRINE.

Vous n'avez qu'à entrer dans ce logis.

GÉRONTE.

Passe devant. Suivez-moi, suivez-moi, seigneur Argante.

SYLVESTRE, seul.

Voilà une aventure qui est tout à fait surprenante.

SCÈNE IX.

SCAPIN, SYLVESTRE.

SCAPIN.

Hé bien! Sylvestre, que font nos gens?

SYLVESTRE.

J'ai deux avis à te donner. L'un, que l'affaire d'Octave est accommodée. Notre Hyacinte s'est trouvée la fille du seigneur Géronte ; et le hasard a fait ce que la prudence des pères avait délibéré. L'autre avis, c'est que les deux vieillards font contre toi des menaces épouvantables, et surtout le seigneur Géronte.

SCAPIN.

Cela n'est rien. Les menaces ne m'ont jamais fait mal; et ce sont des nuées qui passent bien loin sur nos têtes.

SYLVESTRE.

Prends garde à toi. Les fils se pourraient bien raccommoder avec les pères, et toi demeurer dans la nasse.

SCAPIN.

Laisse-moi faire, je trouverai moyen d'apaiser leur courroux, et...

SYLVESTRE.

Retire-toi, les voilà qui sortent.

SCÈNE X.

GÉRONTE, ARGANTE, HYACINTE, ZERBINETTE, NÉRINE, SYLVESTRE.

GÉRONTE.

Allons, ma fille, venez chez moi. Ma joie aurait été parfaite, si j'y avais pu voir votre mère avec vous.

ARGANTE.

Voici Octave tout à propos.

SCÈNE XI.

ARGANTE, GÉRONTE, OCTAVE, HYACINTE, ZERBINETTE, NÉRINE, SYLVESTRE.

ARGANTE.

Venez, mon fils, venez vous réjouir avec nous de l'heureuse aventure de votre mariage. Le ciel...

ACTE III. SCÈNE XI.

OCTAVE.

Non, mon père, toutes vos propositions de mariage ne serviront de rien. Je dois lever le masque avec vous, et l'on vous a dit mon engagement.

ARGANTE.

Oui. Mais tu ne sais pas...

OCTAVE.

Je sais tout ce qu'il faut savoir.

ARGANTE.

Je te veux dire que la fille du seigneur Géronte...

OCTAVE.

La fille du seigneur Géronte ne me sera jamais de rien.

GÉRONTE.

C'est elle...

OCTAVE, à Géronte.

Non, monsieur, je vous demande pardon; mes résolutions sont prises.

SYLVESTRE, à Octave.

Écoutez...

OCTAVE.

Non. Tais-toi. Je n'écoute rien.

ARGANTE, à Octave.

Ta femme...

OCTAVE.

Non, vous dis-je, mon père; je mourrai plutôt que de quitter mon aimable Hyacinte. (Traversant le théâtre pour se mettre à côté d'Hyacinte.) Oui. Vous avez beau faire; la voilà, celle à qui ma foi est engagée. Je l'aimerai toute ma vie, et je ne veux point d'autre femme.

ARGANTE.

Hé bien! c'est elle qu'on te donne. Quel diable d'étourdi, qui suit toujours sa pointe!

HYACINTE, montrant Géronte.

Oui, Octave, voilà mon père que j'ai trouvé; et nous nous voyons hors de peine.

GÉRONTE.

Allons chez moi; nous serons mieux qu'ici pour nous entretenir.

HYACINTE, montrant Zerbinette.

Ah! mon père, je vous demande, par grâce, que je ne sois point séparée de l'aimable personne que vous voyez. Elle a un mérite qui vous fera concevoir de l'estime pour elle, quand il sera connu de vous.

GÉRONTE.

Tu veux que je tienne chez moi une personne qui est aimée de ton frère, et qui m'a dit tantôt au nez mille sottises de moi-même!

ZERBINETTE.

Monsieur, je vous prie de m'excuser. Je n'aurais pas parlé de la sorte, si j'avais su que c'était vous, et je ne vous connaissais que de réputation.

GÉRONTE.

Comment! que de réputation?

HYACINTE.

Mon père, la passion que mon frère a pour elle n'a rien de criminel, et je réponds de sa vertu.

GÉRONTE.

Voilà qui est fort bien. Ne voudrait-on point que je mariasse mon fils avec elle? Une fille inconnue, qui fait le métier de coureuse!

SCÈNE XII.

ARGANTE, GÉRONTE, LÉANDRE, OCTAVE,
HYACINTE, ZERBINETTE, NÉRINE, SYLVESTRE.

LÉANDRE.

Mon père, ne vous plaignez point que j'aime une inconnue, sans naissance et sans bien. Ceux de qui je l'ai rachetée viennent de me découvrir qu'elle est de cette ville, et d'honnête famille ; que ce sont eux qui l'y ont dérobée à l'âge de quatre ans ; et voici un bracelet qu'ils m'ont donné, qui pourra nous aider à trouver ses parents.

ARGANTE.

Hélas ! à voir ce bracelet, c'est ma fille que je perdis à l'âge que vous dites.

GÉRONTE.

Votre fille?

ARGANTE.

Oui, ce l'est; et j'y vois tous les traits qui m'en peuvent rendre assuré. Ma chère fille!...

HYACINTE.

O ciel ! que d'aventures extraordinaires !

SCÈNE XIII.

ARGANTE, GÉRONTE, LÉANDRE, OCTAVE, HYACINTE, ZERBINETTE, NÉRINE, SYLVESTRE, CARLE.

CARLE.

Ah ! messieurs, il vient d'arriver un accident étrange.

GÉRONTE.

Quoi?

CARLE.

Le pauvre Scapin...

GÉRONTE.

C'est un coquin que je veux faire pendre.

CARLE.

Hélas ! monsieur, vous ne serez pas en peine de cela. En passant contre un bâtiment, il lui est tombé sur la tête un marteau de tailleur de pierre, qui lui a brisé l'os et découvert toute la cervelle. Il se meurt, et il a prié qu'on l'apportât ici, pour vous pouvoir parler avant que de mourir.

ARGANTE.

Où est-il?

CARLE.

Le voilà.

SCÈNE XIV.

ARGANTE, GÉRONTE, LÉANDRE,
OCTAVE, HYACINTE, ZERBINETTE, NÉRINE, SCAPIN,
SYLVESTRE, CARLE.

SCAPIN, apporté par deux hommes, et la tête entourée de linges, comme s'il avait été bien blessé.

Ahi, ahi, messieurs, vous me voyez... ahi, vous me voyez dans un étrange état. Ahi. Je n'ai pas voulu mourir sans venir demander pardon à toutes les personnes que je puis avoir offensées. Ahi. Oui, messieurs, avant que de rendre le dernier soupir, je vous conjure de tout mon cœur de vouloir me pardonner tout ce que je puis avoir fait, et principalement le seigneur Argante et le seigneur Géronte. Ahi.

ARGANTE.

Pour moi, je te pardonne; va, meurs en repos.

SCAPIN, à Géronte.

C'est vous, monsieur, que j'ai le plus offensé par les coups de bâton que...

GÉRONTE.

Ne parle point davantage, je te pardonne aussi.

SCAPIN.

Ç'a été une témérité bien grande à moi, que les coups de bâton que je...

GÉRONTE.

Laissons cela.

SCAPIN.

J'ai, en mourant, une douleur inconcevable des coups de bâton que...

GÉRONTE.

Mon Dieu! tais-toi.

SCAPIN.

Les malheureux coups de bâton que je vous...

GÉRONTE.

Tais-toi, te dis-je; j'oublie tout.

SCAPIN.

Hélas! quelle bonté! Mais est-ce de bon cœur, monsieur, que vous me pardonnez ces coups de bâton que...

GÉRONTE.

Hé! oui. Ne parlons plus de rien; je te pardonne tout : voilà qui est fait.

SCAPIN.

Ah! monsieur, je me sens tout soulagé depuis cette parole.

GÉRONTE.

Oui; mais je te pardonne à la charge que tu mourras.

SCAPIN.

Comment! monsieur?

GÉRONTE.

Je me dédis de ma parole, si tu réchappes.

SCAPIN.

Ahi, ahi. Voilà mes faiblesses qui me reprennent.

ARGANTE.

Seigneur Géronte, en faveur de notre joie, il faut lui pardonner sans condition.

GÉRONTE.

Soit.

ARGANTE.

Allons souper ensemble, pour mieux goûter notre plaisir.

SCAPIN.

Et moi, qu'on me porte au bout de la table, en attendant que je meure.

FIN DES FOURBERIES DE SCAPIN.

LA COMTESSE D'ESCARBAGNAS.

COMÉDIE EN UN ACTE.

2 décembre 1671.

PERSONNAGES.

LA COMTESSE D'ESCARBAGNAS.
LE COMTE, fils de la comtesse d'Escarbagnas.
LE VICOMTE, amant de Julie.
JULIE, amante du vicomte.
MONSIEUR TIBAUDIER, conseiller, amant de la comtesse.
MONSIEUR HARPIN, receveur des tailles, autre amant de la comtesse.
MONSIEUR BOBINET, précepteur de monsieur le comte.
ANDRÉE, suivante de la comtesse.
JEANNOT, laquais de monsieur Tibaudier.
CRIQUET, laquais de la comtesse.

Noms des acteurs qui ont joué d'original dans *la Comtesse d'Escarbagnas*.

LA COMTESSE D'ESCARBAGNAS.	Mlle Marotte.
LE COMTE.	Gaudon.
LE VICOMTE.	La Grange.
JULIE.	Mlle Beauval.
MONSIEUR TIBAUDIER.	Hubert.
MONSIEUR HARPIN.	Du Croisy.
MONSIEUR BOBINET.	Beauval.
ANDRÉE.	Mlle Bonneau.
JEANNOT.	Boulonnois.
CRIQUET.	Finet.

La scène est à Angoulême.

LA
COMTESSE D'ESCARBAGNAS.

SCÈNE I.

JULIE, LE VICOMTE.

LE VICOMTE.
Hé quoi! madame, vous êtes déjà ici?

JULIE.
Oui. Vous en devriez rougir, Cléante; et il n'est guère honnête à un amant de venir le dernier au rendez-vous.

LE VICOMTE.
Je serais ici il y a une heure, s'il n'y avait point de fâcheux au monde; et j'ai été arrêté en chemin par un vieux importun de qualité, qui m'a demandé tout exprès des nouvelles de la cour, pour trouver moyen de m'en dire des plus extravagantes qu'on puisse débiter; et c'est là, comme vous savez, le fléau des petites villes, que ces grands nouvellistes qui cherchent partout où répandre les contes qu'ils ramassent. Celui-ci m'a montré d'abord deux feuilles de papier, pleines jusques aux bords d'un grand fatras de balivernes, qui viennent, m'a-t-il dit, de l'endroit le plus sûr du monde. Ensuite, comme d'une chose fort curieuse, il m'a fait avec grand mystère une fatigante lecture de toutes les méchantes plaisanteries de la gazette de Hollande, dont il épouse les intérêts. Il tient que la France est battue en ruine par la

plume de cet écrivain, et qu'il ne faut que ce bel esprit pour défaire toutes nos troupes; et de là s'est jeté à corps perdu dans le raisonnement du ministère, dont il remarque tous les défauts, et d'où j'ai cru qu'il ne sortirait point. A l'entendre parler, il sait les secrets du cabinet mieux que ceux qui les font. La politique de l'État lui laisse voir tous ses desseins; et elle ne fait pas un pas dont il ne pénètre les intentions. Il nous apprend les ressorts cachés de tout ce qui se fait, nous découvre les vues de la prudence de nos voisins, et remue, à sa fantaisie, toutes les affaires de l'Europe. Ses intelligences même s'étendent jusques en Afrique et en Asie; et il est informé de tout ce qui s'agite dans le conseil d'en haut du Prête-Jean [1] et du Grand Mogol.

JULIE.

Vous parez votre excuse du mieux que vous pouvez, afin de la rendre agréable, et faire qu'elle soit plus aisément reçue.

LE VICOMTE.

C'est là, belle Julie, la véritable cause de mon retardement; et, si je voulais y donner une excuse galante, je n'aurais qu'à vous dire que le rendez-vous que vous voulez prendre peut autoriser la paresse dont vous me querellez; que m'engager à faire l'amant de la maîtresse du logis, c'est me mettre en état de craindre de me trouver ici le premier; que cette feinte où je me force n'étant que pour vous plaire, j'ai lieu de ne vouloir en souffrir la contrainte que devant les yeux qui s'en divertissent; que j'évite le tête-à-tête avec cette comtesse ridicule dont vous m'embarrassez; et, en un mot, que ne venant ici que pour vous, j'ai toutes les raisons du monde d'attendre que vous y soyez.

JULIE.

Nous savons bien que vous ne manquerez jamais d'esprit

---

[1] *Prête-Jean* ou mieux *Prêtre-Jean*, souverain d'un empire imaginaire placé, par Marco Polo, dans l'Asie centrale, et dont les légendes du moyen âge s'étaient emparées.

pour donner de belles couleurs aux fautes que vous pourrez faire. Cependant, si vous étiez venu une demi-heure plus tôt, nous aurions profité de tous ces moments; car j'ai trouvé en arrivant que la comtesse était sortie, et je ne doute point qu'elle ne soit allée par la ville se faire honneur de la comédie que vous me donnez sous son nom.

LE VICOMTE.

Mais tout de bon, madame, quand voulez-vous mettre fin à cette contrainte, et me faire moins acheter le bonheur de vous voir?

JULIE.

Quand nos parents pourront être d'accord; ce que je n'ose espérer. Vous savez, comme moi, que les démêlés de nos deux familles ne nous permettent point de nous voir autre part, et que mes frères, non plus que votre père, ne sont pas assez raisonnables pour souffrir notre attachement.

LE VICOMTE.

Mais pourquoi ne pas mieux jouir du rendez-vous que leur inimitié nous laisse, et me contraindre à perdre en une sotte feinte les moments que j'ai près de vous?

JULIE.

Pour mieux cacher notre amour; et puis, à vous dire la vérité, cette feinte dont vous parlez m'est une comédie fort agréable; et je ne sais si celle que vous nous donnez aujourd'hui me divertira davantage. Notre comtesse d'Escarbagnas, avec son perpétuel entêtement de qualité, est un aussi bon personnage qu'on en puisse mettre sur le théâtre. Le petit voyage qu'elle a fait à Paris l'a ramenée dans Angoulême plus achevée qu'elle n'était. L'approche de l'air de la cour a donné à son ridicule de nouveaux agréments, et sa sottise tous les jours ne fait que croître et embellir.

LE VICOMTE.

Oui; mais vous ne considérez pas que le jeu qui vous divertit tient mon cœur au supplice, et qu'on n'est point capable de se jouer longtemps, lorsqu'on a dans l'esprit une passion aussi sérieuse que celle que je sens pour vous. Il est cruel, belle Julie, que cet amusement dérobe à mon amour un temps qu'il voudrait employer à vous expliquer son ardeur; et, cette nuit, j'ai fait là-dessus quelques vers, que je ne puis m'empêcher de vous réciter sans que vous me le demandiez, tant la démangeaison de dire ses ouvrages est un vice attaché à la qualité de poëte :

« C'est trop longtemps, Iris, me mettre à la torture; »

Iris, comme vous le voyez, est mis là pour Julie.

« C'est trop longtemps, Iris, me mettre à la torture,
» Et, si je suis vos lois, je les blâme tout bas
» De me forcer à taire un tourment que j'endure,
» Pour déclarer un mal que je ne ressens pas.

» Faut-il que vos beaux yeux, à qui je rends les armes,
» Veuillent se divertir de mes tristes soupirs?
» Et n'est-ce pas assez de souffrir pour vos charmes,
» Sans me faire souffrir encor pour vos plaisirs?

» C'en est trop à la fois que ce double martyre;
» Et ce qu'il me faut taire et ce qu'il me faut dire
» Exerce sur mon cœur pareille cruauté.

» L'amour le met en feu, la contrainte le tue;
» Et, si par la pitié vous n'êtes combattue,
» Je meurs et de la feinte et de la vérité. »

JULIE.

Je vois que vous vous faites là bien plus maltraité que vous n'êtes; mais c'est une licence que prennent messieurs les poëtes, de mentir de gaieté de cœur, et de donner à leurs maîtresses des cruautés qu'elles n'ont pas, pour s'accommoder aux pensées qui leur peuvent venir. Cependant je serai bien aise que vous me donniez ces vers par écrit.

LE VICOMTE.

C'est assez de vous les avoir dits, et je dois en demeurer là. Il est permis d'être parfois assez fou pour faire des vers, mais non pour vouloir qu'ils soient vus.

JULIE.

C'est en vain que vous vous retranchez sur une fausse modestie; on sait dans le monde que vous avez de l'esprit; et je ne vois pas la raison qui vous oblige à cacher les vôtres.

LE VICOMTE.

Mon Dieu! madame, marchons là-dessus, s'il vous plaît, avec beaucoup de retenue; il est dangereux dans le monde de se mêler d'avoir de l'esprit. Il y a là dedans un certain ridicule qu'il est facile d'attraper, et nous avons de nos amis qui me font craindre leur' exemple.

JULIE.

Mon Dieu! Cléante, vous avez beau dire; je vois avec tout cela que vous mourez d'envie de me les donner; et je vous embarrasserais, si je faisais semblant de ne m'en pas soucier.

LE VICOMTE.

Moi, madame? vous vous moquez; et je ne suis pas si poëte que vous pourriez bien croire, pour... Mais voici votre madame la comtesse d'Escarbagnas. Je sors par l'autre porte pour ne la point trouver, et vais disposer tout mon monde au divertissement que je vous ai promis.

SCÈNE II.

LA COMTESSE, JULIE, ANDRÉE; ET CRIQUET,
dans le fond du théâtre.

LA COMTESSE.

Ah! mon Dieu! madame, vous voilà toute seule! Quelle pitié est-ce là? Toute seule! Il me semble que mes gens m'avaient dit que le vicomte était ici.

JULIE.

Il est vrai qu'il y est venu; mais c'est assez pour lui de savoir que vous n'y étiez pas, pour l'obliger à sortir.

LA COMTESSE.

Comment! il vous a vue?

JULIE.

Oui.

LA COMTESSE.

Et il ne vous a rien dit?

JULIE.

Non, madame; et il a voulu témoigner par là qu'il est tout entier à vos charmes.

LA COMTESSE.

Vraiment, je le veux quereller de cette action. Quelque amour que l'on ait pour moi, j'aime que ceux qui m'aiment rendent ce qu'ils doivent au sexe; et je ne suis point de l'humeur de ces femmes injustes qui s'applaudissent des incivilités que leurs amants font aux autres belles.

JULIE.

Il ne faut point, madame, que vous soyez surprise de son procédé. L'amour que vous lui donnez éclate dans toutes ses actions, et l'empêche d'avoir des yeux que pour vous.

LA COMTESSE.

Je crois être en état de pouvoir faire naître une passion assez forte, et je me trouve pour cela assez de beauté, de jeunesse et de qualité, Dieu merci ; mais cela n'empêche pas qu'avec ce que j'inspire, on ne puisse garder de l'honnêteté et de la complaisance pour les autres. (Apercevant Criquet.) Que faites-vous donc là, laquais? Est-ce qu'il n'y a pas une antichambre où se tenir, pour venir quand on vous appelle? Cela est étrange, qu'on ne puisse avoir en province un laquais qui sache son monde. A qui est-ce donc que je parle? Voulez-vous vous en aller là dehors, petit fripon?

SCÈNE III.

LA COMTESSE, JULIE, ANDRÉE.

LA COMTESSE, à Andrée.

Fille, approchez.

ANDRÉE.

Que vous plaît-il, madame?

LA COMTESSE.

Otez-moi mes coiffes. Doucement donc, maladroite : comme vous me saboulez la tête avec vos mains pesantes!

ANDRÉE.

Je fais, madame, le plus doucement que je puis.

LA COMTESSE.

Oui; mais le plus doucement que vous pouvez est fort rudement pour ma tête, et vous me l'avez déboîtée. Tenez encore ce manchon; ne laissez point traîner tout cela, et portez-le dans ma garde-robe. Eh bien! où va-t-elle? où va-t-elle? Que veut-elle faire, cet oison bridé?

ANDRÉE.

Je veux, madame, comme vous m'avez dit, porter cela aux garde-robes.

LA COMTESSE.

Ah! mon Dieu, l'impertinente! (A Julie.) Je vous demande pardon, madame. (A Andrée.) Je vous ai dit ma garde-robe, grosse bête, c'est-à-dire où sont mes habits.

ANDRÉE.

Est-ce, madame, qu'à la cour une armoire s'appelle une garde-robe?

LA COMTESSE.

Oui, butorde; on appelle ainsi le lieu où l'on met les habits.

ANDRÉE.

Je m'en ressouviendrai, madame, aussi bien que de votre grenier, qu'il faut appeler garde-meuble.

SCÈNE IV.

LA COMTESSE, JULIE.

LA COMTESSE.

Quelle peine il faut prendre pour instruire ces animaux-là!

JULIE.

Je les trouve bien heureux, madame, d'être sous votre discipline.

LA COMTESSE.

C'est une fille de ma mère nourrice que j'ai mise à la chambre, et elle est toute neuve encore.

JULIE.

Cela est d'une belle âme, madame; et il est glorieux de faire ainsi des créatures.

LA COMTESSE.

Allons, des siéges. Holà ! laquais, laquais, laquais! En vérité, voilà qui est violent, de ne pouvoir pas avoir un laquais pour donner des siéges ! Filles, laquais, laquais, filles, quelqu'un ! Je pense que tous mes gens sont morts, et que nous serons contraintes de nous donner des siéges nous-mêmes.

SCÈNE V.

LA COMTESSE, JULIE, ANDRÉE.

ANDRÉE.

Que voulez-vous, madame?

LA COMTESSE.

Il se faut bien égosiller avec vous autres !

ANDRÉE.

J'enfermais votre manchon et vos coiffes dans votre armoi... dis-je, dans votre garde-robe.

LA COMTESSE.

Appelez-moi ce petit fripon de laquais.

ANDRÉE.

Holà ! Criquet !

LA COMTESSE.

Laissez là votre Criquet, bouvière; et appelez laquais.

ANDRÉE.

Laquais donc, et non pas Criquet, venez parler à madame. Je pense qu'il est sourd. Criq... Laquais, laquais!

SCÈNE VI.

LA COMTESSE, JULIE, ANDRÉE, CRIQUET.

CRIQUET.

Plaît-il?

LA COMTESSE.

Où étiez-vous donc, petit coquin?

CRIQUET.

Dans la rue, madame.

LA COMTESSE.

Et pourquoi dans la rue?

CRIQUET.

Vous m'avez dit d'aller là dehors.

LA COMTESSE.

Vous êtes un petit impertinent, mon ami; et vous devez savoir que là dehors, en termes de personnes de qualité, veut dire l'antichambre. Andrée, ayez soin tantôt de faire donner le fouet à ce petit fripon-là par mon écuyer; c'est un petit incorrigible.

ANDRÉE.

Qu'est-ce que c'est, madame, que votre écuyer? Est-ce maître Charles que vous appelez comme cela?

LA COMTESSE.

Taisez-vous, sotte que vous êtes: vous ne sauriez ouvrir la bouche que vous ne disiez une impertinence. (A Criquet.) Des siéges. (A Andrée.) Et vous, allumez deux bougies dans mes flambeaux d'argent: il se fait déjà tard. Qu'est-ce que c'est donc, que vous me regardez tout effarée?

ANDRÉE.

Madame...

LA COMTESSE.

Eh bien! madame. Qu'y a-t-il?

ANDRÉE.

C'est que...

LA COMTESSE.

Quoi?

ANDRÉE.

C'est que je n'ai point de bougies.

LA COMTESSE.

Comment! Vous n'en avez point?

ANDRÉE.

Non, madame, si ce n'est des bougies de suif.

LA COMTESSE.

La bouvière! Et où est donc la cire que je fis acheter ces jours passés?

ANDRÉE.

Je n'en ai point vu depuis que je suis céans.

LA COMTESSE.

Otez-vous de là, insolente. Je vous renvoierai chez vos parents. Apportez-moi un verre d'eau.

SCÈNE VII.

LA COMTESSE ET JULIE, faisant des cérémonies pour s'asseoir.

LA COMTESSE.

Madame.

JULIE.

Madame.

LA COMTESSE.

Ah! madame.

JULIE.

Ah! madame.

LA COMTESSE.

Mon Dieu! madame.

JULIE.

Mon Dieu! madame.

LA COMTESSE.

Oh! madame.

JULIE.

Oh! madame.

LA COMTESSE.

Hé! madame.

JULIE.

Hé! madame.

LA COMTESSE.

Hé! allons donc, madame.

JULIE.

Hé! allons donc, madame.

LA COMTESSE.

Je suis chez moi, madame. Nous sommes demeurées d'accord de cela. Me prenez-vous pour une provinciale, madame?

JULIE.

Dieu m'en garde, madame!

SCÈNE VIII.

LA COMTESSE, JULIE, ANDRÉE, apportant un verre d'eau. CRIQUET.

LA COMTESSE, à Andrée.

Allez, impertinente : je bois avec une soucoupe. Je vous dis que vous m'alliez quérir une soucoupe pour boire.

ANDRÉE.

Criquet, qu'est-ce que c'est qu'une soucoupe?

CRIQUET.

Une soucoupe?

ANDRÉE.

Oui.

CRIQUET.

Je ne sais.

LA COMTESSE, à Andrée.

Vous ne vous grouillez pas?

ANDRÉE.

Nous ne savons tous deux, madame, ce que c'est qu'une soucoupe.

LA COMTESSE.

Apprenez que c'est une assiette, sur laquelle on met le verre.

SCÈNE IX.

LA COMTESSE, JULIE.

LA COMTESSE.

Vive Paris pour être bien servie! On vous entend là au moindre coup d'œil.

SCÈNE X.

LA COMTESSE, JULIE; ANDRÉE, apportant un verre d'eau avec une assiette dessus; CRIQUET.

LA COMTESSE.

Hé bien! vous ai-je dit comme cela, tête de bœuf? C'est dessous qu'il faut mettre l'assiette.

ANDRÉE.

Cela est bien aisé. (Andrée casse le verre en le posant sur l'assiette.)

LA COMTESSE.

Hé bien! ne voilà pas l'étourdie? En vérité, vous me payerez mon verre.

ANDRÉE.

Hé bien! oui, madame, je le payerai.

LA COMTESSE.

Mais voyez cette maladroite, cette bouvière, cette butorde, cette...

ANDRÉE, s'en allant.

Dame! madame, si je le paye, je ne veux point être querellée.

LA COMTESSE.

Otez-vous de devant mes yeux.

SCÈNE XI.

LA COMTESSE, JULIE.

LA COMTESSE.

En vérité, madame, c'est une chose étrange que les petites villes! On n'y sait point du tout son monde : et je viens de faire deux ou trois visites, où ils ont pensé me désespérer par le peu de respect qu'ils rendent à ma qualité.

JULIE.

Où auraient-ils appris à vivre? Ils n'ont point fait de voyage à Paris.

LA COMTESSE.

Ils ne laisseraient pas de l'apprendre, s'ils voulaient écouter les personnes; mais le mal que j'y trouve, c'est qu'ils veulent en savoir autant que moi, qui ai été deux mois à Paris, et vu toute la cour.

JULIE.

Les sottes gens que voilà!

SCÈNE XI.

LA COMTESSE.

Ils sont insupportables, avec les impertinentes égalités dont ils traitent les gens. Car, enfin, il faut qu'il y ait de la subordination dans les choses ; et ce qui me met hors de moi, c'est qu'un gentilhomme de ville de deux jours, ou de deux cents ans, aura l'effronterie de dire qu'il est aussi bien gentilhomme que feu monsieur mon mari, qui demeurait à la campagne, qui avait meute de chiens courants, et qui prenait la qualité de comte dans tous les contrats qu'il passait.

JULIE.

On sait bien mieux vivre à Paris, dans ces hôtels dont la mémoire doit être si chère. Cet hôtel de Mouhy, madame, cet hôtel de Lyon, cet hôtel de Hollande, les agréables demeures que voilà [1] !

LA COMTESSE.

Il est vrai qu'il y a bien de la différence de ces lieux-là à tout ceci. On y voit venir du beau monde, qui ne marchande point à vous rendre tous les respects qu'on saurait souhaiter. On ne s'en lève pas, si l'on veut, de dessus son siége ; et lorsque l'on veut voir la revue, ou le grand ballet de Psyché, on est servie à point nommé.

JULIE.

Je pense, madame, que, durant votre séjour à Paris, vous avez bien fait des conquêtes de qualité.

LA COMTESSE.

Vous pouvez bien croire, madame, que tout ce qui s'appelle les galants de la cour n'a pas manqué de venir à ma porte, et de m'en conter ; et je garde dans ma cassette de leurs billets, qui peuvent faire voir quelles propositions j'ai refusées ; il n'est pas nécessaire de vous dire leurs noms : on sait ce qu'on veut dire par les galants de la cour.

---

[1] Ces *hôtels* n'étaient autres que des hôtels garnis, des auberges.

JULIE.

Je m'étonne, madame, que de tous ces grands noms que je devine, vous ayez pu redescendre à un monsieur Tibaudier, le conseiller, et à un monsieur Harpin, le receveur des tailles. La chute est grande, je vous l'avoue; car, pour monsieur votre vicomte, quoique vicomte de province, c'est toujours un vicomte, et il peut faire un voyage à Paris, s'il n'en a point fait : mais un conseiller et un receveur sont des amants un peu bien minces pour une grande comtesse comme vous.

LA COMTESSE.

Ce sont gens qu'on ménage dans les provinces pour le besoin qu'on en peut avoir; ils servent au moins à remplir les vides de la galanterie, à faire nombre de soupirants; et il est bon, madame, de ne pas laisser un amant seul maître du terrain, de peur que, faute de rivaux, son amour ne s'endorme sur trop de confiance.

JULIE.

Je vous avoue, madame, qu'il y a merveilleusement à profiter de tout ce que vous dites; c'est une école que votre conversation, et j'y viens tous les jours attraper quelque chose.

SCÈNE XII.

LA COMTESSE, JULIE, ANDRÉE, CRIQUET.

CRIQUET, à la comtesse.

Voilà Jeannot de monsieur le conseiller, qui vous demande, madame.

LA COMTESSE.

Hé bien! petit coquin, voilà encore de vos âneries. Un laquais qui saurait vivre aurait été parler tout bas à la demoiselle suivante, qui serait venue dire doucement à l'oreille de sa maîtresse : « Madame, voilà le laquais de monsieur un tel qui demande à vous dire un mot; » à quoi la maîtresse aurait répondu : « Faites-le entrer. »

SCÈNE XIII.

LA COMTESSE, JULIE, ANDRÉE, CRIQUET, JEANNOT.

CRIQUET.

Entrez, Jeannot.

LA COMTESSE.

Autre lourderie. (A Jeannot.) Qu'y a-t-il, laquais? Que portes-tu là?

JEANNOT.

C'est monsieur le conseiller, madame, qui vous souhaite le bonjour, et, auparavant que de venir, vous envoie des poires de son jardin, avec ce petit mot d'écrit.

LA COMTESSE.

C'est du bon-chrétien, qui est fort beau. Andrée, faites porter cela à l'office.

SCÈNE XIV.

LA COMTESSE, JULIE, CRIQUET, JEANNOT.

LA COMTESSE, donnant de l'argent à Jeannot.

Tiens, mon enfant, voilà pour boire.

JEANNOT.

Oh! non, madame.

LA COMTESSE.

Tiens, te dis-je.

JEANNOT.

Mon maître m'a défendu, madame, de rien prendre de vous.

LA COMTESSE.

Cela ne fait rien.

JEANNOT.

Pardonnez-moi, madame.

CRIQUET.

Hé! prenez, Jeannot. Si vous n'en voulez pas, vous me le baillerez.

LA COMTESSE.

Dis à ton maître que je le remercie.

CRIQUET, à Jeannot qui s'en va.

Donne-moi donc cela.

JEANNOT.

Oui. Quelque sot!

CRIQUET.

C'est moi qui te l'ai fait prendre.

JEANNOT.

Je l'aurais bien pris sans toi.

LA COMTESSE.

Ce qui me plaît de ce monsieur Tibaudier, c'est qu'il sait vivre avec les personnes de ma qualité, et qu'il est fort respectueux.

SCÈNE XV.

LE VICOMTE, LA COMTESSE, JULIE, CRIQUET.

LE VICOMTE.

Madame, je viens vous avertir que la comédie sera bientôt prête, et que, dans un quart d'heure, nous pouvons passer dans la salle.

SCÈNE XV.

LA COMTESSE.

Je ne veux point de cohue, au moins. (A Criquet.) Que l'on dise à mon suisse qu'il ne laisse entrer personne.

LE VICOMTE.

En ce cas, madame, je vous déclare que je renonce à la comédie; et je n'y saurais prendre de plaisir, lorsque la compagnie n'est pas nombreuse. Croyez-moi, si vous voulez vous bien divertir, qu'on dise à vos gens de laisser entrer toute la ville.

LA COMTESSE.

Laquais, un siége. (Au vicomte après qu'il s'est assis.) Vous voilà venu à propos pour recevoir un petit sacrifice que je veux bien vous faire. Tenez, c'est un billet de M. Tibaudier qui m'envoie des poires. Je vous donne la liberté de le lire tout haut; je ne l'ai point encore vu.

LE VICOMTE, après avoir lu tout bas le billet.

Voici un billet du beau style, madame, et qui mérite d'être bien écouté. (Il lit.) « Madame, je n'aurais pas pu vous faire le présent que je vous envoie, si je ne recueillais pas plus de fruit de mon jardin que j'en recueille de mon amour. »

LA COMTESSE.

Cela vous marque clairement qu'il ne se passe rien entre nous.

LE VICOMTE.

« Les poires ne sont pas encore bien mûres; mais elles en cadrent mieux avec la dureté de votre âme, qui, par ses continuels dédains, ne me promet pas poires molles. Trouvez bon, madame, que, sans m'engager dans une énumération de vos perfections et charmes, qui me jetterait dans un progrès à l'infini, je conclue ce mot, en vous faisant considérer que je suis d'un aussi franc chrétien que les poires que je vous envoie, puisque je rends le bien pour le mal; c'est-à-dire, madame, pour m'expliquer plus intelligiblement, puisque je vous présente des poires de bon-chrétien pour des poires d'angoisse, que vos cruautés me font avaler tous les jours.

» TIBAUDIER, votre esclave indigne. »

Voilà, madame, un billet à garder.

LA COMTESSE.

Il y a peut-être quelque mot qui n'est pas de l'Académie; mais j'y remarque un certain respect qui me plaît beaucoup.

JULIE.

Vous avez raison, madame; et, monsieur le vicomte dût-il s'en offenser, j'aimerais un homme qui m'écrirait comme cela.

SCÈNE XVI.

MONSIEUR TIBAUDIER, LE VICOMTE, LA COMTESSE, JULIE, CRIQUET.

LA COMTESSE.

Approchez, monsieur Tibaudier; ne craignez point d'entrer. Votre billet a été bien reçu, aussi bien que vos poires; et voilà madame qui parle pour vous contre votre rival.

MONSIEUR TIBAUDIER.

Je lui suis bien obligé, madame; et, si elle a jamais quelque procès en notre siége, elle verra que je n'oublierai pas l'honneur qu'elle me fait de se rendre auprès de vos beautés l'avocat de ma flamme.

JULIE.

Vous n'avez pas besoin d'avocat, monsieur, et votre cause est juste.

MONSIEUR TIBAUDIER.

Ce néanmoins, madame, bon droit a besoin d'aide : et j'ai sujet d'appréhender de me voir supplanté par un tel rival, et que madame ne soit circonvenue par la qualité de vicomte.

LE VICOMTE.

J'espérais quelque chose, monsieur Tibaudier, avant votre billet ; mais il me fait craindre pour mon amour.

MONSIEUR TIBAUDIER.

Voici encore, madame, deux petits versets ou couplets que j'ai composés à votre honneur et gloire.

LE VICOMTE.

Ah! je ne pensais pas que monsieur Tibaudier fût poëte, et voilà pour m'achever, que ces deux petits versets-là!

LA COMTESSE.

Il veut dire deux strophes. (A Criquet.) Laquais, donnez un siége à monsieur Tibaudier. (Bas, à Criquet, qui apporte une chaise.) Un pliant, petit animal. (Haut.) Monsieur Tibaudier, mettez-vous là, et nous lisez vos strophes.

MONSIEUR TIBAUDIER.

» Une personne de qualité
 » Ravit mon âme,
» Elle a de la beauté,
 » J'ai de la flamme ;
 » Mais je la blâme
» D'avoir de la fierté. »

LE VICOMTE.

Je suis perdu après cela.

LA COMTESSE.

Le premier vers est beau. Une personne de qualité.

JULIE.

Je crois qu'il est un peu trop long ; mais on peut prendre une licence pour dire une belle pensée.

LA COMTESSE, à monsieur Tibaudier.

Voyons l'autre strophe.

MONSIEUR TIBAUDIER.

« Je ne sais pas si vous doutez de mon parfait amour;
> » Mais je sais bien que mon cœur, à toute heure,
> » Veut quitter sa chagrine demeure,
» Pour aller, par respect, faire au vôtre sa cour.
» Après cela pourtant, sûre de ma tendresse,
> » Et de ma foi, dont unique est l'espèce,
> » Vous devriez à votre tour,
> » Vous contentant d'être comtesse,
» Vous dépouiller en ma faveur d'une peau de tigresse,
» Qui couvre vos appas la nuit comme le jour. »

LE VICOMTE.

Me voilà supplanté, moi, par monsieur Tibaudier.

LA COMTESSE.

Ne pensez pas vous moquer; pour des vers faits dans la province, ces vers-là sont fort beaux.

LE VICOMTE.

Comment! madame, me moquer? Quoique son rival, je trouve ces vers admirables, et ne les appelle pas seulement deux strophes, comme vous, mais deux épigrammes, aussi bonnes que toutes celles de Martial.

LA COMTESSE.

Quoi! Martial fait-il des vers? Je pensais qu'il ne fît que des gants.

MONSIEUR TIBAUDIER.

Ce n'est pas ce Martial-là, madame; c'est un auteur qui vivait il y a trente ou quarante ans.

LE VICOMTE.

Monsieur Tibaudier a lu les auteurs, comme vous le voyez. Mais allons voir, madame, si ma musique et ma comédie, avec mes entrées de ballet, pourront combattre dans votre esprit les progrès des deux strophes et du billet que nous venons de voir.

LA COMTESSE.

Il faut que mon fils le comte soit de la partie; car il est arrivé ce matin de mon château, avec son précepteur que je vois là dedans.

SCÈNE XVII.

LA COMTESSE, JULIE, LE VICOMTE, MONSIEUR TIBAUDIER, MONSIEUR BOBINET, CRIQUET.

LA COMTESSE.

Holà! monsieur Bobinet, monsieur Bobinet, approchez-vous du monde.

MONSIEUR BOBINET.

Je donne le bon vêpres[1] à toute l'honorable compagnie. Que désire madame la comtesse d'Escarbagnas de son très-humble serviteur Bobinet?

LA COMTESSE.

A quelle heure, monsieur Bobinet, êtes-vous parti d'Escarbagnas avec mon fils le comte?

MONSIEUR BOBINET.

A huit heures trois quarts, madame, comme votre commandement me l'avait ordonné.

LA COMTESSE.

Comment se portent mes deux autres fils, le marquis et le commandeur?

MONSIEUR BOBINET.

Ils sont, Dieu grâce, madame, en parfaite santé.

---

[1] *Vêpres*, du mot latin *vespera*, signifie *soir*. Le *bon vêpres*, c'est le bonsoir.

LA COMTESSE.

Où est le comte?

MONSIEUR BOBINET.

Dans votre belle chambre à alcôve, madame.

LA COMTESSE.

Que fait-il, monsieur Bobinet?

MONSIEUR BOBINET.

Il compose un thème, madame, que je viens de lui dicter sur une épître de Cicéron.

LA COMTESSE.

Faites-le venir, monsieur Bobinet.

MONSIEUR BOBINET.

Soit fait, madame, ainsi que vous le commandez.

SCÈNE XVIII.

LA COMTESSE, JULIE, LE VICOMTE,
MONSIEUR TIBAUDIER.

LE VICOMTE, à la comtesse.

Ce monsieur Bobinet, madame, a la mine fort sage; et je crois qu'il a de l'esprit.

SCÈNE XIX.

LA COMTESSE, JULIE, LE VICOMTE, LE COMTE,
MONSIEUR BOBINET, MONSIEUR TIBAUDIER.

MONSIEUR BOBINET.

Allons, monsieur le comte, faites voir que vous profitez des bons documents qu'on vous donne. La révérence à toute l'honnête assemblée.

SCÈNE XIX.

LA COMTESSE, montrant Julie.

Comte, saluez madame; faites la révérence à monsieur le vicomte; saluez monsieur le conseiller.

MONSIEUR TIBAUDIER.

Je suis ravi, madame, que vous me concédiez la grâce d'embrasser monsieur le comte votre fils. On ne peut pas aimer le tronc qu'on n'aime aussi les branches.

LA COMTESSE.

Mon Dieu! monsieur Tibaudier, de quelle comparaison vous servez-vous là?

JULIE.

En vérité, madame, monsieur le comte a tout à fait bon air.

LE VICOMTE.

Voilà un jeune gentilhomme qui vient bien dans le monde.

JULIE.

Qui dirait que madame eût un si grand enfant?

LA COMTESSE.

Hélas! quand je le fis j'étais si jeune, que je me jouais encore avec une poupée.

JULIE.

C'est monsieur votre frère, et non pas monsieur votre fils.

LA COMTESSE.

Monsieur Bobinet, ayez bien soin au moins de son éducation.

MONSIEUR BOBINET.

Madame, je n'oublierai aucune chose pour cultiver cette jeune plante, dont vos bontés m'ont fait l'honneur de me confier la conduite, et je tâcherai de lui inculquer les semences de la vertu.

LA COMTESSE.

Monsieur Bobinet, faites-lui un peu dire quelque petite galanterie de ce que vous lui apprenez.

MONSIEUR BOBINET.

Allons, monsieur le comte, récitez votre leçon d'hier au matin.

LE COMTE.

Omne viro soli quod convenit esto virile,
Omne viri...

LA COMTESSE.

Fi! monsieur Bobinet, quelles sottises est-ce que vous lui apprenez là?

MONSIEUR BOBINET.

C'est du latin, madame, et la première règle de Jean Despautère.

LA COMTESSE.

Mon Dieu! ce Jean Despautère-là est un insolent, et je vous prie de lui enseigner du latin plus honnête que celui-là.

MONSIEUR BOBINET.

Si vous voulez, madame, qu'il achève, la glose expliquera ce que cela veut dire.

LA COMTESSE.

Non, non : cela s'explique assez.

SCÈNE XX.

LA COMTESSE, JULIE,
LE VICOMTE, MONSIEUR TIBAUDIER, LE COMTE,
MONSIEUR BOBINET, CRIQUET.

CRIQUET.

Les comédiens envoient dire qu'ils sont tout prêts.

LA COMTESSE.

Allons nous placer. (Montrant Julie.) Monsieur Tibaudier, prenez madame.

LE VICOMTE.

Il est nécessaire de dire que cette comédie n'a été faite que pour lier ensemble les différents morceaux de musique et de danse dont on a voulu composer ce divertissement, et que...

LA COMTESSE.

Mon Dieu! voyons l'affaire. On a assez d'esprit pour comprendre les choses.

LE VICOMTE.

Qu'on commence le plus tôt qu'on pourra, et qu'on empêche, s'il se peut, qu'aucun fâcheux ne vienne troubler notre divertissement.

(Après que les violons ont quelque peu joué, et que toute la compagnie est assise.)

SCÈNE XXI.

LA COMTESSE, JULIE, LE VICOMTE, LE COMTE, MONSIEUR HARPIN, MONSIEUR TIBAUDIER, aux pieds de la comtesse, MONSIEUR BOBINET, ANDRÉE, CRIQUET.

MONSIEUR HARPIN.

Parbleu! la chose est belle, et je me réjouis de voir ce que je vois!

LA COMTESSE.

Holà! monsieur le receveur, que voulez-vous donc dire avec l'action que vous faites? Vient-on interrompre, comme cela, une comédie?

MONSIEUR HARPIN.

Morbleu! madame, je suis ravi de cette aventure; et ceci me fait voir ce que je dois croire de vous, et l'assurance qu'il y a au don de votre cœur, et aux serments que vous m'avez faits de sa fidélité.

LA COMTESSE.

Mais, vraiment, on ne vient point ainsi se jeter au travers d'une comédie, et troubler un acteur qui parle.

MONSIEUR HARPIN.

Hé! têtebleu! la véritable comédie qui se fait ici, c'est celle que vous jouez; et, si je vous trouble, c'est de quoi je me soucie peu.

LA COMTESSE.

En vérité, vous ne savez ce que vous dites.

MONSIEUR HARPIN.

Si fait, morbleu! je le sais bien; je le sais bien, morbleu! et...

(Monsieur Bobinet, épouvanté, emporte le comte, et s'enfuit; il est suivi par Criquet.)

LA COMTESSE.

Hé! fi, monsieur! que cela est vilain, de jurer de la sorte!

MONSIEUR HARPIN.

Hé! ventrebleu! s'il y a ici quelque chose de vilain, ce ne sont point mes jurements; ce sont vos actions; et il vaudrait bien mieux que vous jurassiez, vous, la tête, la mort et la sang, que de faire ce que vous faites avec monsieur le vicomte.

LE VICOMTE.

Je ne sais pas, monsieur le receveur, de quoi vous vous plaignez; et si...

MONSIEUR HARPIN, au vicomte.

Pour vous, monsieur, je n'ai rien à vous dire : vous faites bien de pousser votre pointe, cela est naturel, je ne le trouve point étrange, et je vous demande pardon si j'interromps votre comédie; mais vous ne devez point trouver étrange aussi que je me plaigne de son procédé; et nous avons raison tous deux de faire ce que nous faisons.

LE VICOMTE.

Je n'ai rien à dire à cela, et ne sais point les sujets de

plainte que vous pouvez avoir contre madame la comtesse d'Escarbagnas.

LA COMTESSE.

Quand on a des chagrins jaloux, on n'en use point de la sorte; et l'on vient doucement se plaindre à la personne que l'on aime.

MONSIEUR HARPIN.

Moi, me plaindre doucement!

LA COMTESSE.

Oui. L'on ne vient point crier de dessus un théâtre ce qui doit se dire en particulier.

MONSIEUR HARPIN.

J'y viens, moi, morbleu! tout exprès; c'est le lieu qu'il me faut; et je souhaiterais que ce fût un théâtre public, pour vous dire avec plus d'éclat toutes vos vérités.

LA COMTESSE.

Faut-il faire un si grand vacarme pour une comédie que monsieur le vicomte me donne? Vous voyez que monsieur Tibaudier, qui m'aime, en use plus respectueusement que vous.

MONSIEUR HARPIN.

Monsieur Tibaudier en use comme il lui plaît : je ne sais pas de quelle façon monsieur Tibaudier a été avec vous; mais monsieur Tibaudier n'est pas un exemple pour moi, et je ne suis point d'humeur à payer les violons pour faire danser les autres.

LA COMTESSE.

Mais vraiment, monsieur le receveur, vous ne songez pas à ce que vous dites. On ne traite point de la sorte les femmes de qualité; et ceux qui vous entendent croiraient qu'il y a quelque chose d'étrange entre vous et moi.

MONSIEUR HARPIN.

Hé! ventrebleu! madame, quittons la faribole.

LA COMTESSE.

Que voulez-vous donc dire avec votre « Quittons la faribole? »

MONSIEUR HARPIN.

Je veux dire que je ne trouve point étrange que vous vous rendiez au mérite de monsieur le vicomte; vous n'êtes pas la première femme qui joue dans le monde de ces sortes de caractères, et qui ait auprès d'elle un monsieur le receveur, dont on lui voit trahir et la passion et la bourse pour le premier venu qui lui donnera dans la vue. Mais ne trouvez point étrange aussi que je ne sois point la dupe d'une infidélité si ordinaire aux coquettes du temps ; et que je vienne vous assurer devant bonne compagnie, que je romps commerce avec vous, et que monsieur le receveur ne sera plus pour vous monsieur le donneur.

LA COMTESSE.

Cela est merveilleux, comme les amants emportés deviennent à la mode! On ne voit autre chose de tous côtés. Là, là, monsieur le receveur, quittez votre colère, et venez prendre place pour voir la comédie.

MONSIEUR HARPIN.

Moi, morbleu! prendre place? (Montrant monsieur Tibaudier.) Cherchez vos benêts à vos pieds. Je vous laisse, madame la comtesse, à monsieur le vicomte; et ce sera à lui que j'enverrai tantôt vos lettres. Voilà ma scène faite, voilà mon rôle joué. Serviteur à la compagnie.

MONSIEUR TIBAUDIER.

Monsieur le receveur, nous nous verrons autre part qu'ici; et je vous ferai voir que je suis au poil et à la plume.

MONSIEUR HARPIN, en sortant.

Tu as raison, monsieur Tibaudier.

LA COMTESSE.

Pour moi, je suis confuse de cette insolence.

LE VICOMTE.

Les jaloux, madame, sont comme ceux qui perdent leur procès : ils ont permission de tout dire. Prêtons silence à la comédie.

SCÈNE XXII.

LA COMTESSE, LE VICOMTE, JULIE, MONSIEUR TIBAUDIER, JEANNOT.

JEANNOT, au vicomte.

Voilà un billet, monsieur, qu'on nous a dit de vous donner vite.

LE VICOMTE, lisant.

« En cas que vous ayez quelque mesure à prendre, je » vous envoie promptement un avis. La querelle de vos » parents et de ceux de Julie vient d'être accommodée; et » les conditions de cet accord, c'est le mariage de vous et » d'elle. Bonsoir. » (A Julie.) Ma foi, madame, voilà notre comédie achevée aussi.

(Le vicomte, la comtesse, Julie et monsieur Tibaudier se lèvent.)

JULIE.

Ah! Cléante, quel bonheur! Notre amour eût-il osé espérer un si heureux succès?

LA COMTESSE.

Comment donc? Qu'est-ce que cela veut dire?

LE VICOMTE.

Cela veut dire, madame, que j'épouse Julie; et, si vous me croyez, pour rendre la comédie complète de tout point, vous épouserez monsieur Tibaudier, et donnerez mademoiselle Andrée à son laquais, dont il fera son valet de chambre.

LA COMTESSE.

Quoi! jouer de la sorte une personne de ma qualité?

LE VICOMTE.

C'est sans vous offenser, madame; et les comédies veulent de ces sortes de choses.

LA COMTESSE.

Oui, monsieur Tibaudier, je vous épouse pour faire enrager tout le monde.

MONSIEUR TIBAUDIER.

Ce m'est bien de l'honneur, madame.

LE VICOMTE, à la comtesse.

Souffrez, madame, qu'en enrageant nous puissions voir ici le reste du spectacle.

FIN DE LA COMTESSE D'ESCARBAGNAS.

LES FEMMES SAVANTES.

COMÉDIE EN CINQ ACTES.

11 mars 1672.

PERSONNAGES.

CHRYSALE, bon bourgeois.

PHILAMINTE, femme de Chrysale.

ARMANDE,
HENRIETTE, } filles de Chrysale et de Philaminte.

ARISTE, frère de Chrysale.

BÉLISE, sœur de Chrysale.

CLITANDRE, amant d'Henriette.

TRISSOTIN, bel esprit.

VADIUS, savant.

MARTINE, servante de cuisine.

LÉPINE, laquais.

JULIEN, valet de Vadius.

UN NOTAIRE.

Noms des acteurs qui ont joué d'original dans *les Femmes savantes*.

CHRYSALE.	Molière.
PHILAMINTE.	Hubert.
ARMANDE.	Mlle Debrie.
HENRIETTE.	Mlle Molière.
ARISTE.	Baron.
BÉLISE.	Mlle Villeaubrun.
CLITANDRE.	La Grange.
TRISSOTIN.	La Thorillière.
VADIUS.	Du Croisy.
MARTINE.	Martine.

La scène est à Paris dans la maison de Chrysale.

LES FEMMES SAVANTES.

ACTE PREMIER.

SCÈNE I.

ARMANDE, HENRIETTE.

ARMANDE.
Quoi! le beau nom de fille est un titre, ma sœur,
Dont vous voulez quitter la charmante douceur?
Et de vous marier vous osez faire fête?
Ce vulgaire dessein vous peut monter en tête?
HENRIETTE.
Oui, ma sœur.
ARMANDE.
Ah! ce oui se peut-il supporter?
t sans un mal de cœur saurait-on l'écouter?
HENRIETTE.
Qu'a donc le mariage en soi qui vous oblige,
Ma sœur?...
ARMANDE.
Ah! mon Dieu! fi!
HENRIETTE.
Comment?

ARMANDE.

Ah! fi! vous dis-je.
Ne concevez-vous point ce que, dès qu'on l'entend,
Un tel mot à l'esprit offre de dégoûtant?
De quelle étrange image on est par lui blessée?
Sur quelle sale vue il traîne la pensée?
N'en frissonnez-vous point? et pouvez-vous, ma sœur,
Aux suites de ce mot résoudre votre cœur?

HENRIETTE.

Les suites de ce mot, quand je les envisage,
Me font voir un mari, des enfants, un ménage;
Et je ne vois rien là, si j'en puis raisonner,
Qui blesse la pensée, et fasse frissonner.

ARMANDE.

De tels attachements, ô ciel! sont pour vous plaire?

HENRIETTE.

Et qu'est-ce qu'à mon âge on a de mieux à faire
Que d'attacher à soi, par le titre d'époux,
Un homme qui vous aime et soit aimé de vous;
Et, de cette union de tendresse suivie,
Se faire les douceurs d'une innocente vie?
Ce nœud bien assorti n'a-t-il pas des appas?

ARMANDE.

Mon Dieu! que votre esprit est d'un étage bas!
Que vous jouez au monde un petit personnage,
De vous claquemurer aux choses du ménage,
Et de n'entrevoir point de plaisirs plus touchants
Qu'une idole d'époux et des marmots d'enfants!
Laissez aux gens grossiers, aux personnes vulgaires,
Les bas amusements de ces sortes d'affaires.
A de plus hauts objets élevez vos désirs,
Songez à prendre un goût des plus nobles plaisirs,
Et, traitant de mépris les sens et la matière,
A l'esprit, comme nous, donnez-vous tout entière.
Vous avez notre mère en exemple à vos yeux,

Que du nom de savante on honore en tous lieux :
Tâchez, ainsi que moi, de vous montrer sa fille;
Aspirez aux clartés qui sont dans la famille,
Et vous rendez sensible aux charmantes douceurs
Que l'amour de l'étude épanche dans les cœurs.
Loin d'être aux lois d'un homme en esclave asservie,
Mariez-vous, ma sœur, à la philosophie,
Qui nous monte au-dessus de tout le genre humain,
Et donne à la raison l'empire souverain,
Soumettant à ses lois la partie animale,
Dont l'appétit grossier aux bêtes nous ravale.
Ce sont là les beaux feux, les doux attachements
Qui doivent de la vie occuper les moments;
Et les soins où je vois tant de femmes sensibles
Me paraissent aux yeux des pauvretés horribles.

HENRIETTE.

Le ciel, dont nous voyons que l'ordre est tout-puissant,
Pour différents emplois nous fabrique en naissant;
Et tout esprit n'est pas composé d'une étoffe
Qui se trouve taillée à faire un philosophe.
Si le vôtre est né propre aux élévations
Où montent des savants les spéculations,
Le mien est fait, ma sœur, pour aller terre à terre,
Et dans les petits soins son faible se resserre.
Ne troublons point du ciel les justes règlements;
Et de nos deux instincts suivons les mouvements.
Habitez, par l'essor d'un grand et beau génie,
Les hautes régions de la philosophie,
Tandis que mon esprit, se tenant ici-bas,
Goûtera de l'hymen les terrestres appas.
Ainsi, dans nos desseins l'une à l'autre contraire,
Nous saurons toutes deux imiter notre mère :
Vous, du côté de l'âme et des nobles désirs;
Moi, du côté des sens et des grossiers plaisirs;
Vous, aux productions d'esprit et de lumière;

Moi, dans celles, ma sœur, qui sont de la matière.
ARMANDE.
Quand sur une personne on prétend se régler,
C'est par les beaux côtés qu'il lui faut ressembler;
Et ce n'est point du tout la prendre pour modèle,
Ma sœur, que de tousser et de cracher comme elle!
HENRIETTE.
Mais vous ne seriez pas ce dont vous vous vantez,
Si ma mère n'eût eu que de ces beaux côtés;
Et bien vous prend, ma sœur, que son noble génie
N'ait pas vaqué toujours à la philosophie.
De grâce, souffrez-moi, par un peu de bonté,
Des bassesses à qui vous devez la clarté;
Et ne supprimez point, voulant qu'on vous seconde,
Quelque petit savant qui veut venir au monde.
ARMANDE.
Je vois que votre esprit ne peut être guéri
Du fol entêtement de vous faire un mari :
Mais sachons, s'il vous plaît, qui vous songez à prendre :
Votre visée au moins n'est pas mise à Clitandre?
HENRIETTE.
Et par quelle raison n'y serait-elle pas?
Manque-t-il de mérite? est-ce un choix qui soit bas?
ARMANDE.
Non; mais c'est un dessein qui serait malhonnête,
Que de vouloir d'un autre enlever la conquête;
Et ce n'est pas un fait dans le monde ignoré
Que Clitandre ait pour moi hautement soupiré.
HENRIETTE.
Oui; mais tous ces soupirs chez vous sont choses vaines,
Et vous ne tombez point aux bassesses humaines;
Votre esprit à l'hymen renonce pour toujours,
Et la philosophie a toutes vos amours.
Ainsi, n'ayant au cœur nul dessein pour Clitandre,
Que vous importe-t-il qu'on y puisse prétendre?

ARMANDE.

Cet empire que tient la raison sur les sens
Ne fait pas renoncer aux douceurs des encens;
Et l'on peut pour époux refuser un mérite
Que pour adorateur on veut bien à sa suite.

HENRIETTE.

Je n'ai pas empêché qu'à vos perfections
Il n'ait continué ses adorations;
Et je n'ai fait que prendre, au refus de votre âme,
Ce qu'est venu m'offrir l'hommage de sa flamme.

ARMANDE.

Mais à l'offre des vœux d'un amant dépité
Trouvez-vous, je vous prie, entière sûreté?
Croyez-vous pour vos yeux sa passion bien forte,
Et qu'en son cœur pour moi toute flamme soit morte?

HENRIETTE.

Il me l'a dit, ma sœur; et, pour moi, je le croi.

ARMANDE.

Ne soyez pas, ma sœur, d'une si bonne foi;
Et croyez, quand il dit qu'il me quitte et vous aime,
Qu'il n'y songe pas bien, et se trompe lui-même.

HENRIETTE.

Je ne sais; mais enfin, si c'est votre plaisir,
Il nous est bien aisé de nous en éclaircir :
Je l'aperçois qui vient; et, sur cette matière,
Il pourra nous donner une pleine lumière.

SCÈNE II.

CLITANDRE, ARMANDE, HENRIETTE.

HENRIETTE.

Pour me tirer d'un doute où me jette ma sœur,
Entre elle et moi, Clitandre, expliquez votre cœur,

Découvrez-en le fond, et nous daignez apprendre
Qui de nous à vos vœux est en droit de prétendre.

ARMANDE.

Non, non, je ne veux point à votre passion
Imposer la rigueur d'une explication :
Je ménage les gens, et sais comme embarrasse
Le contraignant effort de ces aveux en face.

CLITANDRE.

Non, madame; mon cœur, qui dissimule peu,
Ne sent nulle contrainte à faire un libre aveu.
Dans aucun embarras un tel pas ne me jette ;
Et j'avouerai tout haut, d'une âme franche et nette,
Que les tendres liens où je suis arrêté,

(Montrant Henriette.)

Mon amour et mes vœux, sont tout de ce côté.
Qu'à nulle émotion cet aveu ne vous porte;
Vous avez bien voulu les choses de la sorte.
Vos attraits m'avaient pris, et mes tendres soupirs
Vous ont assez prouvé l'ardeur de mes désirs;
Mon cœur vous consacrait une flamme immortelle :
Mais vos yeux n'ont pas cru leur conquête assez belle.
J'ai souffert sous leur joug cent mépris différents;
Ils régnaient sur mon âme en superbes tyrans;
Et je me suis cherché, lassé de tant de peines,
Des vainqueurs plus humains, et de moins rudes chaînes.

(Montrant Henriette.)

Je les ai rencontrés, madame, dans ces yeux,
Et leurs traits à jamais me seront précieux;
D'un regard pitoyable ils ont séché mes larmes,
Et n'ont pas dédaigné le rebut de vos charmes.
De si rares bontés m'ont si bien su toucher,
Qu'il n'est rien qui me puisse à mes fers arracher;
Et j'ose maintenant vous conjurer, madame,
De ne vouloir tenter nul effort sur ma flamme,
De ne point essayer à rappeler un cœur

Résolu de mourir dans cette douce ardeur.
####### ARMANDE.
Hé! qui vous dit, monsieur, que l'on ait cette envie,
Et que de vous enfin si fort on se soucie?
Je vous trouve plaisant de vous le figurer,
Et bien impertinent de me le déclarer.
####### HENRIETTE.
Hé! doucement, ma sœur. Où donc est la morale
Qui sait si bien régir la partie animale,
Et retenir la bride aux efforts du courroux?
####### ARMANDE.
Mais vous qui m'en parlez, où la pratiquez-vous,
De répondre à l'amour que l'on vous fait paraître
Sans le congé[1] de ceux qui vous ont donné l'être?
Sachez que le devoir vous soumet à leurs lois,
Qu'il ne vous est permis d'aimer que par leur choix ;
Qu'ils ont sur votre cœur l'autorité suprême,
Et qu'il est criminel d'en disposer vous-même.
####### HENRIETTE.
Je rends grâce aux bontés que vous me faites voir,
De m'enseigner si bien les choses du devoir.
Mon cœur sur vos leçons veut régler sa conduite;
Et pour vous faire voir, ma sœur, que j'en profite,
Clitandre, prenez soin d'appuyer votre amour
De l'agrément de ceux dont j'ai reçu le jour.
Faites-vous sur mes vœux un pouvoir légitime,
Et me donnez moyen de vous aimer sans crime.
####### CLITANDRE.
J'y vais de tous mes soins travailler hautement;
Et j'attendais de vous ce doux consentement.
####### ARMANDE.
Vous triomphez, ma sœur, et faites une mine
A vous imaginer que cela me chagrine.

---

[1] Sans la permission.

HENRIETTE.

Moi, ma sœur! point du tout. Je sais que sur vos sens
Les droits de la raison sont toujours tout-puissants,
Et que, par les leçons qu'on prend dans la sagesse,
Vous êtes au-dessus d'une telle faiblesse.
Loin de vous soupçonner d'aucun chagrin, je croi
Qu'ici vous daignerez vous employer pour moi,
Appuyer sa demande, et, de votre suffrage,
Presser l'heureux moment de notre mariage.
Je vous en sollicite; et, pour y travailler...

ARMANDE.

Votre petit esprit se mêle de railler;
Et d'un cœur qu'on vous jette on vous voit toute fière.

HENRIETTE.

Tout jeté qu'est ce cœur, il ne vous déplaît guère;
Et, si vos yeux sur moi le pouvaient ramasser,
Ils prendraient aisément le soin de se baisser.

ARMANDE.

A répondre à cela je ne daigne descendre;
Et ce sont sots discours qu'il ne faut pas entendre.

HENRIETTE.

C'est fort bien fait à vous, et vous nous faites voir
Des modérations qu'on ne peut concevoir.

SCÈNE III.

CLITANDRE, HENRIETTE.

HENRIETTE.

Votre sincère aveu ne l'a pas peu surprise.

CLITANDRE.

Elle mérite assez une telle franchise;
Et toutes les hauteurs de sa folle fierté
Sont dignes, tout au moins, de ma sincérité.

Mais, puisqu'il m'est permis, je vais à votre père,
Madame...

HENRIETTE.

Le plus sûr est de gagner ma mère.
Mon père est d'une humeur à consentir à tout;
Mais il met peu de poids aux choses qu'il résout;
Il a reçu du ciel certaine bonté d'âme
Qui le soumet d'abord à ce que veut sa femme.
C'est elle qui gouverne, et, d'un ton absolu,
Elle dicte pour loi ce qu'elle a résolu.
Je voudrais bien vous voir pour elle et pour ma tante
Une âme, je l'avoue, un peu plus complaisante,
Un esprit qui, flattant les visions du leur,
Vous pût de leur estime attirer la chaleur.

CLITANDRE.

Mon cœur n'a jamais pu, tant il est né sincère,
Même dans votre sœur flatter leur caractère;
Et les femmes docteurs ne sont point de mon goût.
Je consens qu'une femme ait des clartés de tout :
Mais je ne lui veux point la passion choquante
De se rendre savante afin d'être savante;
Et j'aime que souvent, aux questions qu'on fait,
Elle sache ignorer les choses qu'elle sait :
De son étude enfin je veux qu'elle se cache,
Et qu'elle ait du savoir sans vouloir qu'on le sache,
Sans citer les auteurs, sans dire de grands mots,
Et clouer de l'esprit à ses moindres propos.
Je respecte beaucoup madame votre mère;
Mais je ne puis du tout approuver sa chimère,
Et me rendre l'écho des choses qu'elle dit,
Aux encens qu'elle donne à son héros d'esprit.
Son monsieur Trissotin[1] me chagrine, m'assomme;

---

[1] Trissotin était appelé aux premières représentations *Tricotin;* ce personnage n'est autre que l'abbé Cotin.

Et j'enrage de voir qu'elle estime un tel homme,
Qu'elle nous mette au rang des grands et beaux esprits
Un benêt dont partout on siffle les écrits,
Un pédant dont on voit la plume libérale
D'officieux papiers fournir toute la halle.

HENRIETTE.

Ses écrits, ses discours, tout m'en semble ennuyeux,
Et je me trouve assez votre goût et vos yeux;
Mais, comme sur ma mère il a grande puissance,
Vous devez vous forcer à quelque complaisance.
Un amant fait sa cour où s'attache son cœur;
Il veut de tout le monde y gagner la faveur;
Et, pour n'avoir personne à sa flamme contraire,
Jusqu'au chien du logis il s'efforce de plaire.

CLITANDRE.

Oui, vous avez raison; mais monsieur Trissotin
M'inspire au fond de l'âme un dominant chagrin.
Je ne puis consentir, pour gagner ses suffrages,
A me déshonorer en prisant ses ouvrages :
C'est par eux qu'à mes yeux il a d'abord paru,
Et je le connaissais avant que l'avoir vu.
Je vis, dans le fatras des écrits qu'il nous donne,
Ce qu'étale en tous lieux sa pédante personne,
La constante hauteur de sa présomption,
Cette intrépidité de bonne opinion,
Cet indolent état de confiance extrême,
Qui le rend en tout temps si content de soi-même,
Qui fait qu'à son mérite incessamment il rit,
Qu'il se sait si bon gré de tout ce qu'il écrit,
Et qu'il ne voudrait pas changer sa renommée
Contre tous les honneurs d'un général d'armée.

HENRIETTE.

C'est avoir de bons yeux que de voir tout cela.

CLITANDRE.

Jusques à sa figure encor la chose alla,

Et je vis, par les vers qu'à la tête il nous jette,
De quel air il fallait que fût fait le poëte;
Et j'en avais si bien deviné tous les traits,
Que, rencontrant un homme un jour dans le Palais[1],
Je gageai que c'était Trissotin en personne,
Et je vis qu'en effet la gageure était bonne.

HENRIETTE.

Quel conte!

CLITANDRE.

Non; je dis la chose comme elle est.
Mais je vois votre tante. Agréez, s'il vous plaît,
Que mon cœur lui déclare ici notre mystère,
Et gagne sa faveur auprès de votre mère.

SCÈNE IV.

BÉLISE, CLITANDRE.

CLITANDRE.

Souffrez, pour vous parler, madame, qu'un amant
Prenne l'occasion de cet heureux moment,
Et se découvre à vous de la sincère flamme...

BÉLISE.

Ah! tout beau : gardez-vous de m'ouvrir trop votre âme.
Si je vous ai su mettre au rang de mes amants,
Contentez-vous des yeux pour vos seuls truchements,
Et ne m'expliquez point, par un autre langage,

---

[1] Le Palais de justice, dont les galeries, garnies de boutiques, étaient alors très-fréquentées par la meilleure compagnie.
Corneille a fait une comédie intitulée : *la Galerie du Palais.*

Des désirs qui, chez moi, passent pour un outrage.
Aimez-moi, soupirez, brûlez pour mes appas;
Mais qu'il me soit permis de ne le savoir pas.
Je puis fermer les yeux sur vos flammes secrètes,
Tant que vous vous tiendrez aux muets interprètes;
Mais, si la bouche vient à s'en vouloir mêler,
Pour jamais de ma vue il vous faut exiler.

CLITANDRE.

Des projets de mon cœur ne prenez point d'alarme.
Henriette, madame, est l'objet qui me charme;
Et je viens ardemment conjurer vos bontés
De seconder l'amour que j'ai pour ses beautés.

BÉLISE.

Ah! certes, le détour est d'esprit, je l'avoue :
Ce subtil faux-fuyant mérite qu'on le loue;
Et, dans tous les romans où j'ai jeté les yeux,
Je n'ai rien rencontré de plus ingénieux.

CLITANDRE.

Ceci n'est point du tout un trait d'esprit, madame;
Et c'est un pur aveu de ce que j'ai dans l'âme.
Les cieux, par les liens d'une immuable ardeur,
Aux beautés d'Henriette ont attaché mon cœur;
Henriette me tient sous son aimable empire,
Et l'hymen d'Henriette est le bien où j'aspire.
Vous y pouvez beaucoup; et tout ce que je veux,
C'est que vous y daigniez favoriser mes vœux.

BÉLISE.

Je vois où doucement veut aller la demande,
Et je sais sous ce nom ce qu'il faut que j'entende.
La figure est adroite; et, pour n'en point sortir,
Aux choses que mon cœur m'offre à vous repartir,
Je dirai qu'Henriette à l'hymen est rebelle,
Et que, sans rien prétendre, il faut brûler pour elle.

####### ACTE I. SCÈNE IV.

CLITANDRE.

Eh! madame, à quoi bon un pareil embarras?
Et pourquoi voulez-vous penser ce qui n'est pas?

BÉLISE.

Mon Dieu! point de façons. Cessez de vous défendre
De ce que vos regards m'ont souvent fait entendre.
Il suffit que l'on est contente du détour
Dont s'est adroitement avisé votre amour,
Et que, sous la figure où le respect l'engage,
On veut bien se résoudre à souffrir son hommage,
Pourvu que ses transports, par l'honneur éclairés,
N'offrent à mes autels que des vœux épurés.

CLITANDRE.

Mais...

BÉLISE.

  Adieu. Pour ce coup, ceci doit vous suffire,
Et je vous ai plus dit que je ne voulais dire.

CLITANDRE.

Mais votre erreur...

BÉLISE.

   Laissez. Je rougis maintenant,
Et ma pudeur s'est fait un effort surprenant.

CLITANDRE.

Je veux être pendu si je vous aime; et sage...

BÉLISE.

Non, non, je ne veux rien entendre davantage.

SCÈNE V.

CLITANDRE, seul.

Diantre soit de la folle avec ses visions!
A-t-on rien vu d'égal à ses préventions?
Allons commettre un autre au soin que l'on me donne,
Et prenons le secours d'une sage personne.

FIN DU PREMIER ACTE.

ACTE DEUXIÈME.

SCÈNE I.

ARISTE, quittant Clitandre, et lui parlant encore.

Oui, je vous porterai la réponse au plus tôt;
J'appuierai, presserai, ferai tout ce qu'il faut.
Qu'un amant, pour un mot, a de choses à dire!
Et qu'impatiemment il veut ce qu'il désire!
Jamais...

SCÈNE II.

CHRYSALE, ARISTE.

ARISTE.
Ah! Dieu vous gard', mon frère!
CHRYSALE.
Et vous aussi,
Mon frère!
ARISTE.
Savez-vous ce qui m'amène ici?
CHRYSALE.
Non; mais, si vous voulez, je suis prêt à l'entendre.

ARISTE.

Depuis assez longtemps vous connaissez Clitandre?

CHRYSALE.

Sans doute, et je le vois qui fréquente chez nous.

ARISTE.

En quelle estime est-il, mon frère, auprès de vous?

CHRYSALE.

D'homme d'honneur, d'esprit, de cœur, et de conduite;
Et je vois peu de gens qui soient de son mérite.

ARISTE.

Certain désir qu'il a conduit ici mes pas,
Et je me réjouis que vous en fassiez cas.

CHRYSALE.

Je connus feu son père en mon voyage à Rome.

ARISTE.

Fort bien.

CHRYSALE.

C'était, mon frère, un fort bon gentilhomme.

ARISTE.

On le dit.

CHRYSALE.

Nous n'avions alors que vingt-huit ans,
Et nous étions, ma foi, tous deux de verts galants.

ARISTE.

Je le crois.

CHRYSALE.

Nous donnions chez les dames romaines,
Et tout le monde, là, parlait de nos fredaines :
Nous faisions des jaloux.

ARISTE.

Voilà qui va des mieux;
Mais venons au sujet qui m'amène en ces lieux.

SCÈNE III.

BÉLISE, entrant doucement, et écoutant ; **CHRYSALE, ARISTE**.

ARISTE.

Clitandre auprès de vous me fait son interprète,
Et son cœur est épris des grâces d'Henriette.

CHRYSALE.

Quoi! de ma fille?

ARISTE.

Oui; Clitandre en est charmé,
Et je ne vis jamais amant plus enflammé.

BÉLISE, à Ariste.

Non, non; je vous entends. Vous ignorez l'histoire,
Et l'affaire n'est pas ce que vous pouvez croire.

ARISTE.

Comment, ma sœur?

BÉLISE.

Clitandre abuse vos esprits;
Et c'est d'un autre objet que son cœur est épris.

ARISTE.

Vous raillez. Ce n'est pas Henriette qu'il aime?

BÉLISE.

Non; j'en suis assurée.

ARISTE.

Il me l'a dit lui-même.

BÉLISE.

Hé! oui.

ARISTE.

Vous me voyez, ma sœur, chargé par lui
D'en faire la demande à son père aujourd'hui.

BÉLISE.

Fort bien.

ARISTE.

Et son amour même m'a fait instance
De presser les moments d'une telle alliance.

BÉLISE.

Encor mieux. On ne peut tromper plus galamment.
Henriette entre nous est un amusement,
Un voile ingénieux, un prétexte, mon frère,
A couvrir d'autres feux dont je sais le mystère;
Et je veux bien, tous deux, vous mettre hors d'erreur.

ARISTE.

Mais puisque vous savez tant de choses, ma sœur,
Dites-nous, s'il vous plaît, cet autre objet qu'il aime.

BÉLISE.

Vous voulez le savoir?

ARISTE.

Oui. Quoi?

BÉLISE.

Moi.

ARISTE.

Vous?

BÉLISE.

Moi-même.

ARISTE.

Hai, ma sœur!

BÉLISE.

Qu'est-ce donc que veut dire ce hai?
Et qu'a de surprenant le discours que je fai?
On est faite d'un air, je pense à pouvoir dire
Qu'on n'a pas pour un cœur soumis à son empire;
Et Dorante, Damis, Cléonte et Lycidas
Peuvent bien faire voir qu'on a quelques appas.

ARISTE.

Ces gens vous aiment?

BÉLISE.
Oui, de toute leur puissance.
ARISTE.
Ils vous l'ont dit?

BÉLISE.
Aucun n'a pris cette licence;
Ils m'ont su révérer si fort jusqu'à ce jour,
Qu'ils ne m'ont jamais dit un mot de leur amour.
Mais pour m'offrir leur cœur et vouer leur service,
Les muets truchements ont tous fait leur office.

ARISTE.
On ne voit presque point céans venir Damis.

BÉLISE.
C'est pour me faire voir un respect plus soumis.

ARISTE.
De mots piquants, partout, Dorante vous outrage.

BÉLISE.
Ce sont emportements d'une jalouse rage.

ARISTE.
Cléonte et Lycidas ont pris femme tous deux.

BÉLISE.
C'est par un désespoir où j'ai réduit leurs feux.

ARISTE.
Ma foi, ma chère sœur, vision toute claire.

CHRYSALE, à Bélise.
De ces chimères-là vous devez vous défaire.

BÉLISE.
Ah! chimères! ce sont des chimères, dit-on!
Chimères, moi! Vraiment, chimères est fort bon!
Je me réjouis fort de chimères, mes frères;
Et je ne savais pas que j'eusse des chimères.

SCÈNE IV.

CHRYSALE, ARISTE.

CHRYSALE.

Notre sœur est folle, oui.

ARISTE.

Cela croît tous les jours.
Mais, encore une fois, reprenons le discours.
Clitandre vous demande Henriette pour femme;
Voyez quelle réponse on doit faire à sa flamme.

CHRYSALE.

Faut-il le demander? J'y consens de bon cœur,
Et tiens son alliance à singulier honneur.

ARISTE.

Vous savez que de bien il n'a pas l'abondance,
Que...

CHRYSALE.

C'est un intérêt qui n'est pas d'importance;
Il est riche en vertus, cela vaut des trésors :
Et puis son père et moi n'étions qu'un en deux corps.

ARISTE.

Parlons à votre femme, et voyons à la rendre
Favorable...

CHRYSALE.

Il suffit, je l'accepte pour gendre.

ARISTE.

Oui; mais, pour appuyer votre consentement,
Mon frère, il n'est pas mal d'avoir son agrément.
Allons...

CHRYSALE.

Vous moquez-vous? Il n'est pas nécessaire.

Je réponds de ma femme, et prends sur moi l'affaire.

ARISTE.

Mais...

CHRYSALE.

Laissez faire, dis-je, et n'appréhendez pas.
Je la vais disposer aux choses de ce pas.

ARISTE.

Soit. Je vais là-dessus sonder votre Henriette,
Et reviendrai savoir...

CHRYSALE.

C'est une affaire faite;
Et je vais à ma femme en parler sans délai.

SCÈNE V.

CHRYSALE, MARTINE.

MARTINE.

Me voilà bien chanceuse! Hélas! l'an dit bien vrai :
Qui veut noyer son chien l'accuse de la rage;
Et service d'autrui n'est pas un héritage.

CHRYSALE.

Qu'est-ce donc? Qu'avez-vous, Martine?

MARTINE.

Ce que j'ai?

CHRYSALE.

Oui.

MARTINE.

J'ai que l'an me donne aujourd'hui mon congé, Monsieur.

CHRYSALE.

Votre congé?

MARTINE.

Oui. Madame me chasse.

CHRYSALE.

Je n'entends pas cela. Comment?

MARTINE.

On me menace,
Si je ne sors d'ici, de me bailler cent coups!

CHRYSALE.

Non, vous demeurerez; je suis content de vous.
Ma femme bien souvent a la tête un peu chaude;
Et je ne veux pas moi...

SCÈNE VI.

PHILAMINTE, BÉLISE, CHRYSALE, MARTINE.

PHILAMINTE, apercevant Martine.

Quoi! je vous vois, maraude!
Vite, sortez, friponne; allons, quittez ces lieux;
Et ne vous présentez jamais devant mes yeux.

CHRYSALE.

Tout doux.

PHILAMINTE.

Non, c'en est fait.

CHRYSALE.

Hé!

PHILAMINTE.

Je veux qu'elle sorte.

CHRYSALE.

Mais qu'a-t-elle commis pour vouloir de la sorte?...

ACTE II. SCÈNE VI.

PHILAMINTE.

Quoi! vous la soutenez?

CHRYSALE.

En aucune façon.

PHILAMINTE.

Prenez-vous son parti contre moi?

CHRYSALE.

Mon Dieu! non;
Je ne fais seulement que demander son crime.

PHILAMINTE.

Suis-je pour la chasser sans cause légitime?

CHRYSALE.

Je ne dis pas cela, mais il faut de nos gens...

PHILAMINTE.

Non; elle sortira, vous dis-je, de céans.

CHRYSALE.

Hé bien! oui. Vous dit-on quelque chose là contre?

PHILAMINTE.

Je ne veux point d'obstacle aux désirs que je montre.

CHRYSALE.

D'accord.

PHILAMINTE.

Et vous devez, en raisonnable époux,
Être pour moi contre elle, et prendre mon courroux.

CHRYSALE.

(Se tournant vers Martine.)

Aussi fais-je. Oui, ma femme avec raison vous chasse,
Coquine, et votre crime est indigne de grâce.

MARTINE.

Qu'est-ce donc que j'ai fait?

CHRYSALE, bas.

Ma foi, je ne sais pas.

PHILAMINTE.

Elle est d'humeur encore à n'en faire aucun cas.

CHRYSALE.

A-t-elle, pour donner matière à votre haine,
Cassé quelque miroir ou quelque porcelaine?

PHILAMINTE.

Voudrais-je la chasser? et vous figurez-vous
Que pour si peu de chose on se mette en courroux?

CHRYSALE.
(A Martine.)   (A Philaminte.)
Qu'est-ce à dire? L'affaire est donc considérable?

PHILAMINTE.

Sans doute. Me voit-on femme déraisonnable?

CHRYSALE.

Est-ce qu'elle a laissé, d'un esprit négligent,
Dérober quelque aiguière ou quelque plat d'argent?

PHILAMINTE.

Cela ne serait rien.

CHRYSALE, à Martine.

Oh! oh! peste, la belle!

(A Philaminte.)
Quoi! l'avez-vous surprise à n'être pas fidèle?

PHILAMINTE.

C'est pis que tout cela.

CHRYSALE.

Pis que tout cela!

PHILAMINTE.

Pis.

CHRYSALE.
(A Martine.)   (A Philaminte.)
Comment! diantre, friponne! Euh! a-t-elle commis...?

PHILAMINTE.

Elle a, d'une insolence à nulle autre pareille,
Après trente leçons, insulté mon oreille
Par l'impropriété d'un mot sauvage et bas
Qu'en termes décisifs condamne Vaugelas.

CHRYSALE.

Est-ce là?...

PHILAMINTE.

Quoi! toujours, malgré nos remontrances,
Heurter le fondement de toutes les sciences,
La grammaire, qui sait régenter jusqu'aux rois,
Et les fait, la main haute, obéir à ses lois!

CHRYSALE.

Du plus grand des forfaits je la croyais coupable.

PHILAMINTE.

Quoi! vous ne trouvez pas ce crime impardonnable?

CHRYSALE.

Si fait.

PHILAMINTE.

Je voudrais bien que vous l'excusassiez.

CHRYSALE.

Je n'ai garde.

BÉLISE.

Il est vrai que ce sont des pitiés.
Toute construction est par elle détruite;
Et des lois du langage on l'a cent fois instruite!

MARTINE.

Tout ce que vous prêchez est, je crois, bel et bon;
Mais je ne saurais, moi, parler votre jargon.

PHILAMINTE.

L'impudente! appeler un jargon le langage
Fondé sur la raison et sur le bel usage!

MARTINE.

Quand on se fait entendre, on parle toujours bien,
Et tous vos biaux dictons ne servent pas de rien.

PHILAMINTE.

Hé bien! ne voilà pas encore de son style?
Ne servent pas de rien!

BÉLISE.

O cervelle indocile!
Faut-il qu'avec les soins qu'on prend incessamment,
On ne te puisse apprendre à parler congrûment!

De *pas* mis avec *rien* tu fais la récidive;
Et c'est, comme on t'a dit, trop d'une négative.

MARTINE.

Mon Dieu! je n'avons pas étugué comme vous,
Et je parlons tout droit comme on parle cheux nous.

PHILAMINTE.

Ah! peut-on y tenir?

BÉLISE.

Quel solécisme horrible!

PHILAMINTE.

En voilà pour tuer une oreille sensible!

BÉLISE.

Ton esprit, je l'avoue, est bien matériel!
Je n'est qu'un singulier, *avons* est pluriel.
Veux-tu toute ta vie offenser la grammaire?

MARTINE.

Qui parle d'offenser grand'mère ni grand-père?

PHILAMINTE.

O ciel!

BÉLISE.

Grammaire est prise à contre-sens par toi,
Et je t'ai déjà dit d'où vient ce mot?

MARTINE.

Ma foi,
Qu'il vienne de Chaillot, d'Auteuil ou de Pontoise,
Cela ne me fait rien.

BÉLISE.

Quelle âme villageoise!
La grammaire, du verbe et du nominatif,
Comme de l'adjectif avec le substantif,
Nous enseigne les lois.

MARTINE.

J'ai, madame, à vous dire
Que je ne connais point ces gens-là.

PHILAMINTE.
Quel martyre !
BÉLISE.
Ce sont les noms des mots ; et l'on doit regarder
En quoi c'est qu'il les faut faire ensemble accorder.
MARTINE.
Qu'ils s'accordent entre eux, ou se gourment, qu'importe ?
PHILAMINTE, à Bélise.
Hé ! mon Dieu ! finissez un discours de la sorte.
(A Chrysale.)
Vous ne voulez pas, vous, me la faire sortir ?
CHRYSALE.
(A part.)
Si fait. A son caprice il me faut consentir.
Va, ne l'irrite point ; retire-toi, Martine.
PHILAMINTE.
Comment ! vous avez peur d'offenser la coquine !
Vous lui parlez d'un ton tout à fait obligeant !
CHRYSALE.
(D'un ton ferme.)   (Bas.)
Moi ? point. Allons, sortez. Va-t'en, ma pauvre enfant.

SCÈNE VII.

PHILAMINTE, CHRYSALE, BÉLISE.

CHRYSALE.
Vous êtes satisfaite, et la voilà partie ;
Mais je n'approuve point une telle sortie :
C'est une fille propre aux choses qu'elle fait,
Et vous me la chassez pour un maigre sujet.
PHILAMINTE.
Vous voulez que toujours je l'aie à mon service,

Pour mettre incessamment mon oreille au supplice,
Pour rompre toute loi d'usage et de raison
Par un barbare amas de vices d'oraison,
De mots estropiés, cousus, par intervalles,
De proverbes traînés dans les ruisseaux des halles?

BÉLISE.

Il est vrai que l'on sue à souffrir ses discours;
Elle y met Vaugelas en pièces tous les jours;
Et les moindres défauts de ce grossier génie
Sont ou le pléonasme, ou la cacophonie.

CHRYSALE.

Qu'importe qu'elle manque aux lois de Vaugelas,
Pourvu qu'à la cuisine elle ne manque pas?
J'aime bien mieux, pour moi, qu'en épluchant ses herbes,
Elle accommode mal les noms avec les verbes,
Et redise cent fois un bas ou méchant mot,
Que de brûler ma viande ou saler trop mon pot.
Je vis de bonne soupe, et non de beau langage.
Vaugelas n'apprend point à bien faire un potage;
Et Malherbe et Balzac, si savants en beaux mots,
En cuisine peut-être auraient été des sots.

PHILAMINTE.

Que ce discours grossier terriblement assomme!
Et quelle indignité, pour ce qui s'appelle homme,
D'être baissé sans cesse aux soins matériels,
Au lieu de se hausser vers les spirituels!
Le corps, cette guenille, est-il d'une importance,
D'un prix à mériter seulement qu'on y pense?
Et ne devons-nous pas laisser cela bien loin?

CHRYSALE.

Oui, mon corps est moi-même, et j'en veux prendre soin.
Guenille, si l'on veut; ma guenille m'est chère.

BÉLISE.

Le corps avec l'esprit fait figure, mon frère;

Mais, si vous en croyez tout le monde savant,
L'esprit doit sur le corps prendre le pas devant;
Et notre plus grand soin, notre première instance,
Doit être à le nourrir du suc de la science.

CHRYSALE.

Ma foi, si vous songez à nourrir votre esprit,
C'est de viande bien creuse, à ce que chacun dit;
Et vous n'avez nul soin, nulle sollicitude,
Pour...

PHILAMINTE.

Ah! *sollicitude* à mon oreille est rude;
Il put[1] étrangement son ancienneté.

BÉLISE.

Il est vrai que le mot est bien collet monté.

CHRYSALE.

Voulez-vous que je dise? il faut qu'enfin j'éclate,
Que je lève le masque, et décharge ma rate :
De folles on vous traite, et j'ai fort sur le cœur...

PHILAMINTE.

Comment donc?

CHRYSALE, à Bélise.

C'est à vous que je parle, ma sœur.
Le moindre solécisme en parlant vous irrite;
Mais vous en faites, vous, d'étranges en conduite.
Vos livres éternels ne me contentent pas;
Et, hors un gros Plutarque à mettre mes rabats[2],
Vous devriez brûler tout ce meuble inutile,
Et laisser la science aux docteurs de la ville;
M'ôter, pour faire bien, du grenier de céans,
Cette longue lunette à faire peur aux gens,

---

[1] *Il put*, de l'ancien verbe puir, dont on a fait puer.

[2] Ces *rabats*, c'est-à-dire les collets rabattus que portaient les hommes, étaient empesés; on les plaçait, pour qu'ils ne perdissent pas leurs plis, dans les feuillets d'un gros livre.

Et cent brimborions dont l'aspect importune;
Ne point aller chercher ce qu'on fait dans la lune,
Et vous mêler un peu de ce qu'on fait chez vous,
Où nous voyons aller tout sens dessus dessous.
Il n'est pas bien honnête, et pour beaucoup de causes,
Qu'une femme étudie et sache tant de choses.
Former aux bonnes mœurs l'esprit de ses enfants,
Faire aller son ménage, avoir l'œil sur ses gens,
Et régler la dépense avec économie,
Doit être son étude et sa philosophie.
Nos pères, sur ce point, étaient gens bien sensés,
Qui disaient qu'une femme en sait toujours assez
Quand la capacité de son esprit se hausse
A connaître un pourpoint d'avec un haut-de-chausse.
Les leurs ne lisaient point, mais elles vivaient bien;
Leurs ménages étaient tout leur docte entretien;
Et leurs livres, un dé, du fil et des aiguilles,
Dont elles travaillaient au trousseau de leurs filles.
Les femmes d'à présent sont bien loin de ces mœurs:
Elles veulent écrire, et devenir auteurs.
Nulle science n'est pour elles trop profonde,
Et céans beaucoup plus qu'en aucun lieu du monde:
Les secrets les plus hauts s'y laissent concevoir,
Et l'on sait tout chez moi, hors ce qu'il faut savoir.
On y sait comme vont lune, étoile polaire,
Vénus, Saturne et Mars, dont je n'ai point affaire,
Et, dans ce vain savoir, qu'on va chercher si loin,
On ne sait comme va mon pot, dont j'ai besoin.
Mes gens à la science aspirent pour vous plaire,
Et tous ne font rien moins que ce qu'ils ont à faire.
Raisonner est l'emploi de toute ma maison,
Et le raisonnement en bannit la raison!
L'un me brûle mon rôt, en lisant quelque histoire;
L'autre rêve à des vers, quand je demande à boire :
Enfin, je vois par eux votre exemple suivi,

Et j'ai des serviteurs et ne suis point servi.
Une pauvre servante au moins m'était restée,
Qui de ce mauvais air n'était point infectée;
Et voilà qu'on la chasse avec un grand fracas,
A cause qu'elle manque à parler Vaugelas.
Je vous le dis, ma sœur, tout ce train-là me blesse;
Car c'est, comme j'ai dit, à vous que je m'adresse.
Je n'aime point céans tous vos gens à latin,
Et principalement ce monsieur Trissotin.
C'est lui qui, dans des vers, vous a tympanisées;
Tous les propos qu'il tient sont des billevesées.
On cherche ce qu'il dit après qu'il a parlé;
Et je lui crois, pour moi, le timbre un peu fêlé.

PHILAMINTE.

Quelle bassesse, ô ciel! et d'âme et de langage!

BÉLISE.

Est-il de petits corps un plus lourd assemblage?
Un esprit composé d'atomes plus bourgeois?
Et de ce même sang se peut-il que je sois?
Je me veux mal de mort d'être de votre race;
Et, de confusion, j'abandonne la place.

SCÈNE VIII.

PHILAMINTE, CHRYSALE.

PHILAMINTE.

Avez-vous à lâcher encore quelque trait?

CHRYSALE.

Moi? Non. Ne parlons plus de querelle; c'est fait.
Discourons d'autre affaire. A votre fille aînée
On voit quelque dégoût pour les nœuds d'hyménée;

C'est une philosophe enfin, je n'en dis rien;
Elle est bien gouvernée, et vous faites fort bien:
Mais de toute autre humeur se trouve sa cadette;
Et je crois qu'il est bon de pourvoir Henriette,
De choisir un mari...

PHILAMINTE.

C'est à quoi j'ai songé,
Et je veux vous ouvrir l'intention que j'ai.
Ce monsieur Trissotin, dont on nous fait un crime,
Et qui n'a pas l'honneur d'être dans votre estime,
Est celui que je prends pour l'époux qu'il lui faut;
Et je sais mieux que vous juger de ce qu'il vaut.
La contestation est ici superflue;
Et de tout point chez moi l'affaire est résolue.
Au moins ne dites mot du choix de cet époux;
Je veux à votre fille en parler avant vous.
J'ai des raisons à faire approuver ma conduite,
Et je connaîtrai bien si vous l'aurez instruite.

SCÈNE IX.

ARISTE, CHRYSALE.

ARISTE.

Hé bien! la femme sort, mon frère, et je vois bien
Que vous venez d'avoir ensemble un entretien.

CHRYSALE.

Oui.

ARISTE.

Quel est le succès? Aurons-nous Henriette?
A-t-elle consenti? l'affaire est-elle faite?

CHRYSALE.

Pas tout à fait encor.

ARISTE.
Refuse-t-elle?
CHRYSALE.
Non.
ARISTE.
Est-ce qu'elle balance?
CHRYSALE.
En aucune façon.
ARISTE.
Quoi donc?
CHRYSALE.
C'est que pour gendre elle m'offre un autre homme.
ARISTE.
Un autre homme pour gendre?
CHRYSALE.
Un autre.
ARISTE.
Qui se nomme?
CHRYSALE.
Monsieur Trissotin.
ARISTE.
Quoi! ce monsieur Trissotin?...
CHRYSALE.
Oui, qui parle toujours de vers et de latin.
ARISTE.
Vous l'avez accepté?
CHRYSALE.
Moi, point : à Dieu ne plaise!
ARISTE.
Qu'avez-vous répondu?
CHRYSALE.
Rien ; et je suis bien aise
De n'avoir point parlé, pour ne m'engager pas.
ARISTE.
La raison est fort belle, et c'est faire un grand pas.

Avez-vous su du moins lui proposer Clitandre?
CHRYSALE.
Non; car, comme j'ai vu qu'on parlait d'autre gendre,
J'ai cru qu'il était mieux de ne m'avancer point.
ARISTE.
Certes, votre prudence est rare au dernier point.
N'avez-vous point de honte, avec votre mollesse?
Et se peut-il qu'un homme ait assez de faiblesse
Pour laisser à sa femme un pouvoir absolu,
Et n'oser attaquer ce qu'elle a résolu?
CHRYSALE.
Mon Dieu! vous en parlez, mon frère, bien à l'aise,
Et vous ne savez pas comme le bruit me pèse.
J'aime fort le repos, la paix et la douceur,
Et ma femme est terrible avecque son humeur;
Du nom de philosophe elle fait grand mystère :
Mais elle n'en est pas pour cela moins colère;
Et sa morale, faite à mépriser le bien,
Sur l'aigreur de sa bile opère comme rien.
Pour peu que l'on s'oppose à ce que veut sa tête,
On en a pour huit jours d'effroyable tempête.
Elle me fait trembler dès qu'elle prend son ton;
Je ne sais où me mettre, et c'est un vrai dragon;
Et cependant, avec toute sa diablerie,
Il faut que je l'appelle et mon cœur et ma mie.
ARISTE.
Allez, c'est se moquer. Votre femme, entre nous,
Est, par vos lâchetés, souveraine sur vous.
Son pouvoir n'est fondé que sur votre faiblesse;
C'est de vous qu'elle prend le titre de maîtresse;
Vous-même à ses hauteurs vous vous abandonnez,
Et vous faites mener en bête par le nez.
Quoi! vous ne pouvez pas, voyant comme on vous nomme,
Vous résoudre une fois à vouloir être un homme,
A faire condescendre une femme à vos vœux,

Et prendre assez de cœur pour dire un Je le veux !
Vous laisserez, sans honte, immoler votre fille
Aux folles visions qui tiennent la famille,
Et de tout votre bien revêtir un nigaud,
Pour six mots de latin qu'il leur fait sonner haut,
Un pédant qu'à tous coups votre femme apostrophe
Du nom de bel esprit et de grand philosophe,
D'homme qu'en vers galants jamais on n'égala;
Et qui n'est, comme on sait, rien moins que tout cela !
Allez, encore un coup, c'est une moquerie;
Et votre lâcheté mérite qu'on en rie.

CHRYSALE.

Oui, vous avez raison, et je vois que j'ai tort.
Allons, il faut enfin montrer un cœur plus fort,
Mon frère.

ARISTE.

C'est bien dit.

CHRYSALE.

C'est une chose infâme
Que d'être si soumis au pouvoir d'une femme.

ARISTE.

Fort bien.

CHRYSALE.

De ma douceur elle a trop profité.

ARISTE.

Il est vrai.

CHRYSALE.

Trop joui de ma facilité.

ARISTE.

Sans doute.

CHRYSALE.

Et je lui veux faire aujourd'hui connaître
Que ma fille est ma fille, et que j'en suis le maître,
Pour lui prendre un mari qui soit selon mes vœux.

ARISTE.

Vous voilà raisonnable, et comme je vous veux.

CHRYSALE.

Vous êtes pour Clitandre, et savez sa demeure;
Faites-le-moi venir, mon frère, tout à l'heure.

ARISTE.

J'y cours tout de ce pas.

CHRYSALE.

C'est souffrir trop longtemps,
Et je m'en vais être homme à la barbe des gens.

FIN DU DEUXIÈME ACTE.

ACTE TROISIÈME.

SCÈNE I.

PHILAMINTE, ARMANDE, BÉLISE, TRISSOTIN, LÉPINE.

PHILAMINTE.
Ah! mettons-nous ici pour écouter à l'aise
Ces vers, que, mot à mot, il est besoin qu'on pèse.
ARMANDE.
Je brûle de les voir.
BÉLISE.
Et l'on s'en meurt chez nous.
PHILAMINTE, à Trissotin.
Ce sont charmes pour moi que ce qui part de vous.
ARMANDE.
Ce m'est une douceur à nulle autre pareille.
BÉLISE,
Ce sont repas friands qu'on donne à mon oreille.
PHILAMINTE.
Ne faites point languir de si pressants désirs.
ARMANDE.
Dépêchez.
BÉLISE.
Faites tôt, et hâtez nos plaisirs.

PHILAMINTE.

A notre impatience offrez votre épigramme.

TRISSOTIN, à Philaminte.

Hélas! c'est un enfant tout nouveau-né, madame;
Son sort assurément a lieu de vous toucher,
Et c'est dans votre cour que j'en viens d'accoucher.

PHILAMINTE.

Pour me le rendre cher, il suffit de son père.

TRISSOTIN.

Votre approbation lui peut servir de mère.

BÉLISE.

Qu'il a d'esprit!

SCÈNE II.

HENRIETTE, PHILAMINTE, BÉLISE, ARMANDE, TRISSOTIN, LÉPINE,

PHILAMINTE, à Henriette, qui veut se retirer.

Holà! pourquoi donc fuyez-vous?

HENRIETTE.

C'est de peur de troubler un entretien si doux.

PHILAMINTE.

Approchez, et venez, de toutes vos oreilles,
Prendre part au plaisir d'entendre des merveilles.

HENRIETTE.

Je sais peu les beautés de tout ce qu'on écrit,
Et ce n'est pas mon fait que les choses d'esprit.

PHILAMINTE.

Il n'importe : aussi bien ai-je à vous dire ensuite
Un secret dont il faut que vous soyez instruite.

TRISSOTIN, à Henriette.

Les sciences n'ont rien qui vous puisse enflammer,

ACTE III. SCÈNE II.

Et vous ne vous piquez que de savoir charmer.

HENRIETTE.

Aussi peu l'un que l'autre; et je n'ai nulle envie...

BÉLISE.

Ah! songeons à l'enfant nouveau-né, je vous prie.

PHILAMINTE, à Lépine.

Allons, petit garçon, vite de quoi s'asseoir.

(Lépine tombe avec la chaise.)

Voyez l'impertinent! Est-ce que l'on doit choir,
Après avoir appris l'équilibre des choses?

BÉLISE.

De ta chute, ignorant, ne vois-tu pas les causes,
Et qu'elle vient d'avoir, du point fixe, écarté
Ce que nous appelons centre de gravité?

LÉPINE.

Je m'en suis aperçu, madame, étant par terre.

PHILAMINTE, à Lépine, qui sort.

Le lourdaud!

TRISSOTIN.

Bien lui prend de n'être pas de verre.

ARMANDE.

Ah! de l'esprit partout!

BÉLISE.

Cela ne tarit pas.

(Ils s'asseyent.)

PHILAMINTE.

Servez-nous promptement votre aimable repas.

TRISSOTIN.

Pour cette grande faim qu'à mes yeux on expose,
Un plat seul de huit vers me semble peu de chose;
Et je pense qu'ici je ne ferai pas mal
De joindre à l'épigramme, ou bien au madrigal,
Le ragoût d'un sonnet qui, chez une princesse,

A passé pour avoir quelque délicatesse.
Il est de sel attique assaisonné partout,
Et vous le trouverez, je crois, d'assez bon goût.

ARMANDE.

Ah! je n'en doute point.

PHILAMINTE.

Donnons vite audience.

BÉLISE, interrompant Trissotin chaque fois qu'il se dispose à lire.

Je sens d'aise mon cœur tressaillir par avance.
J'aime la poésie avec entêtement,
Et surtout quand les vers sont tournés galamment.

PHILAMINTE.

Si nous parlons toujours, il ne pourra rien dire.

TRISSOTIN.

So...

BÉLISE, à Henriette.

Silence, ma nièce.

TRISSOTIN.

SONNET A LA PRINCESSE URANIE SUR SA FIÈVRE [1].

« Votre prudence est endormie,
» De traiter magnifiquement
» Et de loger superbement
» Votre plus cruelle ennemie. »

BÉLISE.

Ah! le joli début!

ARMANDE.

Qu'il a le tour galant!

PHILAMINTE.

Lui seul des vers aisés possède le talent.

---

[1] Ce sonnet se trouve dans les *Œuvres galantes, en prose et en vers,* de *M. Cotin,* 1663. Il est intitulé : *Sonnet à mademoiselle de Longueville, à présent duchesse de Nemours, sur sa fièvre quarte.*

ARMANDE.

A *prudence endormie* il faut rendre les armes.

BÉLISE.

Loger son ennemie est pour moi plein de charmes.

PHILAMINTE.

J'aime *superbement* et *magnifiquement;*
Ces deux adverbes joints font admirablement.

BÉLISE.

Prêtons l'oreille au reste.

TRISSOTIN.

« Votre prudence est endormie,
» De traiter magnifiquement
» Et de loger superbement
» Votre plus cruelle ennemie. »

ARMANDE.

Prudence endormie!

BÉLISE.

Loger son ennemie!

PHILAMINTE.

Superbement et *magnifiquement!*

TRISSOTIN.

« Faites-la sortir, quoi qu'on die,
» De votre riche appartement
» Où cette ingrate insolemment,
» Attaque votre belle vie. »

BÉLISE.

Ah! tout doux! laissez-moi, de grâce, respirer.

ARMANDE.

Donnez-nous, s'il vous plaît, le loisir d'admirer.

PHILAMINTE.

On se sent, à ces vers, jusques au fond de l'âme,
Couler je ne sais quoi qui fait que l'on se pâme.

ARMANDE.

« Faites-la sortir, quoi qu'on die,
» De votre riche appartement. »
Que *riche appartement* est là joliment dit !
Et que la métaphore est mise avec esprit !

PHILAMINTE.

« Faites-la sortir, quoi qu'on die, »
Ah ! que ce *quoi qu'on die* est d'un goût admirable !
C'est, à mon sentiment, un endroit impayable.

ARMANDE.

De *quoi qu'on die* aussi mon cœur est amoureux.

BÉLISE.

Je suis de votre avis, *quoi qu'on die* est heureux.

ARMANDE.

Je voudrais l'avoir fait.

BÉLISE.

Il vaut toute une pièce.

PHILAMINTE.

Mais en comprend-on bien, comme moi, la finesse ?

ARMANDE et BÉLISE.

Oh ! oh !

PHILAMINTE.

« Faites-la sortir, quoi qu'on die. »
Que de la fièvre on prenne ici les intérêts,
N'ayez aucun égard, moquez-vous des caquets,
 « Faites-la sortir, quoi qu'on die, »
 Quoi qu'on die, quoi qu'on die.
Ce *quoi qu'on die* en dit beaucoup plus qu'il ne semble.
Je ne sais pas, pour moi, si chacun me ressemble :
Mais j'entends là-dessous un million de mots.

BÉLISE.

Il est vrai qu'il dit plus de choses qu'il n'est gros.

PHILAMINTE, à Trissotin.

Mais quand vous avez fait ce charmant *quoi qu'on die*,
Avez-vous compris, vous, toute son énergie ?

ACTE III. SCÈNE II.

Songiez-vous bien vous-même à tout ce qu'il nous dit?
Et pensiez-vous alors y mettre tant d'esprit?

TRISSOTIN.

Hai! hai!

ARMANDE.

J'ai fort aussi *l'ingrate* dans la tête,
Cette ingrate de fièvre, injuste, malhonnête,
Qui traite mal les gens qui la logent chez eux.

PHILAMINTE.

Enfin les quatrains sont admirables tous deux.
Venons-en promptement aux tiercets, je vous prie.

ARMANDE.

Ah! s'il vous plaît, encore une fois *quoi qu'on die.*

TRISSOTIN.

« Faites-la sortir, quoi qu'on die, »

PHILAMINTE, ARMANDE et BÉLISE.

Quoi qu'on die!

TRISSOTIN.

« De votre riche appartement, »

PHILAMINTE, ARMANDE et BÉLISE.

Riche appartement!

TRISSOTIN.

« Où cette ingrate insolemment »

PHILAMINTE, ARMANDE et BÉLISE.

Cette ingrate de fièvre!

TRISSOTIN.

« Attaque votre belle vie. »

PHILAMINTE.

Votre belle vie!

ARMANDE et BÉLISE.

Ah!

TRISSOTIN.

« Quoi! sans respecter votre rang,
» Elle se prend à votre sang, »

PHILAMINTE, ARMANDE et BÉLISE.

Ah !

TRISSOTIN.

« Et nuit et jour vous fait outrage !
» Si vous la conduisez aux bains,
» Sans la marchander davantage,
» Noyez-la de vos propres mains. »

PHILAMINTE.

On n'en peut plus.

BÉLISE.

On pâme.

ARMANDE.

On se meurt de plaisir.

PHILAMINTE.

De mille doux frissons vous vous sentez saisir.

ARMANDE.

« Si vous la conduisez aux bains, »

BÉLISE.

« Sans la marchander davantage, »

PHILAMINTE.

« Noyez-la de vos propres mains. »
De vos propres mains, là, *noyez-la* dans les bains.

ARMANDE.

Chaque pas dans vos vers rencontre un trait charmant.

BÉLISE.

Partout on s'y promène avec ravissement.

PHILAMINTE.

On n'y saurait marcher que sur de belles choses.

ARMANDE.

Ce sont petits chemins tout parsemés de roses.

TRISSOTIN.

Le sonnet donc vous semble...

PHILAMINTE.

Admirable, nouveau :

ACTE III. SCÈNE II.

Et personne jamais n'a rien fait de si beau.

BÉLISE, à Henriette.

Quoi! sans émotion pendant cette lecture!
Vous faites là, ma nièce, une étrange figure!

HENRIETTE.

Chacun fait ici-bas la figure qu'il peut,
Ma tante; et bel esprit, il ne l'est pas qui veut.

TRISSOTIN.

Peut-être que mes vers importunent madame.

HENRIETTE.

Point. Je n'écoute pas.

PHILAMINTE.

Ah! voyons l'épigramme.

TRISSOTIN.

SUR UN CARROSSE DE COULEUR AMARANTE DONNÉ A UNE DAME
DE SES AMIES.

PHILAMINTE.

Ses titres ont toujours quelque chose de rare.

ARMANDE.

A cent beaux traits d'esprit leur nouveauté prépare.

TRISSOTIN.

« L'amour si chèrement m'a vendu son lien, »

PHILAMINTE, ARMANDE et BÉLISE.

Ah!

TRISSOTIN.

« Qu'il m'en coûte déjà la moitié de mon bien;
» Et quand tu vois ce beau carrosse,
» Où tant d'or se relève en bosse,
» Qu'il étonne tout le pays,
« Et fait pompeusement triompher ma Laïs... »

PHILAMINTE.

Ah! *ma Laïs!* voilà de l'érudition.

BÉLISE.

L'enveloppe[1] est jolie, et vaut un million.

TRISSOTIN.

« Et quand tu vois ce beau carrosse,
» Où tant d'or se relève en bosse,
» Qu'il étonne tout le pays,
» Et fait pompeusement triompher ma Laïs,
» Ne dis plus qu'il est amarante,
» Dis plutôt qu'il est de ma rente. »

ARMANDE.

Oh! oh! oh! celui-là ne s'attend point du tout.

PHILAMINTE.

On n'a que lui qui puisse écrire de ce goût.

BÉLISE.

« Ne dis plus qu'il est amarante,
» Dis plutôt qu'il est de ma rente. »
Voilà qui se décline, *ma rente*, de *ma rente*, à *ma rente*.

PHILAMINTE.

Je ne sais, du moment que je vous ai connu,
Si, sur votre sujet, j'ai l'esprit prévenu;
Mais j'admire partout vos vers et votre prose.

TRISSOTIN, à Philaminte.

Si vous vouliez de vous nous montrer quelque chose,
A notre tour aussi nous pourrions admirer.

PHILAMINTE.

Je n'ai rien fait en vers; mais j'ai lieu d'espérer
Que je pourrai bientôt vous montrer, en amie,
Huit chapitres du plan de notre académie.
Platon s'est au projet simplement arrêté,
Quand de sa République il a fait le traité;

---

[1] *L'enveloppe*, c'est-à-dire cette manière voilée de désigner une courtisane.

Mais à l'effet entier je veux pousser l'idée
Que j'ai sur le papier en prose accommodée.
Car enfin, je me sens un étrange dépit
Du tort que l'on nous fait du côté de l'esprit ;
Et je veux nous venger, toutes tant que nous sommes,
De cette indigne classe où nous rangent les hommes,
De borner nos talents à des futilités,
Et nous fermer la porte aux sublimes clartés.

ARMANDE.

C'est faire à notre sexe une trop grande offense,
De n'étendre l'effort de notre intelligence
Qu'à juger d'une jupe, ou de l'air d'un manteau,
Ou des beautés d'un point, ou d'un brocart nouveau.

BÉLISE.

Il faut se relever de ce honteux partage,
Et mettre hautement notre esprit hors de page [1].

TRISSOTIN.

Pour les dames on sait mon respect en tous lieux ;
Et, si je rends hommage aux brillants de leurs yeux,
De leur esprit aussi j'honore les lumières.

PHILAMINTE.

Le sexe aussi vous rend justice en ces matières ;
Mais nous voulons montrer à de certains esprits,
Dont l'orgueilleux savoir nous traite avec mépris,
Que de science aussi les femmes sont meublées ;
Qu'on peut faire, comme eux, de doctes assemblées,
Conduites en cela par des ordres meilleurs ;
Qu'on y veut réunir ce qu'on sépare ailleurs [2],
Mêler le beau langage et les hautes sciences,
Découvrir la nature en mille expériences ;
Et, sur les questions qu'on pourra proposer,

---

[1] *Hors de page*, c'est-à-dire hors de la dépendance d'autrui.

[2] Allusion à l'Académie française, fondée en 1633, et à l'Académie des sciences, établie en 1666.

Faire entrer chaque secte, et n'en point épouser.
TRISSOTIN.
Je m'attache pour l'ordre au péripatétisme [1].
PHILAMINTE.
Pour les abstractions, j'aime le platonisme.
ARMANDE.
Épicure me plaît, et ses dogmes sont forts.
BÉLISE.
Je m'accommode assez, pour moi, des petits corps ;
Mais le vide à souffrir me semble difficile,
Et je goûte bien mieux la matière subtile.
TRISSOTIN.
Descartes, pour l'aimant, donne fort dans mon sens.
ARMANDE.
J'aime ses tourbillons.
PHILAMINTE.
Moi, ses mondes tombants.
ARMANDE.
Il me tarde de voir notre assemblée ouverte,
Et de nous signaler par quelque découverte.
TRISSOTIN.
On en attend beaucoup de vos vives clartés ;
Et pour vous la nature a peu d'obscurités.
PHILAMINTE.
Pour moi, sans me flatter, j'en ai déjà fait une ;
Et j'ai vu clairement des hommes dans la lune.
BÉLISE.
Je n'ai point encore vu d'hommes, comme je crois ;
Mais j'ai vu des clochers tout comme je vous vois.
ARMANDE.
Nous approfondirons, ainsi que la physique,
Grammaire, histoire, vers, morale, et politique.

---

[1] Le *péripatétisme* est la doctrine d'Aristote.

PHILAMINTE.

La morale a des traits dont mon cœur est épris,
Et c'était autrefois l'amour des grands esprits ;
Mais aux stoïciens je donne l'avantage,
Et je ne trouve rien de si beau que leur Sage.

ARMANDE.

Pour la langue, on verra dans peu nos règlements,
Et nous y prétendons faire des remuements.
Par une antipathie, ou juste, ou naturelle,
Nous avons pris chacune une haine mortelle
Pour un nombre de mots, soit ou verbes, ou noms
Que mutuellement nous nous abandonnons :
Contre eux nous préparons de mortelles sentences,
Et nous devons ouvrir nos doctes conférences
Par les proscriptions de tous ces mots divers,
Dont nous voulons purger et la prose et les vers

PHILAMINTE.

Mais le plus beau projet de notre académie,
Une entreprise noble, et dont je suis ravie,
Un dessein plein de gloire, et qui sera vanté
Chez tous les beaux esprits de la postérité,
C'est le retranchement de ces syllabes sales,
Qui dans les plus beaux mots produisent des scandales;
Ces jouets éternels des sots de tous les temps;
Ces fades lieux communs de nos méchants plaisants :
Ces sources d'un amas d'équivoques infâmes,
Dont on vient faire insulte à la pudeur des femmes.

TRISSOTIN.

Voilà certainement d'admirables projets!

BÉLISE.

Vous verrez nos statuts quand ils seront tous faits.

TRISSOTIN.

Ils ne sauraient manquer d'être tous beaux et sages.

ARMANDE.

Nous serons, par nos lois, les juges des ouvrages;

Par nos lois, prose et vers, tout nous sera soumis :
Nul n'aura de l'esprit, hors nous et nos amis.
Nous chercherons partout à trouver à redire,
Et ne verrons que nous qui sache bien écrire.

SCÈNE III.

PHILAMINTE, BÉLISE, ARMANDE, HENRIETTE, TRISSOTIN, LÉPINE.

LÉPINE, à Trissotin.

Monsieur, un homme est là, qui veut parler à vous;
Il est vêtu de noir, et parle d'un ton doux.
(Ils se lèvent.)
TRISSOTIN.
C'est cet ami savant qui m'a fait tant d'instance
De lui donner l'honneur de votre connaissance.
PHILAMINTE.
Pour le faire venir vous avez tout crédit.
(Trissotin va au-devant de Vadius.)

SCÈNE IV.

PHILAMINTE, BÉLISE, ARMANDE, HENRIETTE.

PHILAMINTE, à Armande et à Bélise.

Faisons bien les honneurs au moins de notre esprit.
(A Henriette, qui veut sortir.)
Holà! Je vous ai dit, en paroles bien claires,
Que j'ai besoin de vous.
HENRIETTE.
    Mais pour quelles affaires?
PHILAMINTE.
Venez : on va dans peu vous les faire savoir.

SCÈNE V.

TRISSOTIN, VADIUS, PHILAMINTE, BÉLISE, ARMANDE, HENRIETTE.

TRISSOTIN, présentant Vadius.

Voici l'homme qui meurt du désir de vous voir.
En vous le produisant, je ne crains point le blâme
D'avoir admis chez vous un profane, madame,
Il peut tenir son coin parmi de beaux esprits.

PHILAMINTE.

La main qui le présente en dit assez le prix.

TRISSOTIN.

Il a des vieux auteurs la pleine intelligence,
Et sait du grec, madame, autant qu'homme de France.

PHILAMINTE, à Bélise.

Du grec, ô ciel! du grec! Il sait du grec, ma sœur!

BÉLISE, à Armande.

Ah! ma nièce, du grec!

ARMANDE.

Du grec! quelle douceur!

PHILAMINTE.

Quoi! monsieur sait du grec? Ah! permettez, de grâce,
Que, pour l'amour du grec, monsieur, on vous embrasse.

(Vadius les baise toutes, jusques à Henriette qui le refuse.)

HENRIETTE.

Excusez-moi, monsieur, je n'entends pas le grec.

(Ils s'asseyent.)

PHILAMINTE.

J'ai pour les livres grecs un merveilleux respect.

VADIUS.

Je crains d'être fâcheux par l'ardeur qui m'engage
A vous rendre aujourd'hui, madame, mon hommage;

Et j'aurai pu troubler quelque docte entretien.

PHILAMINTE.

Monsieur, avec du grec on ne peut gâter rien.

TRISSOTIN.

Au reste, il fait merveille en vers ainsi qu'en prose,
Et pourrait, s'il voulait, vous montrer quelque chose.

VADIUS.

Le défaut des auteurs, dans leurs productions,
C'est d'en tyranniser les conversations;
D'être au Palais, au Cours, aux ruelles, aux tables,
De leurs vers fatigants lecteurs infatigables.
Pour moi, je ne vois rien de plus sot, à mon sens,
Qu'un auteur qui partout va gueuser des encens;
Qui, des premiers venus saisissant les oreilles,
En fait le plus souvent les martyrs de ses veilles.
On ne m'a jamais vu ce fol entêtement :
Et d'un Grec, là-dessus, je suis le sentiment,
Qui, par un dogme exprès, défend à tous ses sages
L'indigne empressement de lire leurs ouvrages.
Voici de petits vers pour de jeunes amants,
Sur quoi je voudrais bien avoir vos sentiments.

TRISSOTIN.

Vos vers ont des beautés que n'ont point tous les autres.

VADIUS.

Les Grâces et Vénus règnent dans tous les vôtres.

TRISSOTIN.

Vous avez le tour libre, et le beau choix des mots.

VADIUS.

On voit partout chez vous l'*ithos* et le *pathos* [1].

TRISSOTIN.

Nous avons vu de vous des églogues d'un style
Qui passe en doux attraits Théocrite et Virgile.

---

[1] Termes de rhétorique empruntés à la langue grecque : ἦθος, les mœurs; πάθος, le sentiment.

ACTE III. SCÈNE V.

VADIUS.

Vos odes ont un air noble, galant et doux,
Qui laisse de bien loin votre Horace après vous.

TRISSOTIN.

Est-il rien d'amoureux comme vos chansonnettes?

VADIUS.

Peut-on rien voir d'égal aux sonnets que vous faites?

TRISSOTIN.

Rien qui soit plus charmant que vos petits rondeaux?

VADIUS.

Rien de si plein d'esprit que tous vos madrigaux?

TRISSOTIN.

Aux ballades surtout vous êtes admirable.

VADIUS.

Et dans les bouts-rimés je vous trouve adorable.

TRISSOTIN.

Si la France pouvait connaître votre prix,

VADIUS.

Si le siècle rendait justice aux beaux esprits,

TRISSOTIN.

En carrosse doré vous iriez par les rues.

VADIUS.

On verrait le public vous dresser des statues.
(A Trissotin.)
Hom! C'est une ballade, et je veux que tout net
Vous m'en...

TRISSOTIN, à Vadius.

Avez-vous vu certain petit sonnet
Sur la fièvre qui tient la princesse Uranie?

VADIUS.

Oui; hier il me fut lu dans une compagnie.

TRISSOTIN.

Vous en savez l'auteur?

VADIUS.

Non; mais je sais fort bien

Qu'à ne le point flatter, son sonnet ne vaut rien.
TRISSOTIN.
Beaucoup de gens pourtant le trouvent admirable.
VADIUS.
Cela n'empêche pas qu'il ne soit misérable ;
Et, si vous l'avez vu, vous serez de mon goût.
TRISSOTIN.
Je sais que là-dessus je n'en suis point du tout,
Et que d'un tel sonnet peu de gens sont capables.
VADIUS.
Me préserve le ciel d'en faire de semblables!
TRISSOTIN.
Je soutiens qu'on ne peut en faire de meilleur ;
Et ma grande raison, c'est que j'en suis l'auteur.
VADIUS.
Vous?
TRISSOTIN.
    Moi.
VADIUS.
    Je ne sais donc comment se fit l'affaire.
TRISSOTIN.
C'est qu'on fut malheureux de ne pouvoir vous plaire.
VADIUS.
Il faut qu'en écoutant j'aie eu l'esprit distrait,
Ou bien que le lecteur m'ait gâté le sonnet.
Mais laissons ce discours, et voyons ma ballade.
TRISSOTIN.
La ballade, à mon goût, est une chose fade :
Ce n'en est plus la mode; elle sent son vieux temps.
VADIUS.
La ballade pourtant charme beaucoup de gens.
TRISSOTIN.
Cela n'empêche pas qu'elle ne me déplaise.
VADIUS.
Elle n'en reste pas pour cela plus mauvaise.

ACTE III. SCÈNE V.

TRISSOTIN.

Elle a pour les pédants de merveilleux appas.

VADIUS.

Cependant nous voyons qu'elle ne vous plaît pas.

TRISSOTIN.

Vous donnez sottement vos qualités aux autres.

(Ils se lèvent tous.)

VADIUS.

Fort impertinemment vous me jetez les vôtres.

TRISSOTIN.

Allez, petit grimaud, barbouilleur de papier.

VADIUS.

Allez, rimeur de balle[1], opprobre du métier.

TRISSOTIN.

Allez, fripier d'écrits, impudent plagiaire.

VADIUS.

Allez, cuistre...

PHILAMINTE.

Eh! messieurs, que prétendez-vous faire?

TRISSOTIN, à Vadius.

Va, va restituer tous les honteux larcins
Que réclament sur toi les Grecs et les Latins.

VADIUS.

Va, va-t'en faire amende honorable au Parnasse
D'avoir fait à tes vers estropier Horace.

TRISSOTIN.

Souviens-toi de ton livre, et de son peu de bruit.

VADIUS.

Et toi, de ton libraire à l'hôpital réduit.

TRISSOTIN.

Ma gloire est établie; en vain tu la déchires.

VADIUS.

Oui, oui, je te renvoie à l'auteur des *Satires*[2].

---

[1] C'est-à-dire, médiocre, de qualité inférieure.
[2] A Boileau.

TRISSOTIN.

Je t'y renvoie aussi.

VADIUS.

J'ai le contentement
Qu'on voit qu'il m'a traité plus honorablement.
Il me donne en passant une atteinte légère
Parmi plusieurs auteurs qu'au Palais on révère;
Mais jamais dans ses vers il ne te laisse en paix,
Et l'on t'y voit partout être en butte à ses traits.

TRISSOTIN.

C'est par là que j'y tiens un rang plus honorable.
Il te met dans la foule ainsi qu'un misérable;
Il croit que c'est assez d'un coup pour t'accabler,
Et ne t'a jamais fait l'honneur de redoubler.
Mais il m'attaque à part comme un noble adversaire
Sur qui tout son effort lui semble nécessaire;
Et ses coups, contre moi redoublés en tous lieux,
Montrent qu'il ne se croit jamais victorieux.

VADIUS.

Ma plume t'apprendra quel homme je puis être.

TRISSOTIN.

Et la mienne saura te faire voir ton maître.

VADIUS.

Je te défie en vers, prose, grec, et latin.

TRISSOTIN.

Eh bien! nous nous verrons seul à seul chez Barbin[1].

---

[1] Barbin, un des principaux libraires de l'époque, avait sa boutique au Palais, sur le perron de la sainte Chapelle.

SCÈNE VI.

TRISSOTIN, PHILAMINTE, ARMANDE, BÉLISE, HENRIETTE.

TRISSOTIN.

A mon emportement ne donnez aucun blâme;
C'est votre jugement que je défends, madame,
Dans le sonnet qu'il a l'audace d'attaquer.

PHILAMINTE.

A vous remettre bien je me veux appliquer;
Mais parlons d'autre affaire. Approchez, Henriette.
Depuis assez longtemps mon âme s'inquiète
De ce qu'aucun esprit en vous ne se fait voir;
Mais je trouve un moyen de vous en faire avoir.

HENRIETTE.

C'est prendre un soin pour moi qui n'est pas nécessaire :
Les doctes entretiens ne sont point mon affaire;
J'aime à vivre aisément, et, dans tout ce qu'on dit,
Il faut se trop peiner pour avoir de l'esprit;
C'est une ambition que je n'ai point en tête.
Je me trouve fort bien, ma mère, d'être bête;
Et j'aime mieux n'avoir que de communs propos,
Que de me tourmenter pour dire de beaux mots.

PHILAMINTE.

Oui; mais j'y suis blessée, et ce n'est pas mon compte
De souffrir dans mon sang une pareille honte.
La beauté du visage est un frêle ornement,
Une fleur passagère, un éclat d'un moment
Et qui n'est attaché qu'à la simple épiderme;
Mais celle de l'esprit est inhérente et ferme.
J'ai donc cherché longtemps un biais de vous donner

La beauté que les ans ne peuvent moissonner,
De faire entrer chez vous le désir des sciences,
De vous insinuer les belles connaissances;
Et la pensée enfin où mes vœux ont souscrit,
C'est d'attacher à vous un homme plein d'esprit.
(Montrant Trissotin.)
Et cet homme est monsieur, que je vous détermine
A voir comme l'époux que mon choix vous destine.

HENRIETTE.

Moi! ma mère?

PHILAMINTE.

Oui, vous. Faites la sotte un peu.

BÉLISE, à Trissotin.

Je vous entends; vos yeux demandent mon aveu
Pour engager ailleurs un cœur que je possède.
Allez; je le veux bien. A ce nœud je vous cède;
C'est un hymen qui fait votre établissement.

TRISSOTIN, à Henriette.

Je ne sais que vous dire en mon ravissement,
Madame; et cet hymen, dont je vois qu'on m'honore,
Me met...

HENRIETTE.

Tout beau! monsieur; il n'est pas fait encore :
Ne vous pressez pas tant.

PHILAMINTE.

Comme vous répondez!
Savez-vous bien que si?... Suffit. Vous m'entendez.
(A Trissotin.)
Elle se rendra sage. Allons, laissons-la faire.

SCÈNE VII.

HENRIETTE, ARMANDE.

ARMANDE.
On voit briller pour vous les soins de notre mère ;
Et son choix ne pouvait d'un plus illustre époux...
HENRIETTE.
Si le choix est si beau, que ne le prenez-vous ?
ARMANDE.
C'est à vous, non à moi, que sa main est donnée.
HENRIETTE.
Je vous le cède tout, comme à ma sœur aînée.
ARMANDE.
Si l'hymen, comme à vous, me paraissait charmant,
J'accepterais votre offre avec ravissement.
HENRIETTE.
Si j'avais, comme vous, les pédants dans la tête,
Je pourrais le trouver un parti fort honnête.
ARMANDE.
Cependant, bien qu'ici nos goûts soient différents,
Nous devons obéir, ma sœur, à nos parents.
Une mère a sur nous une entière puissance ;
Et vous croyez en vain, par votre résistance...

SCÈNE VIII.

CHRYSALE, ARISTE, CLITANDRE, HENRIETTE, ARMANDE.

CHRYSALE, à Henriette, lui présentant Clitandre.

Allons, ma fille, il faut approuver mon dessein.
Otez ce gant. Touchez à monsieur dans la main,
Et le considérez désormais dans votre âme
En homme dont je veux que vous soyez la femme.

ARMANDE.

De ce côté, ma sœur, vos penchants sont fort grands.

HENRIETTE.

Il nous faut obéir, ma sœur, à nos parents :
Un père a sur nos vœux une entière puissance.

ARMANDE.

Une mère a sa part à notre obéissance.

CHRYSALE.

Qu'est-ce à dire?

ARMANDE.

Je dis que j'appréhende fort
Qu'ici ma mère et vous ne soyez pas d'accord ;
Et c'est un autre époux...

CHRYSALE.

Taisez-vous, péronnelle ;
Allez philosopher tout le soûl avec elle,
Et de mes actions ne vous mêlez en rien.
Dites-lui ma pensée, et l'avertissez bien
Qu'elle ne vienne pas m'échauffer les oreilles :
Allons vite.

SCÈNE IX.

CHRYSALE, ARISTE, HENRIETTE, CLITANDRE.

ARISTE.
Fort bien. Vous faites des merveilles.
CLITANDRE.
Quel transport! quelle joie! Ah! que mon sort est doux!
CHRYSALE, à Clitandre.
Allons, prenez sa main, et passez devant nous,
Menez-la dans sa chambre. Ah! les douces caresses!
(A Ariste.)
Tenez, mon cœur s'émeut à toutes ces tendresses,
Cela ragaillardit tout à fait mes vieux jours;
Et je me ressouviens de mes jeunes amours.

FIN DU TROISIÈME ACTE.

ACTE QUATRIÈME.

SCÈNE 1.

PHILAMINTE, ARMANDE.

ARMANDE.
Oui, rien n'a retenu son esprit en balance ;
Elle a fait vanité de son obéissance :
Son cœur, pour se livrer, à peine devant moi
S'est-il donné le temps d'en recevoir la loi,
Et semblait suivre moins les volontés d'un père
Qu'affecter de braver les ordres d'une mère.
PHILAMINTE.
Je lui montrerai bien aux lois de qui des deux
Les droits de la raison soumettent tous ses vœux,
Et qui doit gouverner, ou sa mère ou son père,
Ou l'esprit ou le corps, la forme ou la matière.
ARMANDE.
On vous en devait bien, au moins, un compliment ;
Et ce petit monsieur en use étrangement,
De vouloir, malgré vous, devenir votre gendre.
PHILAMINTE.
Il n'en est pas encore où son cœur peut prétendre.
Je le trouvais bien fait, et j'aimais vos amours ;

Mais, dans ses procédés, il m'a déplu toujours.
Il sait que, Dieu merci, je me mêle d'écrire ;
Et jamais il ne m'a prié[1] de lui rien dire.

SCÈNE II.

CLITANDRE, entrant doucement, et écoutant sans se montrer ; ARMANDE, PHILAMINTE.

ARMANDE.

Je ne souffrirais point, si j'étais que de vous,
Que jamais d'Henriette il pût être l'époux.
On me ferait grand tort d'avoir quelque pensée
Que là-dessus je parle en fille intéressée,
Et que le lâche tour que l'on voit qu'il me fait
Jette au fond de mon cœur quelque dépit secret.
Contre de pareils coups l'âme se fortifie
Du solide secours de la philosophie,
Et par elle on se peut mettre au-dessus de tout.
Mais vous traiter ainsi, c'est vous pousser à bout ;
Il est de votre honneur d'être à ses vœux contraire ;
Et c'est un homme enfin qui ne doit point vous plaire.
Jamais je n'ai connu, discourant entre nous,
Qu'il eût au fond du cœur de l'estime pour vous.

PHILAMINTE.

Petit sot !

ARMANDE.

Quelque bruit que votre gloire fasse,
Toujours à vous louer il a paru de glace.

PHILAMINTE.

Le brutal !

---

[1] Grammaticalement, il faudrait *priée*.

ARMANDE.

Et vingt fois, comme ouvrages nouveaux,
J'ai lu des vers de vous qu'il n'a point trouvés beaux.

PHILAMINTE.

L'impertinent!

ARMANDE.

Souvent nous en étions aux prises;
Et vous ne croiriez point de combien de sottises...

CLITANDRE, à Armande.

Hé! doucement, de grâce. Un peu de charité,
Madame, ou, tout au moins, un peu d'honnêteté.
Quel mal vous ai-je fait? et quelle est mon offense,
Pour armer contre moi toute votre éloquence?
Pour vouloir me détruire, et prendre tant de soin
De me rendre odieux aux gens dont j'ai besoin?
Parlez, dites, d'où vient ce courroux effroyable?
Je veux bien que madame en soit juge équitable.

ARMANDE.

Si j'avais le courroux dont on veut m'accuser,
Je trouverais assez de quoi l'autoriser.
Vous en seriez trop digne; et les premières flammes
S'établissent des droits si sacrés sur les âmes,
Qu'il faut perdre fortune, et renoncer au jour,
Plutôt que de brûler des feux d'un autre amour.
Au changement de vœux nulle horreur ne s'égale;
Et tout cœur infidèle est un monstre en morale.

CLITANDRE.

Appelez-vous, madame, une infidélité
Ce que m'a de votre âme ordonné la fierté?
Je ne fais qu'obéir aux lois qu'elle m'impose;
Et, si je vous offense, elle seule en est cause.
Vos charmes ont d'abord possédé tout mon cœur.
Il a brûlé deux ans d'une constante ardeur;
Il n'est soins empressés, devoirs, respects, services,

Dont il ne vous ait fait d'amoureux sacrifices.
Tous mes feux, tous mes soins ne peuvent rien sur vous,
Je vous trouve contraire à mes vœux les plus doux :
Ce que vous refusez, je l'offre au choix d'une autre.
Voyez. Est-ce, madame, ou ma faute, ou la vôtre?
Mon cœur court-il au change, ou si vous l'y poussez?
Est-ce moi qui vous quitte, ou vous qui me chassez?

ARMANDE.

Appelez-vous, monsieur, être à vos vœux contraire,
Que de leur arracher ce qu'ils ont de vulgaire,
Et vouloir les réduire à cette pureté
Où du parfait amour consiste la beauté?
Vous ne sauriez pour moi tenir votre pensée
Du commerce des sens nette et débarrassée;
Et vous ne goûtez point, dans ses plus doux appas,
Cette union des cœurs, où les corps n'entrent pas.
Vous ne pouvez aimer que d'une amour grossière,
Qu'avec tout l'attirail des nœuds de la matière;
Et, pour nourrir les feux que chez vous on produit,
Il faut un mariage, et tout ce qui s'ensuit.
Ah! quel étrange amour! et que les belles âmes
Sont bien loin de brûler de ces terrestres flammes!
Les sens n'ont point de part à toutes leurs ardeurs;
Et ce beau feu ne veut marier que les cœurs.
Comme une chose indigne, il laisse là le reste;
C'est un feu pur et net comme le feu céleste :
On ne pousse avec lui que d'honnêtes soupirs,
Et l'on ne penche point vers les sales désirs.
Rien d'impur ne se mêle au but qu'on se propose;
On aime pour aimer, et non pour autre chose;
Ce n'est qu'à l'esprit seul que vont tous les transports,
Et l'on ne s'aperçoit jamais qu'on ait un corps.

CLITANDRE.

Pour moi, par un malheur, je m'aperçois, madame,
Que j'ai, ne vous déplaise, un corps tout comme une âme;

Je sens qu'il y tient trop pour le laisser à part :
De ces détachements je ne connais point l'art;
Le ciel m'a dénié cette philosophie,
Et mon âme et mon corps marchent de compagnie.
Il n'est rien de plus beau, comme vous avez dit,
Que ces vœux épurés qui ne vont qu'à l'esprit,
Ces unions de cœurs, et ces tendres pensées,
Du commerce des sens si bien débarrassées;
Mais ces amours pour moi sont trop subtilisés :
Je suis un peu grossier, comme vous m'accusez;
J'aime avec tout moi-même, et l'amour qu'on me donne
En veut, je le confesse, à toute la personne.
Ce n'est pas là matière à de grands châtiments;
Et, sans faire de tort à vos beaux sentiments,
Je vois que, dans le monde, on suit fort ma méthode
Et que le mariage est assez à la mode,
Passe pour un lien assez honnête et doux,
Pour avoir désiré de me voir votre époux,
Sans que la liberté d'une telle pensée
Ait dû vous donner lieu d'en paraître offensée.

ARMANDE.

Hé bien! monsieur, hé bien! puisque, sans m'écouter,
Vos sentiments brutaux veulent se contenter;
Puisque, pour vous réduire à des ardeurs fidèles,
Il faut des nœuds de chair, des chaînes corporelles,
Si ma mère le veut, je résous mon esprit
A consentir pour vous à ce dont il s'agit.

CLITANDRE.

Il n'est plus temps, madame, une autre a pris la place;
Et, par un tel retour, j'aurais mauvaise grâce
De maltraiter l'asile et blesser les bontés
Où je me suis sauvé de toutes vos fiertés.

PHILAMINTE.

Mais enfin, comptez-vous, monsieur, sur mon suffrage,
Quand vous vous promettez cet autre mariage?

Et, dans vos visions, savez-vous, s'il vous plaît,
Que j'ai pour Henriette un autre époux tout prêt.

CLITANDRE.

Hé! madame, voyez votre choix, je vous prie :
Exposez-moi, de grâce, à moins d'ignominie,
Et ne me rangez pas à l'indigne destin
De me voir le rival de monsieur Trissotin.
L'amour des beaux esprits, qui chez vous m'est contraire,
Ne pouvait m'opposer un moins noble adversaire.
Il en est, et plusieurs, que, pour le bel esprit,
Le mauvais goût du siècle a su mettre en crédit;
Mais monsieur Trissotin n'a pu duper personne,
Et chacun rend justice aux écrits qu'il nous donne.
Hors céans, on le prise en tous lieux ce qu'il vaut,
Et ce qui m'a vingt fois fait tomber de mon haut,
C'est de vous voir au ciel élever des sornettes
Que vous désavoueriez si vous les aviez faites.

PHILAMINTE.

Si vous jugez de lui tout autrement que nous,
C'est que nous le voyons par d'autres yeux que vous.

SCÈNE III.

TRISSOTIN, PHILAMINTE, ARMANDE, CLITANDRE.

TRISSOTIN, à Philaminte.

Je viens vous annoncer une grande nouvelle :
Nous l'avons, en dormant, madame, échappé belle.
Un monde près de nous a passé tout du long,
Est chu tout au travers de notre tourbillon :
Et, s'il eût en chemin rencontré notre terre,
Elle eût été brisée en morceaux comme verre.

PHILAMINTE.

Remettons ce discours pour une autre saison ;
Monsieur n'y trouverait ni rime ni raison ;
Il fait profession de chérir l'ignorance,
Et de haïr, surtout, l'esprit et la science.

CLITANDRE.

Cette vérité veut quelque adoucissement.
Je m'explique, madame ; et je hais seulement
La science et l'esprit qui gâtent les personnes.
Ce sont choses, de soi, qui sont belles et bonnes ;
Mais j'aimerais mieux être au rang des ignorants
Que de me voir savant comme certaines gens.

TRISSOTIN.

Pour moi, je ne tiens pas, quelque effet qu'on suppose,
Que la science soit pour gâter quelque chose.

CLITANDRE.

Et c'est mon sentiment qu'en faits comme en propos
La science est sujette à faire de grands sots.

TRISSOTIN.

Le paradoxe est fort.

CLITANDRE.

Sans être fort habile,
La preuve m'en serait, je pense, assez facile.
Si les raisons manquaient, je suis sûr qu'en tout cas
Les exemples fameux ne me manqueraient pas.

TRISSOTIN.

Vous en pourriez citer qui ne concluraient guère.

CLITANDRE.

Je n'irais pas bien loin pour trouver mon affaire.

TRISSOTIN.

Pour moi, je ne vois pas ces exemples fameux.

CLITANDRE.

Moi, je les vois si bien, qu'ils me crèvent les yeux.

TRISSOTIN.
J'ai cru jusques ici que c'était l'ignorance
Qui faisait les grands sots, et non pas la science.
CLITANDRE.
Vous avez cru fort mal, et je vous suis garant
Qu'un sot savant est sot plus qu'un sot ignorant.
TRISSOTIN.
Le sentiment commun est contre vos maximes,
Puisque ignorant et sot sont termes synonymes.
CLITANDRE.
Si vous le voulez prendre aux usages du mot,
L'alliance est plus forte entre pédant et sot.
TRISSOTIN.
La sottise, dans l'un, se fait voir toute pure.
CLITANDRE.
Et l'étude, dans l'autre, ajoute à la nature.
TRISSOTIN.
Le savoir garde en soi son mérite éminent.
CLITANDRE.
Le savoir, dans un fat, devient impertinent.
TRISSOTIN.
Il faut que l'ignorance ait pour vous de grands charmes,
Puisque pour elle ainsi vous prenez tant les armes.
CLITANDRE.
Si pour moi l'ignorance a des charmes si grands,
C'est depuis qu'à mes yeux s'offrent certains savants.
TRISSOTIN.
Ces certains savants-là peuvent, à les connaître,
Valoir certaines gens que nous voyons paraître.
CLITANDRE.
Oui, si l'on s'en rapporte à ces certains savants ;
Mais on n'en convient pas chez ces certaines gens.
PHILAMINTE, à Clitandre.
Il me semble, monsieur...

CLITANDRE.

Hé! madame, de grâce;
Monsieur est assez fort, sans qu'à son aide on passe :
Je n'ai déjà que trop d'un si rude assaillant;
Et, si je me défends, ce n'est qu'en reculant.

ARMANDE.

Mais l'offensante aigreur de chaque repartie
Dont vous...

CLITANDRE.

Autre second? Je quitte la partie.

PHILAMINTE.

On souffre aux entretiens ces sortes de combats,
Pourvu qu'à la personne on ne s'attaque pas.

CLITANDRE.

Hé! mon Dieu! tout cela n'a rien dont il s'offense.
Il entend raillerie autant qu'homme de France;
Et de bien d'autres traits il s'est senti piquer,
Sans que jamais sa gloire ait fait que s'en moquer.

TRISSOTIN.

Je ne m'étonne pas, au combat que j'essuie,
De voir prendre à monsieur la thèse qu'il appuie;
Il est fort enfoncé dans la cour, c'est tout dit.
La cour, comme l'on sait, ne tient pas pour l'esprit.
Elle a quelque intérêt d'appuyer l'ignorance;
Et c'est en courtisan qu'il en prend la défense.

CLITANDRE.

Vous en voulez beaucoup à cette pauvre cour;
Et son malheur est grand de voir que, chaque jour,
Vous autres beaux esprits vous déclamiez contre elle;
Que de tous vos chagrins vous lui fassiez querelle,
Et, sur son méchant goût lui faisant son procès,
N'accusiez que lui seul de vos méchants succès.
Permettez-moi, monsieur Trissotin, de vous dire,
Avec tout le respect que votre nom m'inspire,
Que vous feriez fort bien, vos confrères et vous,

De parler de la cour d'un ton un peu plus doux ;
Qu'à le bien prendre, au fond, elle n'est pas si bête
Que, vous autres messieurs, vous vous mettez en tête ;
Qu'elle a du sens commun pour se connaître à tout ;
Que chez elle on se peut former quelque bon goût,
Et que l'esprit du monde y vaut, sans flatterie,
Tout le savoir obscur de la pédanterie.

TRISSOTIN.

De son bon goût, monsieur, nous voyons les effets.

CLITANDRE.

Où voyez-vous, monsieur, qu'elle l'ait si mauvais?

TRISSOTIN.

Ce que je vois, monsieur? C'est que pour la science
Rasius et Baldus font honneur à la France ;
Et que tout leur mérite, exposé fort au jour,
N'attire point les yeux et les dons de la cour.

CLITANDRE.

Je vois votre chagrin, et que, par modestie,
Vous ne vous mettez point, monsieur, de la partie ;
Et, pour ne vous point mettre aussi dans le propos,
Que font-ils pour l'État, vos habiles héros?
Qu'est-ce que leurs écrits lui rendent de service,
Pour accuser la cour d'une horrible injustice,
Et se plaindre en tous lieux que sur leurs doctes noms
Elle manque à verser la faveur de ses dons?
Leur savoir à la France est beaucoup nécessaire!
Et des livres qu'ils font la cour a bien affaire!
Il semble à trois gredins, dans leur petit cerveau,
Que, pour être imprimés et reliés en veau,
Les voilà dans l'État d'importantes personnes ;
Qu'avec leur plume ils font les destins des couronnes ;
Qu'au moindre petit bruit de leurs productions,
Ils doivent voir chez eux voler les pensions ;
Que sur eux l'univers a la vue attachée ;
Que partout de leur nom la gloire est épanchée ;

Et qu'en science ils sont des prodiges fameux,
Pour savoir ce qu'ont dit les autres avant eux,
Pour avoir eu trente ans des yeux et des oreilles,
Pour avoir employé neuf ou dix mille veilles
A se bien barbouiller de grec et de latin,
Et se charger l'esprit d'un ténébreux butin
De tous les vieux fatras qui traînent dans les livres.
Gens qui de leur savoir paraissent toujours ivres;
Riches, pour tout mérite, en babil importun;
Inhabiles à tout, vides de sens commun,
Et pleins d'un ridicule et d'une impertinence
A décrier partout l'esprit et la science.

PHILAMINTE.

Votre chaleur est grande; et cet emportement
De la nature en vous marque le mouvement.
C'est le nom de rival qui dans votre âme excite...

SCÈNE IV.

TRISSOTIN, PHILAMINTE, CLITANDRE, ARMANDE, JULIEN.

JULIEN.

Le savant qui tantôt vous a rendu visite,
Et de qui j'ai l'honneur de me voir le valet,
Madame, vous exhorte à lire ce billet.

PHILAMINTE.

Quelque important que soit ce qu'on veut que je lise,
Apprenez, mon ami, que c'est une sottise
De se venir jeter au travers d'un discours;
Et qu'aux gens d'un logis il faut avoir recours,
Afin de s'introduire en valet qui sait vivre.

JULIEN.

Je noterai cela, madame, dans mon livre.

PHILAMINTE lit.

« Trissotin s'est vanté, madame, qu'il épouserait votre
» fille. Je vous donne avis que sa philosophie n'en veut qu'à
» vos richesses, et que vous ferez bien de ne point conclure
» ce mariage que vous n'ayez vu le poëme que je compose
» contre lui. En attendant cette peinture, où je prétends
» vous le dépeindre de toutes ses couleurs, je vous envoie
» Horace, Virgile, Térence, et Catulle, où vous verrez notés
» en marge tous les endroits qu'il a pillés. »

Voilà sur cet hymen que je me suis promis,
Un mérite attaqué de beaucoup d'ennemis;
Et ce déchaînement aujourd'hui me convie
A faire une action qui confonde l'envie,
Qui lui fasse sentir que l'effort qu'elle fait,
De ce qu'elle veut rompre aura pressé l'effet.
    (A Julien.)
Reportez tout cela sur l'heure à votre maître,
Et lui dites qu'afin de lui faire connaître
Quel grand état je fais de ses nobles avis,
Et comme je les crois dignes d'être suivis,
        (Montrant Trissotin.)
Dès ce soir à monsieur je marierai ma fille.

SCÈNE V.

PHILAMINTE, ARMANDE, CLITANDRE.

PHILAMINTE, à Clitandre.

Vous, monsieur, comme ami de toute la famille,
A signer leur contrat vous pourrez assister

Et je vous y veux bien, de ma part, inviter.
Armande, prenez soin d'envoyer au notaire,
Et d'aller avertir votre sœur de l'affaire.

ARMANDE.

Pour avertir ma sœur, il n'en est pas besoin;
Et monsieur que voilà saura prendre le soin
De courir lui porter bientôt cette nouvelle,
Et disposer son cœur à vous être rebelle.

PHILAMINTE.

Nous verrons qui sur elle aura plus de pouvoir,
Et si je la saurai réduire à son devoir.

SCÈNE VI.

ARMANDE, CLITANDRE.

ARMANDE.

J'ai grand regret, monsieur, de voir qu'à vos visées
Les choses ne soient pas tout à fait disposées.

CLITANDRE.

Je m'en vais travailler, madame, avec ardeur,
A ne vous point laisser ce grand regret au cœur.

ARMANDE.

J'ai peur que votre effort n'ait pas trop bonne issue.

CLITANDRE.

Peut-être verrez-vous votre crainte déçue.

ARMANDE.

Je le souhaite ainsi.

CLITANDRE.

J'en suis persuadé,
Et que de votre appui je serai secondé.

ARMANDE.
Oui; je vais vous servir de toute ma puissance.
CLITANDRE.
Et ce service est sûr de ma reconnaissance.

SCÈNE VII.

CHRYSALE, ARISTE, HENRIETTE, CLITANDRE.

CLITANDRE.
Sans votre appui, monsieur, je serai malheureux;
Madame votre femme a rejeté mes vœux,
Et son cœur prévenu veut Trissotin pour gendre.
CHRYSALE.
Mais quelle fantaisie a-t-elle donc pu prendre?
Pourquoi, diantre! vouloir ce monsieur Trissotin?
ARISTE.
C'est par l'honneur qu'il a de rimer à latin,
Qu'il a sur son rival emporté l'avantage.
CLITANDRE.
Elle veut dès ce soir faire ce mariage.
CHRYSALE.
Dès ce soir?
CLITANDRE.
Dès ce soir.
CHRYSALE.
Et dès ce soir je veux,
Pour la contrecarrer, vous marier tous deux.
CLITANDRE.
Pour dresser le contrat, elle envoie au notaire.
CHRYSALE.
Et je vais le querir pour celui qu'il doit faire.

CLITANDRE, montrant Henriette.

Et madame doit être instruite par sa sœur
De l'hymen où l'on veut qu'elle apprête son cœur.

CHRYSALE.

Et moi je lui commande, avec pleine puissance,
De préparer sa main à cette autre alliance.
Ah! je leur ferai voir si, pour donner la loi,
Il est dans ma maison d'autre maître que moi.
(A Henriette.)
Nous allons revenir : songez à nous attendre.
Allons, suivez mes pas, mon frère, et vous, mon gendre.

HENRIETTE, à Ariste.

Hélas! dans cette humeur conservez-le toujours.

ARISTE.

J'emploierai toute chose à servir vos amours.

SCÈNE VIII.

HENRIETTE, CLITANDRE.

CLITANDRE.

Quelque secours puissant qu'on promette à ma flamme,
Mon plus solide espoir, c'est votre cœur, madame.

HENRIETTE.

Pour mon cœur, vous pouvez vous assurer de lui.

CLITANDRE.

Je ne puis qu'être heureux, quand j'aurai son appui.

HENRIETTE.

Vous voyez à quels nœuds on prétend le contraindre.

CLITANDRE.

Tant qu'il sera pour moi, je ne vois rien à craindre.

HENRIETTE.

Je vais tout essayer pour nos vœux les plus doux;
Et si tous mes efforts ne me donnent à vous,
Il est une retraite où notre âme se donne,
Qui m'empêchera d'être à toute autre personne.

CLITANDRE.

Veuille le juste ciel me garder en ce jour
De recevoir de vous cette preuve d'amour!

FIN DU QUATRIÈME ACTE.

ACTE CINQUIÈME.

SCÈNE I.

HENRIETTE, TRISSOTIN.

HENRIETTE.

C'est sur le mariage où ma mère s'apprête
Que j'ai voulu, monsieur, vous parler tête à tête;
Et j'ai cru dans le trouble où je vois la maison,
Que je pourrais vous faire écouter la raison.
Je sais qu'avec mes vœux vous me jugez capable
De vous porter en dot un bien considérable;
Mais l'argent, dont on voit tant de gens faire cas,
Pour un vrai philosophe a d'indignes appas;
Et le mépris du bien et des grandeurs frivoles
Ne doit point éclater dans vos seules paroles.

TRISSOTIN.

Aussi n'est-ce point là ce qui me charme en vous;
Et vos brillants attraits, vos yeux perçants et doux,
Votre grâce et votre air, sont les biens, les richesses,
Qui vous ont attiré mes vœux et mes tendresses :
C'est de ces seuls trésors que je suis amoureux.

HENRIETTE.

Je suis fort redevable à vos feux généreux.
Cet obligeant amour a de quoi me confondre,

Et j'ai regret, monsieur, de n'y pouvoir répondre.
Je vous estime autant qu'on saurait estimer ;
Mais je trouve un obstacle à vous pouvoir aimer.
Un cœur, vous le savez, à deux ne saurait être ;
Et je sens que du mien Clitandre s'est fait maître.
Je sais qu'il a bien moins de mérite que vous,
Que j'ai des méchants yeux pour le choix d'un époux ;
Que, par cent beaux talents, vous devriez me plaire :
Je vois bien que j'ai tort, mais je n'y puis que faire ;
Et tout ce que sur moi peut le raisonnement,
C'est de me vouloir mal d'un tel aveuglement.

TRISSOTIN.

Le don de votre main, où l'on me fait prétendre,
Me livrera ce cœur que possède Clitandre ;
Et, par mille doux soins, j'ai lieu de présumer
Que je pourrai trouver l'art de me faire aimer.

HENRIETTE.

Non : à ses premiers vœux mon âme est attachée,
Et ne peut de vos soins, monsieur, être touchée.
Avec vous librement j'ose ici m'expliquer,
Et mon aveu n'a rien qui vous doive choquer.
Cette amoureuse ardeur, qui dans les cœurs s'excite,
N'est point, comme l'on sait, un effet du mérite :
Le caprice y prend part ; et, quand quelqu'un nous plaît,
Souvent nous avons peine à dire pourquoi c'est.
Si l'on aimait, monsieur, par choix et par sagesse,
Vous auriez tout mon cœur et toute ma tendresse ;
Mais on voit que l'amour se gouverne autrement.
Laissez-moi, je vous prie, à mon aveuglement,
Et ne vous servez point de cette violence
Que, pour vous, on veut faire à mon obéissance.
Quand on est honnête homme, on ne veut rien devoir
A ce que des parents ont sur nous de pouvoir :
On répugne à se faire immoler ce qu'on aime,
Et l'on veut n'obtenir un cœur que de lui-même.

Ne poussez point ma mère à vouloir, par son choix,
Exercer sur mes vœux la rigueur de ses droits.
Otez-moi votre amour, et portez à quelque autre
Les hommages d'un cœur aussi cher que le vôtre.

TRISSOTIN.

Le moyen que ce cœur puisse vous contenter?
Imposez-lui des lois qu'il puisse exécuter.
De ne vous point aimer peut-il être capable,
A moins que vous cessiez, madame, d'être aimable,
Et d'étaler aux yeux les célestes appas...?

HENRIETTE.

Eh! monsieur, laissons là ce galimatias.
Vous avez tant d'Iris, de Philis, d'Amarantes,
Que partout dans vos vers vous peignez si charmantes,
Et pour qui vous jurez tant d'amoureuse ardeur...

TRISSOTIN.

C'est mon esprit qui parle, et ce n'est pas mon cœur.
D'elles on ne me voit amoureux qu'en poëte,
Mais j'aime tout de bon l'adorable Henriette.

HENRIETTE.

Eh! de grâce, monsieur...

TRISSOTIN.

Si c'est vous offenser,
Mon offense envers vous n'est pas prête à cesser.
Cette ardeur, jusqu'ici de vos yeux ignorée,
Vous consacre des vœux d'éternelle durée.
Rien n'en peut arrêter les aimables transports;
Et, bien que vos beautés condamnent mes efforts,
Je ne puis refuser le secours d'une mère
Qui prétend couronner une flamme si chère;
Et, pourvu que j'obtienne un bonheur si charmant,
Pourvu que je vous aie, il n'importe comment.

HENRIETTE.

Mais savez-vous qu'on risque un peu plus qu'on ne pense,
A vouloir sur un cœur user de violence;

Qu'il ne fait pas bien sûr, à vous le trancher net,
D'épouser une fille en dépit qu'elle en ait ;
Et qu'elle peut aller, en se voyant contraindre,
A des ressentiments que le mari doit craindre?

TRISSOTIN.

Un tel discours n'a rien dont je sois altéré :
A tous événements le sage est préparé.
Guéri, par la raison, des faiblesses vulgaires,
Il se met au-dessus de ces sortes d'affaires,
Et n'a garde de prendre aucune ombre d'ennui
De tout ce qui n'est pas pour dépendre de lui.

HENRIETTE.

En vérité, monsieur, je suis de vous ravie ;
Et je ne pensais pas que la philosophie
Fût si belle qu'elle est, d'instruire ainsi les gens
A porter constamment de pareils accidents.
Cette fermeté d'âme, à vous si singulière,
Mérite qu'on lui donne une illustre matière,
Est digne de trouver qui prenne avec amour
Les soins continuels de la mettre en son jour ;
Et comme, à dire vrai, je n'oserais me croire
Bien propre à lui donner tout l'éclat de sa gloire,
Je le laisse à quelque autre, et vous jure, entre nous,
Que je renonce au bien de vous voir mon époux.

TRISSOTIN, en sortant.

Nous allons voir bientôt comment ira l'affaire ;
Et l'on a là dedans fait venir le notaire.

SCÈNE II.

CHRYSALE, CLITANDRE, HENRIETTE, MARTINE.

CHRYSALE.

Ah! ma fille, je suis bien aise de vous voir;
Allons, venez-vous-en faire votre devoir;
Et soumettre vos vœux aux volontés d'un père.
Je veux, je veux apprendre à vivre à votre mère;
Et, pour la mieux braver, voilà, malgré ses dents,
Martine que j'amène et rétablis céans.

HENRIETTE.

Vos résolutions sont dignes de louange.
Gardez que cette humeur, mon père, ne vous change;
Soyez ferme à vouloir ce que vous souhaitez,
Et ne vous laissez point séduire à vos bontés.
Ne vous relâchez pas, et faites bien en sorte
D'empêcher que sur vous ma mère ne l'emporte.

CHRYSALE.

Comment! me prenez-vous ici pour un benêt?

HENRIETTE.

M'en préserve le ciel!

CHRYSALE.

Suis-je un fat, s'il vous plaît?

HENRIETTE.

Je ne dis pas cela.

CHRYSALE.

Me croit-on incapable
Des fermes sentiments d'un homme raisonnable?

HENRIETTE.

Non, mon père.

CHRYSALE.

Est-ce donc qu'à l'âge où je me voi,

Je n'aurais pas l'esprit d'être maître chez moi?

HENRIETTE.

Si fait.

CHRYSALE.

Et que j'aurais cette faiblesse d'âme,
De me laisser mener par le nez à ma femme?

HENRIETTE.

Eh! non, mon père.

CHRYSALE.

Ouais! Qu'est-ce donc que ceci?
Je vous trouve plaisante à me parler ainsi!

HENRIETTE.

Si je vous ai choqué, ce n'est pas mon envie.

CHRYSALE.

Ma volonté céans doit être en tout suivie.

HENRIETTE.

Fort bien, mon père.

CHRYSALE.

Aucun, hors moi, dans la maison
N'a droit de commander.

HENRIETTE.

Oui; vous avez raison.

CHRYSALE.

C'est moi qui tiens le rang de chef de la famille.

HENRIETTE.

D'accord.

CHRYSALE.

C'est moi qui dois disposer de ma fille.

HENRIETTE.

Eh! oui.

CHRYSALE.

Le ciel me donne un plein pouvoir sur vous.

HENRIETTE.

Qui vous dit le contraire?

CHRYSALE.

Et, pour prendre un époux,

Je vous ferai bien voir que c'est à votre père
Qu'il vous faut obéir, non pas à votre mère.
HENRIETTE.
Hélas! vous flattez là le plus doux de mes vœux:
Veuillez être obéi : c'est tout ce que je veux.
CHRYSALE.
Nous verrons si ma femme à mes désirs rebelle...
CLITANDRE.
La voici qui conduit le notaire avec elle.
CHRYSALE.
Secondez-moi bien tous.
MARTINE.
Laissez-moi. J'aurai soin
De vous encourager, s'il en est de besoin.

SCÈNE III.

PHILAMINTE, BÉLISE, ARMANDE, TRISSOTIN, UN NOTAIRE, CHRYSALE, CLITANDRE, HENRIETTE, MARTINE.

PHILAMINTE, au notaire.
Vous ne sauriez changer votre style sauvage,
Et nous faire un contrat qui soit en beau langage?
LE NOTAIRE.
Notre style est très-bon; et je serais un sot,
Madame, de vouloir y changer un seul mot.
BÉLISE.
Ah! quelle barbarie au milieu de la France!
Mais au moins en faveur, monsieur, de la science,
Veuillez, au lieu d'écus, de livres, et de francs,
Nous exprimer la dot en mines et talents;
Et dater par les mots d'ides et de calendes.

ACTE V. SCÈNE III.

LE NOTAIRE.

Moi? Si j'allais, madame, accorder vos demandes,
Je me ferais siffler de tous mes compagnons.

PHILAMINTE.

De cette barbarie en vain nous nous plaignons.
Allons, monsieur, prenez la table pour écrire.
(Apercevant Martine.)
Ah! ah! cette impudente ose encor se produire?
Pourquoi donc, s'il vous plaît, la ramener chez moi?

CHRYSALE.

Tantôt avec loisir on vous dira pourquoi.
Nous avons maintenant autre chose à conclure.

LE NOTAIRE.

Procédons au contrat. Où donc est la future?

PHILAMINTE.

Celle que je marie est la cadette.

LE NOTAIRE.

                    Bon.

CHRYSALE, montrant Henriette.

Oui, la voilà, monsieur : Henriette est son nom.

LE NOTAIRE.

Fort bien. Et le futur?

PHILAMINTE, montrant Trissotin.

                L'époux que je lui donne
Est monsieur.

CHRYSALE, montrant Clitandre.

             Et celui, moi, qu'en propre personne
Je prétends qu'elle épouse est monsieur.

LE NOTAIRE.

                         Deux époux!
C'est trop pour la coutume.

PHILAMINTE, au notaire.

                Où vous arrêtez-vous?
Mettez, mettez, monsieur, Trissotin pour mon gendre.

CHRYSALE.

Pour mon gendre mettez, mettez, monsieur, Clitandre.

LE NOTAIRE.

Mettez-vous donc d'accord, et, d'un jugement mûr,
Voyez à convenir entre vous du futur.

PHILAMINTE.

Suivez, suivez, monsieur, le choix où je m'arrête.

CHRYSALE.

Faites, faites, monsieur, les choses à ma tête.

LE NOTAIRE.

Dites-moi donc à qui j'obéirai des deux.

PHILAMINTE, à Chrysale.

Quoi donc? vous combattrez les choses que je veux!

CHRYSALE.

Je ne saurais souffrir qu'on ne cherche ma fille
Que pour l'amour du bien qu'on voit dans ma famille.

PHILAMINTE.

Vraiment, à votre bien on songe bien ici!
Et c'est là, pour un sage, un fort digne souci!

CHRYSALE.

Enfin, pour son époux, j'ai fait choix de Clitandre.

PHILAMINTE.

(Montrant Trissotin.)

Et moi, pour son époux, voici qui je veux prendre.
Mon choix sera suivi; c'est un point résolu.

CHRYSALE.

Ouais! Vous le prenez là d'un ton bien absolu!

MARTINE.

Ce n'est point à la femme à prescrire, et je sommes
Pour céder le dessus en toute chose aux hommes.

CHRYSALE.

C'est bien dit.

MARTINE.

Mon congé cent fois me fût-il hoc [1],

---

[1] Me fût-il assuré.

La poule ne doit point chanter devant le coq.
CHRYSALE.
Sans doute.
MARTINE.
Et nous voyons que d'un homme on se gausse,
Quand sa femme, chez lui, porte le haut-de-chausse.
CHRYSALE.
Il est vrai.
MARTINE.
Si j'avais un mari, je le dis,
Je voudrais qu'il se fît le maître du logis;
Je ne l'aimerais point, s'il faisait le Jocrisse;
Et, si je contestais contre lui par caprice,
Si je parlais trop haut, je trouverais fort bon
Qu'avec quelques soufflets il rabaissât mon ton.
CHRYSALE.
C'est parler comme il faut.
MARTINE.
Monsieur est raisonnable,
De vouloir pour sa fille un mari convenable.
CHRYSALE.
Oui.
MARTINE.
Par quelle raison, jeune et bien fait qu'il est,
Lui refuser Clitandre? Et pourquoi, s'il vous plaît,
Lui bailler un savant, qui sans cesse épilogue?
Il lui faut un mari, non pas un pédagogue;
Et, ne voulant savoir le grais[1] ni le latin,
Elle n'a pas besoin de monsieur Trissotin.
CHRYSALE.
Fort bien.
PHILAMINTE.
Il faut souffrir qu'elle jase à son aise.

---
[1] C'est l'ancienne prononciation du mot *grec*.

MARTINE.

Les savants ne sont bons que pour prêcher en chaise ¹ ;
Et, pour mon mari, moi, mille fois je l'ai dit,
Je ne voudrais jamais prendre un homme d'esprit.
L'esprit n'est point du tout ce qu'il faut en ménage.
Les livres cadrent mal avec le mariage ;
Et je veux, si jamais on engage ma foi,
Un mari qui n'ait point d'autre livre que moi,
Qui ne sache A ne B, n'en déplaise à madame,
Et ne soit, en un mot, docteur que pour sa femme.

PHILAMINTE, à Chrysale.

Est-ce fait? et, sans trouble, ai-je assez écouté
Votre digne interprète?

CHRYSALE.

   Elle a dit vérité.

PHILAMINTE.

Et moi pour trancher court toute cette dispute,
Il faut qu'absolument mon désir s'exécute.

(Montrant Trissotin.)

Henriette et monsieur seront joints de ce pas.
Je l'ai dit, je le veux : ne me répliquez pas ;
Et, si votre parole à Clitandre est donnée,
Offrez-lui le parti d'épouser son aînée.

CHRYSALE.

Voilà dans cette affaire un accommodement.

(A Henriette et à Clitandre.)

Voyez ; y donnez-vous votre consentement?

HENRIETTE.

Hé! mon père!

CLITANDRE, à Chrysale.

   Hé! monsieur!

BÉLISE.

     On pourrait bien lui faire

---

¹ Les mots *chaire* et *chaise* se prenaient indifféremment l'un pour l'autre.

Des propositions qui pourraient mieux lui plaire ;
Mais nous établissons une espèce d'amour
Qui doit être épuré comme l'astre du jour :
La substance qui pense y peut être reçue ;
Mais nous en bannissons la substance étendue.

SCÈNE IV.

ARISTE, CHRYSALE, PHILAMINTE, BÉLISE,
HENRIETTE, ARMANDE, TRISSOTIN, UN NOTAIRE,
CLITANDRE, MARTINE.

ARISTE.
J'ai regret de troubler un mystère joyeux,
Par le chagrin qu'il faut que j'apporte en ces lieux.
Ces deux lettres me font porteur de deux nouvelles
Dont j'ai senti pour vous les atteintes cruelles :
(A Philaminte.)
L'une, pour vous, me vient de votre procureur ;
(A Chrysale.)
L'autre, pour vous, me vient de Lyon.

PHILAMINTE.
Quel malheur,
Digne de nous troubler, pourrait-on nous écrire ?

ARISTE.
Cette lettre en contient un que vous pouvez lire.

PHILAMINTE.
« Madame, j'ai prié monsieur votre frère de vous rendre
» cette lettre, qui vous dira ce que je n'ai osé vous aller dire.
» La grande négligence que vous avez pour vos affaires a
» été cause que le clerc de votre rapporteur ne m'a point
» averti, et vous avez perdu absolument votre procès, que
» vous deviez gagner. »

CHRYSALE, à Philaminte.

Votre procès perdu!
PHILAMINTE, à Chrysale.

Vous vous troublez beaucoup!
Mon cœur n'est point du tout ébranlé de ce coup.
Faites, faites paraître une âme moins commune,
A braver, comme moi, les traits de la fortune.

« Le peu de soin que vous avez vous coûte quarante mille
» écus, et c'est à payer cette somme, avec les dépens, que
» vous êtes condamnée par arrêt de la cour. »

Condamnée! Ah! ce mot est choquant, et n'est fait
Que pour les criminels.
ARISTE.

Il a tort, en effet;
Et vous vous êtes là justement récriée.
Il devait avoir mis que vous êtes priée,
Par arrêt de la cour, de payer au plus tôt
Quarante mille écus, et les dépens qu'il faut.
PHILAMINTE.

Voyons l'autre.
CHRYSALE.

« Monsieur, l'amitié qui me lie à monsieur votre frère me
» fait prendre intérêt à tout ce qui vous touche. Je sais que
» vous avez mis votre bien entre les mains d'Argante et de
» Damon, et je vous donne avis qu'en même jour ils ont fait
» tous deux banqueroute. »

O ciel! tout à la fois perdre ainsi tout mon bien!
PHILAMINTE, à Chrysale.

Ah! quel honteux transport! Fi! tout cela n'est rien :
Il n'est pour le vrai sage aucun revers funeste;
Et, perdant toute chose, à soi-même il se reste.
Achevons notre affaire, et quittez votre ennui.
(Montrant Trissotin.)
Son bien nous peut suffire et pour nous et pour lui.

TRISSOTIN.

Non, madame, cessez de presser cette affaire.
Je vois qu'à cet hymen tout le monde est contraire ;
Et mon dessein n'est point de contraindre les gens.

PHILAMINTE.

Cette réflexion vous vient en peu de temps ;
Elle suit de bien près, monsieur, notre disgrâce.

TRISSOTIN.

De tant de résistance à la fin je me lasse.
J'aime mieux renoncer à tout cet embarras,
Et ne veux point d'un cœur qui ne se donne pas.

PHILAMINTE.

Je vois, je vois de vous, non pas pour votre gloire,
Ce que jusques ici j'ai refusé de croire.

TRISSOTIN.

Vous pouvez voir de moi tout ce que vous voudrez,
Et je regarde peu comment vous le prendrez :
Mais je ne suis pas homme à souffrir l'infamie
Des refus offensants qu'il faut qu'ici j'essuie.
Je vaux bien que de moi l'on fasse plus de cas ;
Et je baise les mains à qui ne me veut pas.

SCÈNE V.

ARISTE, CHRYSALE, PHILAMINTE, BÉLISE,
ARMANDE, HENRIETTE, CLITANDRE,
UN NOTAIRE, MARTINE,

PHILAMINTE.

Qu'il a bien découvert son âme mercenaire !
Et que peu philosophe est ce qu'il vient de faire !

CLITANDRE.

Je ne me vante point de l'être ; mais enfin

Je m'attache, madame, à tout votre destin ;
Et j'ose vous offrir, avecque ma personne,
Ce qu'on sait que de bien la fortune me donne.

PHILAMINTE.

Vous me charmez, monsieur, par ce trait généreux,
Et je veux couronner vos désirs amoureux.
Oui, j'accorde Henriette à l'ardeur empressée...

HENRIETTE.

Non, ma mère : je change à présent de pensée.
Souffrez que je résiste à votre volonté.

CLITANDRE.

Quoi ! vous vous opposez à ma félicité ?
Et, lorsqu'à mon amour je vois chacun se rendre...

HENRIETTE.

Je sais le peu de bien que vous avez, Clitandre ;
Et je vous ai toujours souhaité pour époux,
Lorsqu'en satisfaisant à mes vœux les plus doux
J'ai vu que mon hymen ajustait vos affaires :
Mais, lorsque nous avons les destins si contraires,
Je vous chéris assez, dans cette extrémité,
Pour ne vous charger point de notre adversité.

CLITANDRE.

Tout destin, avec vous, me peut être agréable ;
Tout destin me serait, sans vous, insupportable.

HENRIETTE.

L'amour, dans son transport, parle toujours ainsi ;
Des retours importuns évitons le souci.
Rien n'use tant l'ardeur de ce nœud qui nous lie,
Que les fâcheux besoins des choses de la vie ;
Et l'on en vient souvent à s'accuser tous deux
De tous les noirs chagrins qui suivent de tels feux.

ARISTE, à Henriette.

N'est-ce que le motif que nous venons d'entendre
Qui vous fait résister à l'hymen de Clitandre ?

HENRIETTE.

Sans cela vous verriez tout mon cœur y courir;
Et je ne fuis sa main que pour le trop chérir.

ARISTE.

Laissez-vous donc lier par des chaînes si belles.
Je ne vous ai porté que de fausses nouvelles;
Et c'est un stratagème, un surprenant secours,
Que j'ai voulu tenter pour servir vos amours,
Pour détromper ma sœur, et lui faire connaître
Ce que son philosophe à l'essai pouvait être.

CHRYSALE.

Le ciel en soit loué !

PHILAMINTE.

J'en ai la joie au cœur,
Par le chagrin qu'aura ce lâche déserteur.
Voilà le châtiment de sa basse avarice,
De voir qu'avec éclat cet hymen s'accomplisse.

CHRYSALE, à Clitandre.

Je le savais bien, moi, que vous l'épouseriez.

ARMANDE, à Philaminte.

Ainsi donc à leurs vœux vous me sacrifiez ?

PHILAMINTE.

Ce ne sera point vous que je leur sacrifie;
Et vous avez l'appui de la philosophie,
Pour voir d'un œil content couronner leur ardeur.

BÉLISE.

Qu'il prenne garde au moins que je suis dans son cœur :
Par un prompt désespoir souvent on se marie,
Qu'on s'en repent après tout le temps de sa vie.

CHRYSALE, au notaire.

Allons, monsieur, suivez l'ordre que j'ai prescrit,
Et faites le contrat ainsi que je l'ai dit.

FIN DES FEMMES SAVANTES.

LE MALADE IMAGINAIRE.

COMÉDIE EN TROIS ACTES

MÊLÉE DE MUSIQUE ET DE DANSES.

10 février 1673.

PERSONNAGES DU PROLOGUE.

FLORE.
DEUX ZÉPHYRS, dansants.
CLIMÈNE.
DAPHNÉ.
TIRCIS, amant de Climène, chef d'une troupe de bergers.
DORILAS, amant de Daphné, chef d'une troupe de bergers.
BERGERS ET BERGÈRES de la suite de Tircis, dansants et chantants.
BERGERS ET BERGÈRES de la suite de Dorilas, chantants et dansants.
PAN.
FAUNES, dansants.

PERSONNAGES DE LA COMÉDIE.

ARGAN, malade imaginaire. Est vêtu en malade. De gros bas, des mules, un haut-de-chausse étroit, une camisole rouge avec quelque galon ou dentelle; un mouchoir de cou à vieux passements, négligemment attaché, un bonnet de nuit avec la coiffe en dentelle.

BÉLINE, seconde femme d'Argan.

ANGÉLIQUE, fille d'Argan et amante de Cléante.

LOUISON, petite fille d'Argan, et sœur d'Angélique.

BÉRALDE, frère d'Argan. En habit de cavalier modeste.

CLÉANTE, amant d'Angélique. Est vêtu galamment et en amoureux.

MONSIEUR PURGON, médecin d'Argan.

MONSIEUR DIAFOIRUS, médecin.

THOMAS DIAFOIRUS, son fils, et amant d'Angélique. Tous trois sont vêtus de noir, les deux premiers en habit ordinaire de médecin, et le dernier avec un grand collet uni, de longs cheveux plats, un manteau qui lui passe les genoux.

MONSIEUR FLEURANT, apothicaire. Est aussi vêtu de noir, ou de gris brun, avec une courte serviette devant soi, et une seringue à la main, sans chapeau.

MONSIEUR BONNEFOI, notaire.

TOINETTE, servante.

PERSONNAGES DES INTERMÈDES.

POLICHINELLE, UNE VIEILLE, VIOLONS, ARCHERS DANSANTS ET CHANTANTS, QUATRE ÉGYPTIENNES CHANTANTES, ÉGYPTIENS ET ÉGYPTIENNES CHANTANTS ET DANSANTS, TAPISSIERS DANSANTS, LE PRÉSIDENT DE LA FACULTÉ DE MÉDECINE, DOCTEURS, BACHELIER, APOTHICAIRES AVEC LEURS MORTIERS ET LEURS PILONS, PORTE-SERINGUE, CHIRURGIENS.

Noms des acteurs qui ont joué d'original dans *le Malade imaginaire*.

ARGAN.	Molière.
BÉLINE.	Mlle la Grange.
ANGÉLIQUE.	Mlle Molière.
LOUISON.	La petite Beauval.
BÉRALDE.	Du Croisy.
CLÉANTE.	La Grange.
MONSIEUR PURGON.	La Thorillière.
MONSIEUR DIAFOIRUS.	Debrie.
THOMAS DIAFOIRUS.	Beauval.
TOINETTE.	Mlle Beauval.

La scène est à Paris.

LE MALADE IMAGINAIRE.

PROLOGUE.

Après les glorieuses fatigues et les exploits victorieux de notre auguste monarque, il est bien juste que tous ceux qui se mêlent d'écrire travaillent ou à ses louanges, ou à son divertissement. C'est ce qu'ici l'on a voulu faire, et ce prologue est un essai des louanges de ce grand prince, qui donne entrée à la comédie du *Malade imaginaire*, dont le projet a été fait pour le délasser de ses nobles travaux.

La décoration représente un lieu champêtre et néanmoins fort agréable.

ÉGLOGUE EN MUSIQUE ET EN DANSE.

SCÈNE I.

FLORE, DEUX ZÉPHYRS DANSANTS.

FLORE.
Quittez, quittez vos troupeaux ;
Venez, bergers, venez, bergères ;
Accourez, accourez sous ces tendres ormeaux :

Je viens vous annoncer des nouvelles bien chères,
   Et réjouir tous ces hameaux.
   Quittez, quittez vos troupeaux ;
   Venez, bergers, venez, bergères ;
Accourez, accourez sous ces tendres ormeaux.

SCÈNE II.

FLORE, DEUX ZÉPHYRS dansants; CLIMÈNE, DAPHNÉ, TIRCIS, DORILAS.

CLIMÈNE, à Tircis ; et DAPHNÉ, à Dorilas.
Berger, laissons là tes feux :
Voilà Flore qui nous appelle.

TIRCIS, à Climène ; et DORILAS, à Daphné.
Mais, au moins, dis-moi, cruelle,

TIRCIS.
Si d'un peu d'amitié tu payeras mes vœux.

DORILAS.
Si tu seras sensible à mon ardeur fidèle.

CLIMÈNE et DAPHNÉ.
Voilà Flore qui nous appelle.

TIRCIS et DORILAS.
Ce n'est qu'un mot, un mot, un seul mot que je veux.

TIRCIS.
Languirai-je toujours dans ma peine mortelle ?

DORILAS.
Puis-je espérer qu'un jour tu me rendras heureux ?

CLIMÈNE et DAPHNÉ.
Voilà Flore qui nous appelle.

SCÈNE III.

FLORE, DEUX ZÉPHYRS DANSANTS; CLIMÈNE, DAPHNÉ, TIRCIS, DORILAS, BERGERS ET BERGÈRES DE LA SUITE DE TIRCIS ET DE DORILAS, CHANTANTS ET DANSANTS.

PREMIÈRE ENTRÉE DE BALLET.

Toute la troupe des bergers et des bergères va se placer en cadence autour de Flore.

CLIMÈNE.

Quelle nouvelle parmi nous,
Déesse, doit jeter tant de réjouissance?

DAPHNÉ.

Nous brûlons d'apprendre de vous
Cette nouvelle d'importance.

DORILAS.

D'ardeur nous en soupirons tous.

CLIMÈNE, DAPHNÉ, TIRCIS, DORILAS.

Nous en mourons d'impatience.

FLORE.

La voici; silence, silence!
Vos vœux sont exaucés, LOUIS est de retour;
Il ramène en ces lieux les plaisirs et l'amour,
Et vous voyez finir vos mortelles alarmes.
Par ses vastes exploits son bras voit tout soumis :
    Il quitte les armes,
    Faute d'ennemis [1].

CHOEUR.

Ah! quelle douce nouvelle!

---

[1] Molière fait allusion à la conquête de la Hollande.

Qu'elle est grande! qu'elle est belle!
Que de plaisirs! que de ris! que de jeux!
Que de succès heureux!
Et que le ciel a bien rempli nos vœux!
Ah! quelle douce nouvelle!
Qu'elle est grande! qu'elle est belle!

DEUXIÈME ENTRÉE DE BALLET.

Tous les bergers et bergères expriment, par des danses, les transports de leur joie.

FLORE.

De vos flûtes bocagères
Réveillez les plus beaux sons;
LOUIS offre à vos chansons
La plus belle des matières.
Après cent combats
Où cueille son bras
Une ample victoire,
Formez entre vous
Cent combats plus doux,
Pour chanter sa gloire.

CHOEUR.

Formons, entre nous,
Cent combats plus doux,
Pour chanter sa gloire.

FLORE.

Mon jeune amant, dans ce bois,
Des présents de mon empire
Prépare un prix à la voix
Qui saura le mieux nous dire
Les vertus et les exploits
Du plus auguste des rois.

CLIMÈNE.

Si Tircis a l'avantage,

PROLOGUE.

DAPHNÉ.

Si Dorilas est vainqueur,

CLIMÈNE.

A le chérir je m'engage.

DAPHNÉ.

Je me donne à son ardeur.

TIRCIS.

O trop chère espérance !

DORILAS.

O mot plein de douceur !

TIRCIS et DORILAS.

Plus beau sujet, plus belle récompense
Peuvent-ils animer un cœur ?

(Les violons jouent un air pour animer les deux bergers au combat, tandis que Flore, comme juge, va se placer au pied d'un bel arbre qui est au milieu du théâtre, avec deux zéphyrs, et que le reste, comme spectateurs, va occuper les deux côtés de la scène.)

TIRCIS.

Quand la neige fondue enfle un torrent fameux,
Contre l'effort soudain de ses flots écumeux
    Il n'est rien d'assez solide ;
    Digues, châteaux, villes, et bois,
    Hommes et troupeaux à la fois,
    Tout cède au courant qui le guide :
    Tel, et plus fier et plus rapide,
    Marche LOUIS dans ses exploits.

TROISIÈME ENTRÉE DE BALLET.

Les bergers et bergères du côté de Tircis dansent autour de lui, sur une ritournelle, pour exprimer leurs applaudissements.

DORILAS.

Le foudre menaçant qui perce avec fureur
L'affreuse obscurité de la nue enflammée,

Fait, d'épouvante et d'horreur,
Trembler le plus ferme cœur :
Mais, à la tête d'une armée,
LOUIS jette plus de terreur.

QUATRIÈME ENTRÉE DE BALLET.

Les bergers et bergères du côté de Dorilas font de même que les autres

TIRCIS.

Des fabuleux exploits que la Grèce a chantés,
Par un brillant amas de belles vérités
    Nous voyons la gloire effacée ;
    Et tous ces fameux demi-dieux,
    Que vante l'histoire passée,
    Ne sont point à notre pensée
    Ce que LOUIS est à nos yeux.

CINQUIÈME ENTRÉE DE BALLET.

Les bergers et bergères du côté de Tircis font encore la même chose.

DORILAS.

LOUIS fait à nos temps, par ses faits inouïs,
Croire tous les beaux faits que nous chante l'histoire
    Des siècles évanouis ;
    Mais nos neveux, dans leur gloire,
    N'auront rien qui fasse croire
    Tous les beaux faits de LOUIS.

SIXIÈME ENTRÉE DE BALLET.

Les bergers et bergères du côté de Dorilas font encore de même.

SEPTIÈME ENTRÉE DE BALLET.

Les bergers et bergères du côté de Tircis et de celui de Dorilas se mêlent et dansent ensemble.

SCÈNE IV.

FLORE, PAN; DEUX ZÉPHYRS dansants;
CLIMÈNE, DAPHNÉ; TIRCIS, DORILAS; FAUNES dansants;
Bergers et Bergères chantants et dansants.

PAN.

Laissez, laissez, bergers, ce dessein téméraire ;
  Hé ! que voulez-vous faire ?
  Chanter sur vos chalumeaux
  Ce qu'Apollon sur sa lyre,
  Avec ses chants les plus beaux,
  N'entreprendrait pas de dire :
C'est donner trop d'essor au feu qui vous inspire ;
C'est monter vers les cieux sur des ailes de cire,
  Pour tomber dans le fond des eaux.

Pour chanter de LOUIS l'intrépide courage,
  Il n'est point d'assez docte voix,
Point de mots assez grands pour en tracer l'image ;
  Le silence est le langage
  Qui doit louer ses exploits.
Consacrez d'autres soins à sa pleine victoire ;
Vos louanges n'ont rien qui flatte ses désirs :
  Laissez, laissez là sa gloire,
  Ne songez qu'à ses plaisirs.

CHOEUR.

  Laissons, laissons là sa gloire,
  Ne songeons qu'à ses plaisirs.

FLORE, à Tircis et à Dorilas.

Bien que, pour étaler ses vertus immortelles,
  La force manque à vos esprits,

Ne laissez pas tous deux de recevoir le prix.
Dans les choses grandes et belles,
Il suffit d'avoir entrepris.

HUITIÈME ENTRÉE DE BALLET.

Les deux zéphyrs dansent avec deux couronnes de fleurs à la main, qu'ils viennent donner ensuite aux deux bergers.

CLIMÈNE et DAPHNÉ, en leur donnant la main.

Dans les choses grandes et belles,
Il suffit d'avoir entrepris.

TIRCIS et DORILAS.

Ah! que d'un doux succès notre audace est suivie!

FLORE et PAN.

Ce qu'on fait pour LOUIS, on ne le perd jamais.

CLIMÈNE, DAPHNÉ, TIRCIS, DORILAS.

Au soin de ses plaisirs donnons-nous désormais.

FLORE et PAN.

Heureux, heureux qui peut lui consacrer sa vie!

CHŒUR.

Joignons tous dans ces bois
Nos flûtes et nos voix :
Ce jour nous y convie;
Et faisons aux échos redire mille fois :
LOUIS est le plus grand des rois;
Heureux, heureux qui peut lui consacrer sa vie!

NEUVIÈME ENTRÉE DE BALLET.

Faunes, bergers et bergères, tous se mêlent, et il se fait entre eux des jeux de danse; après quoi ils se vont préparer pour la comédie.

AUTRE PROLOGUE [1].

UNE BERGÈRE CHANTANT.

Votre plus haut savoir n'est que pure chimère,
  Vains et peu sages médecins;
Vous ne pouvez guérir, par vos grands mots latins,
  La douleur qui me désespère :
Votre plus haut savoir n'est que pure chimère.

 Hélas! hélas! je n'ose découvrir
  Mon amoureux martyre
  Au berger pour qui je soupire,
  Et qui seul peut me secourir.
  Ne prétendez pas le finir,
Ignorants médecins; vous ne sauriez le faire :
Votre plus haut savoir n'est que pure chimère.

Ces remèdes peu sûrs, dont le simple vulgaire
Croit que vous connaissez l'admirable vertu,
Pour les maux que je sens n'ont rien de salutaire;
Et tout votre caquet ne peut être reçu
  Que d'un MALADE IMAGINAIRE.

Votre plus haut savoir n'est que pure chimère,
  Vains et peu sages médecins;
Vous ne pouvez guérir, par vos grands mots latins,
  La douleur qui me désespère :
Votre plus haut savoir n'est que pure chimère.

  Le théâtre change et représente une chambre.

---

[1]. Ce second prologue n'est pas dans le livre du ballet. Mais on le trouve dans l'édition d'Amsterdam.

ACTE PREMIER.

SCÈNE I.

ARGAN, seul dans sa chambre, une table devant lui, compte des parties d'apothicaire avec des jetons; il fait, parlant à lui-même, les dialogues suivants.

Trois et deux font cinq, et cinq font dix, et dix font vingt. Trois et deux font cinq. « Plus, du vingt-quatrième, un » petit clystère insinuatif, préparatif, et remollient, pour » amollir, humecter et rafraîchir les entrailles de monsieur. » Ce qui me plaît de monsieur Fleurant, mon apothicaire, c'est que ses parties sont toujours fort civiles. « Les entrailles » de monsieur, trente sols. » Oui; mais, monsieur Fleurant, ce n'est pas tout que d'être civil, il faut être aussi raisonnable, et ne pas écorcher les malades. Trente sols un lavement, je suis votre serviteur, je vous l'ai déjà dit. Vous ne me les avez mis dans les autres parties qu'à vingt sols, et vingt sols en langage d'apothicaire, c'est-à-dire dix sols; les voilà, dix sols. « Plus dudit jour, un bon clystère détersif, » composé avec catholicon double, rhubarbe, miel rosat, et » autres, suivant l'ordonnance, pour balayer, laver et net-» toyer le bas-ventre de monsieur, trente sols. » Avec votre permission, dix sols. « Plus dudit jour, le soir, un julep » hépatique, soporatif, et somnifère, composé pour faire

» dormir monsieur, trente-cinq sols ; » je ne me plains pas de celui-là, car il me fit bien dormir. Dix, quinze, seize et dix-sept sols six deniers. « Plus du vingt-cinquième, une » bonne médecine purgative et corroborative, composée de » casse récente avec séné levantin, et autres, suivant l'or- » donnance de monsieur Purgon, pour expulser et évacuer » la bile de monsieur, quatre livres. » Ah! monsieur Fleurant, c'est se moquer, il faut vivre avec les malades. Monsieur Purgon ne vous a pas ordonné de mettre quatre francs. Mettez, mettez trois livres, s'il vous plaît. Vingt et trente sols. « Plus dudit jour, une potion anodine et astringente, » pour faire reposer monsieur, trente sols. » Bon. Dix et quinze sols. « Plus du vingt-sixième, un clystère carminatif » pour chasser les vents de monsieur, trente sols. » Dix sols, monsieur Fleurant. « Plus le clystère de monsieur, réitéré le » soir, comme dessus, trente sols. » Monsieur Fleurant, dix sols. « Plus du vingt-septième, une bonne médecine com- » posée pour hâter d'aller, et chasser dehors les mauvaises » humeurs de monsieur, trois livres. » Bon. Vingt et trente sols ; je suis bien aise que vous soyez raisonnable. « Plus » du vingt-huitième, une prise de petit lait clarifié, et dul- » coré, pour adoucir, lénifier, tempérer et rafraîchir le sang » de monsieur, vingt sols. » Bon. Dix sols. « Plus, une po- » tion cordiale et préservative, composée avec douze grains » de bézoard, sirops de limon et grenade, et autres suivant » l'ordonnance, cinq livres. » Ah ! monsieur Fleurant, tout doux, s'il vous plaît; si vous en usez comme cela, on ne voudra plus être malade : contentez-vous de quatre francs; vingt et quarante sols. Trois et deux font cinq, et cinq font dix, et dix font vingt. Soixante et trois livres quatre sols six deniers. Si bien donc que, de ce mois, j'ai pris une, deux, trois, quatre, cinq, six, sept et huit médecines; et un, deux, trois, quatre, cinq, six, sept, huit, neuf, dix, onze et douze lavements; et l'autre mois il y avait douze médecines, et vingt lavements. Je ne m'étonne pas si je ne me porte pas si bien ce mois-ci que l'autre. Je le dirai à monsieur Purgon, afin qu'il mette ordre à cela. Allons, qu'on m'ôte tout ceci. Il n'y a personne. J'ai beau dire, on me laisse toujours seul; il n'y a pas moyen de les arrêter ici. (Il sonne une sonnette pour faire venir ses gens.) Ils n'entendent point, et ma sonnette ne fait pas assez de bruit. Drelin, drelin, drelin. Point d'affaire. Drelin, drelin, drelin. Ils sont sourds. Toinette! Drelin, drelin, drelin. Tout comme si je ne sonnais point. Chienne! coquine! Drelin, drelin, drelin. J'enrage. (Il ne sonne plus, mais il crie.) Drelin, drelin, drelin. Carogne à tous les diables! Est-il possible qu'on laisse comme cela un pauvre malade tout seul? Drelin, drelin, drelin; voilà qui est pitoyable! Drelin, drelin, drelin. Ah! mon Dieu! ils me laisseront ici mourir. Drelin, drelin, drelin.

SCÈNE II.

TOINETTE, ARGAN.

TOINETTE, en entrant dans la chambre.

On y va.

ARGAN.

Ah! chienne! ah! carogne!

TOINETTE, faisant semblant de s'être cogné la tête.

Diantre soit fait de votre impatience! Vous pressez si fort les personnes, que je me suis donné un grand coup de la tête contre la carne d'un volet.

ARGAN, en colère.

Ah! traîtresse!...

TOINETTE, pour interrompre Argan et l'empêcher de crier, se plaint toujours en disant.

Ah!

ARGAN.

Il y a...

ACTE I. SCÈNE II.

TOINETTE.

Ah!

ARGAN.

Il y a une heure...

TOINETTE.

Ah!

ARGAN.

Tu m'as laissé...

TOINETTE.

Ah!

ARGAN.

Tais-toi donc, coquine, que je te querelle.

TOINETTE.

Çamon, ma foi, j'en suis d'avis, après ce que je me suis fait.

ARGAN.

Tu m'as fait égosiller, carogne.

TOINETTE.

Et vous m'avez fait, vous, casser la tête : l'un vaut bien l'autre. Quitte à quitte, si vous voulez.

ARGAN.

Quoi! coquine...

TOINETTE.

Si vous querellez, je pleurerai.

ARGAN.

Me laisser, traîtresse...

TOINETTE, toujours pour interrompre Argan.

Ah!

ARGAN.

Chienne, tu veux...

TOINETTE.

Ah!

ARGAN.

Quoi! il faudra encore que je n'aie pas le plaisir de la quereller?

TOINETTE.

Querellez tout votre soûl : je le veux bien.

ARGAN.

Tu m'en empêches, chienne, en m'interrompant à tous coups.

TOINETTE.

Si vous avez le plaisir de quereller, il faut bien que, de mon côté, j'aie le plaisir de pleurer : chacun le sien, ce n'est pas trop. Ah!

ARGAN.

Allons, il faut en passer par là. Ote-moi ceci, coquine, ôte-moi ceci. (Argan se lève de sa chaise.) Mon lavement d'aujourd'hui a-t-il bien opéré?

TOINETTE.

Votre lavement?

ARGAN.

Oui. Ai-je bien fait de la bile?

TOINETTE.

Ma foi! je ne me mêle point de ces affaires-là ; c'est à monsieur Fleurant à y mettre le nez, puisqu'il en a le profit.

ARGAN.

Qu'on ait soin de me tenir un bouillon prêt, pour l'autre que je dois tantôt prendre.

TOINETTE.

Ce monsieur Fleurant-là et ce monsieur Purgon s'égayent bien sur votre corps ; ils ont en vous une bonne vache à lait; et je voudrais bien leur demander quel mal vous avez, pour vous faire tant de remèdes.

ARGAN.

Taisez-vous, ignorante; ce n'est pas à vous à contrôler les ordonnances de la médecine. Qu'on me fasse venir ma fille Angélique : j'ai à lui dire quelque chose.

TOINETTE.

La voici qui vient d'elle-même; elle a deviné votre pensée.

SCÈNE III.

ARGAN, ANGÉLIQUE, TOINETTE.

ARGAN.

Approchez, Angélique : vous venez à propos ; je voulais vous parler.

ANGÉLIQUE.

Me voilà prête à vous ouïr.

ARGAN.

Attendez. (A Toinette.) Donnez-moi mon bâton. Je vais revenir tout à l'heure.

TOINETTE.

Allez vite, monsieur, allez. Monsieur Fleurant nous donne des affaires.

SCÈNE IV.

ANGÉLIQUE, TOINETTE.

ANGÉLIQUE, regardant Toinette d'un œil languissant, lui dit confidemment.

Toinette !

TOINETTE.

Quoi ?

ANGÉLIQUE.

Regarde-moi un peu.

TOINETTE.

Hé bien ! je vous regarde.

ANGÉLIQUE.

Toinette !

TOINETTE.

Hé bien ! quoi, Toinette ?

ANGÉLIQUE.

Ne devines-tu point de quoi je veux parler?

TOINETTE.

Je m'en doute assez : de notre jeune amant; car c'est sur lui depuis six jours que roulent tous nos entretiens; et vous n'êtes point bien, si vous n'en parlez à toute heure.

ANGÉLIQUE.

Puisque tu connais cela, que n'es-tu donc la première à m'en entretenir? et que ne m'épargnes-tu la peine de te jeter sur ce discours?

TOINETTE.

Vous ne m'en donnez pas le temps; et vous avez des soins là-dessus qu'il est difficile de prévenir.

ANGÉLIQUE.

Je t'avoue que je ne saurais me lasser de te parler de lui, et que mon cœur profite avec chaleur de tous les moments de s'ouvrir à toi. Mais, dis-moi, condamnes-tu, Toinette, les sentiments que j'ai pour lui?

TOINETTE.

Je n'ai garde.

ANGÉLIQUE.

Ai-je tort de m'abandonner à ces douces impressions?

TOINETTE.

Je ne dis pas cela.

ANGÉLIQUE.

Et voudrais-tu que je fusse insensible aux tendres protestations de cette passion ardente qu'il témoigne pour moi?

TOINETTE.

A Dieu ne plaise !

ANGÉLIQUE.

Dis-moi un peu : ne trouves-tu pas, comme moi, quelque chose du ciel, quelque effet du destin, dans l'aventure inopinée de notre connaissance?

TOINETTE.

Oui.

ANGÉLIQUE.

Ne trouves-tu pas que cette action d'embrasser ma défense, sans me connaître, est tout à fait d'un honnête homme?

TOINETTE.

Oui.

ANGÉLIQUE.

Que l'on ne peut pas en user plus généreusement?

TOINETTE.

D'accord.

ANGÉLIQUE.

Et qu'il fit tout cela de la meilleure grâce du monde?

TOINETTE.

Oh! oui.

ANGÉLIQUE.

Ne trouves-tu pas, Toinette, qu'il est bien fait de sa personne?

TOINETTE.

Assurément.

ANGÉLIQUE.

Qu'il a l'air le meilleur du monde?

TOINETTE.

Sans doute.

ANGÉLIQUE.

Que ses discours, comme ses actions, ont quelque chose de noble?

TOINETTE.

Cela est sûr.

ANGÉLIQUE.

Qu'on ne peut rien entendre de plus passionné que tout ce qu'il me dit?

TOINETTE.

Il est vrai.

ANGÉLIQUE.

Et qu'il n'est rien de plus fâcheux que la contrainte où l'on me tient, qui bouche tout commerce aux doux empres-

sements de cette mutuelle ardeur que le ciel nous inspire?
TOINETTE.
Vous avez raison.
ANGÉLIQUE.
Mais, ma pauvre Toinette, crois-tu qu'il m'aime autant qu'il me le dit?
TOINETTE.
Hé! hé! ces choses-là parfois sont un peu sujettes à caution. Les grimaces d'amour ressemblent fort à la vérité; et j'ai vu de grands comédiens là-dessus.
ANGÉLIQUE.
Ah! Toinette, que dis-tu là? Hélas! de la façon qu'il parle, serait-il bien possible qu'il ne me dît pas vrai?
TOINETTE.
En tout cas, vous en serez bientôt éclaircie; et la résolution où il vous écrivit hier qu'il était de vous faire demander en mariage, est une prompte voie à vous faire connaître s'il vous dit vrai ou non. C'en sera là la bonne preuve.
ANGÉLIQUE.
Ah! Toinette, si celui-là me trompe, je ne croirai de ma vie aucun homme.
TOINETTE.
Voilà votre père qui revient.

SCÈNE V.

ARGAN, ANGÉLIQUE, TOINETTE.

ARGAN se met dans sa chaise.

Oh çà, ma fille, je vais vous dire une nouvelle, où peut-être ne vous attendez-vous pas. On vous demande en mariage. Qu'est-ce que cela? Vous riez? Cela est plaisant, oui, ce mot de mariage! Il n'y a rien de plus drôle pour les jeunes filles. Ah! nature, nature! A ce que je puis voir, ma fille, je n'ai que faire de vous demander si vous voulez bien vous marier.

ANGÉLIQUE.

Je dois faire, mon père, tout ce qu'il vous plaira de m'ordonner.

ARGAN.

Je suis bien aise d'avoir une fille si obéissante : la chose est donc conclue, et je vous ai promise.

ANGÉLIQUE.

C'est à moi, mon père, de suivre aveuglément toutes vos volontés.

ARGAN.

Ma femme, votre belle-mère, avait envie que je vous fisse religieuse, et votre petite sœur Louison aussi; et de tout temps elle a été aheurtée à cela.

TOINETTE, à part.

La bonne bête a ses raisons.

ARGAN.

Elle ne voulait point consentir à ce mariage; mais je l'ai emporté, et ma parole est donnée.

ANGÉLIQUE.

Ah! mon père, que je vous suis obligée de toutes vos bontés!

TOINETTE, à Argan.

En vérité, je vous sais bon gré de cela; et voilà l'action la plus sage que vous ayez faite de votre vie.

ARGAN.

Je n'ai point encore vu la personne; mais on m'a dit que j'en serais content, et toi aussi.

ANGÉLIQUE.

Assurément, mon père.

ARGAN.

Comment! l'as-tu vu?

ANGÉLIQUE.

Puisque votre consentement m'autorise à vous pouvoir

ouvrir mon cœur, je ne feindrai point de vous dire que le hasard nous a fait connaître il y a six jours, et que la demande qu'on vous a faite est un effet de l'inclination que, dès cette première vue, nous avons prise l'un pour l'autre.

ARGAN.

Ils ne m'ont pas dit cela; mais j'en suis bien aise, et c'est tant mieux que les choses soient de la sorte. Ils disent que c'est un grand jeune garçon bien fait.

ANGÉLIQUE.

Oui, mon père.

ARGAN.

De belle taille.

ANGÉLIQUE.

Sans doute.

ARGAN.

Agréable de sa personne.

ANGÉLIQUE.

Assurément.

ARGAN.

De bonne physionomie.

ANGÉLIQUE.

Très-bonne.

ARGAN.

Sage et bien né.

ANGÉLIQUE.

Tout à fait.

ARGAN.

Fort honnête.

ANGÉLIQUE.

Le plus honnête du monde.

ARGAN.

Qui parle bien latin et grec.

ANGÉLIQUE.

C'est ce que je ne sais pas.

ARGAN.

Et qui sera reçu médecin dans trois jours.

ANGÉLIQUE.
Lui, mon père?
ARGAN.
Oui. Est-ce qu'il ne te l'a pas dit?
ANGÉLIQUE.
Non, vraiment. Qui vous l'a dit, à vous?
ARGAN.
Monsieur Purgon.
ANGÉLIQUE.
Est-ce que monsieur Purgon le connaît?
ARGAN.
La belle demande! Il faut bien qu'il le connaisse, puisque c'est son neveu.
ANGÉLIQUE.
Cléante, neveu de monsieur Purgon?
ARGAN.
Quel Cléante? Nous parlons de celui pour qui l'on t'a demandée en mariage.
ANGÉLIQUE.
Hé! oui.
ARGAN.
Hé bien! c'est le neveu de monsieur Purgon, qui est le fils de son beau-frère le médecin, monsieur Diafoirus; et ce fils s'appelle Thomas Diafoirus, et non pas Cléante; et nous avons conclu ce mariage-là ce matin, monsieur Purgon, monsieur Fleurant, et moi; et demain, ce gendre prétendu doit m'être amené par son père. Qu'est-ce? Vous voilà tout ébaubie!
ANGÉLIQUE.
C'est, mon père, que je connais que vous avez parlé d'une personne, et que j'ai entendu une autre.
TOINETTE.
Quoi! monsieur, vous auriez fait ce dessein burlesque? Et, avec tout le bien que vous avez, vous voudriez marier votre fille avec un médecin?

ARGAN.

Oui. De quoi te mêles-tu, coquine, impudente que tu es?

TOINETTE.

Mon Dieu! tout doux. Vous allez d'abord aux invectives. Est-ce que nous ne pouvons pas raisonner ensemble sans nous emporter? Là, parlons de sang-froid. Quelle est votre raison, s'il vous plaît, pour un tel mariage?

ARGAN.

Ma raison est que, me voyant infirme et malade comme je suis, je veux me faire un gendre et des alliés médecins, afin de m'appuyer de bons secours contre ma maladie, d'avoir dans ma famille les sources des remèdes qui me sont nécessaires, et d'être à même des consultations et des ordonnances.

TOINETTE.

Hé bien! voilà dire une raison, et il y a plaisir à se répondre doucement les uns aux autres. Mais, monsieur, mettez la main à la conscience : est-ce que vous êtes malade?

ARGAN.

Comment, coquine, si je suis malade! Si je suis malade, impudente!

TOINETTE.

Hé bien! oui, monsieur, vous êtes malade; n'ayons point de querelle là-dessus. Oui, vous êtes fort malade, j'en demeure d'accord, et plus malade que vous ne pensez : voilà qui est fait. Mais votre fille doit épouser un mari pour elle; et, n'étant point malade, il n'est pas nécessaire de lui donner un médecin.

ARGAN.

C'est pour moi que je lui donne ce médecin; et une fille de bon naturel doit être ravie d'épouser ce qui est utile à la santé de son père.

TOINETTE.

Ma foi, monsieur, voulez-vous qu'en amie je vous donne un conseil?

ARGAN.

Quel est-il ce conseil?

TOINETTE.

De ne point songer à ce mariage-là.

ARGAN.

Et la raison?

TOINETTE.

La raison, c'est que votre fille n'y consentira point.

ARGAN.

Elle n'y consentira point?

TOINETTE.

Non.

ARGAN.

Ma fille?

TOINETTE.

Votre fille. Elle vous dira qu'elle n'a que faire de monsieur Diafoirus, ni de son fils Thomas Diafoirus, ni de tous les Diafoirus du monde.

ARGAN.

J'en ai affaire, moi, outre que le parti est plus avantageux qu'on ne pense. Monsieur Diafoirus n'a que ce fils-là pour tout héritier; et, de plus, monsieur Purgon, qui n'a ni femme ni enfants, lui donne tout son bien en faveur de ce mariage; et monsieur Purgon est un homme qui a huit mille bonnes livres de rente.

TOINETTE.

Il faut qu'il ait tué bien des gens, pour s'être fait si riche.

ARGAN.

Huit mille livres de rente sont quelque chose, sans compter le bien du père.

TOINETTE.

Monsieur, tout cela est bel et bon; mais j'en reviens toujours là : je vous conseille, entre nous, de lui choisir un autre mari; et elle n'est point faite pour être madame Diafoirus.

ARGAN.

Et je veux, moi, que cela soit.

TOINETTE.

Hé, fi! ne dites pas cela.

ARGAN.

Comment! que je ne dise pas cela?

TOINETTE.

Hé, non!

ARGAN.

Et pourquoi ne le dirai-je pas?

TOINETTE.

On dira que vous ne songez pas à ce que vous dites.

ARGAN.

On dira ce qu'on voudra; mais je vous dis que je veux qu'elle exécute la parole que j'ai donnée.

TOINETTE.

Non; je suis sûre qu'elle ne le fera pas.

ARGAN.

Je l'y forcerai bien.

TOINETTE.

Elle ne le fera pas, vous dis-je.

ARGAN.

Elle le fera, ou je la mettrai dans un couvent.

TOINETTE.

Vous!

ARGAN.

Moi.

TOINETTE.

Bon!

ARGAN.

Comment, bon?

TOINETTE.

Vous ne la mettrez point dans un couvent.

ARGAN.

Je ne la mettrai point dans un couvent?

TOINETTE.

Non.

ARGAN.

Non?

TOINETTE.

Non.

ARGAN.

Ouais! Voici qui est plaisant! Je ne mettrai pas ma fille dans un couvent, si je veux?

TOINETTE.

Non, vous dis-je.

ARGAN.

Qui m'en empêchera?

TOINETTE.

Vous-même.

ARGAN.

Moi?

TOINETTE.

Oui. Vous n'aurez pas ce cœur-là.

ARGAN.

Je l'aurai.

TOINETTE.

Vous vous moquez.

ARGAN.

Je ne me moque point.

TOINETTE.

La tendresse paternelle vous prendra.

ARGAN.

Elle ne me prendra point.

TOINETTE.

Une petite larme ou deux, des bras jetés au cou, un « Mon petit papa mignon », prononcé tendrement, sera assez pour vous toucher.

ARGAN.

Tout cela ne fera rien.

TOINETTE.

Oui, oui.

ARGAN.

Je vous dis que je n'en démordrai point.

TOINETTE.

Bagatelles.

ARGAN.

Il ne faut point dire « Bagatelles. »

TOINETTE.

Mon Dieu! je vous connais, vous êtes bon naturellement.

ARGAN, avec emportement.

Je ne suis point bon, et je suis méchant quand je veux.

TOINETTE.

Doucement, monsieur. Vous ne songez pas que vous êtes malade.

ARGAN.

Je lui commande absolument de se préparer à prendre le mari que je dis.

TOINETTE.

Et moi, je lui défends absolument d'en faire rien.

ARGAN.

Où est-ce donc que nous sommes? et quelle audace est-ce là à une coquine de servante, de parler de la sorte devant son maître?

TOINETTE.

Quand un maître ne songe pas à ce qu'il fait, une servante bien sensée est en droit de le redresser.

ARGAN, courant après Toinette.

Ah! insolente, il faut que je t'assomme.

TOINETTE, évitant Argan, et mettant la chaise entre elle et lui.

Il est de mon devoir de m'opposer aux choses qui vous peuvent déshonorer.

ARGAN, courant après Toinette autour de la chaise avec son bâton.

Viens, viens, que je t'apprenne à parler.

TOINETTE, se sauvant du côté où n'est pas Argan.

Je m'intéresse, comme je dois, à ne vous point laisser faire de folie.

ARGAN, de même.

Chienne!

TOINETTE, de même.

Non, je ne consentirai jamais à ce mariage.

ARGAN, de même.

Pendarde!

TOINETTE, de même.

Je ne veux point qu'elle épouse votre Thomas Diafoirus.

ARGAN, de même.

Carogne!

TOINETTE, de même.

Et elle m'obéira plutôt qu'à vous.

ARGAN, s'arrêtant.

Angélique, tu ne veux pas m'arrêter cette coquine-là?

ANGÉLIQUE.

Hé! mon père, ne vous faites point malade.

ARGAN, à Angélique.

Si tu ne me l'arrêtes, je te donnerai ma malédiction.

TOINETTE, en s'en allant.

Et moi, je la déshériterai, si elle vous obéit.

ARGAN, se jetant dans sa chaise.

Ah! ah! je n'en puis plus. Voilà pour me faire mourir.

SCÈNE VI.

BÉLINE, ARGAN.

ARGAN.

Ah! ma femme, approchez.

BÉLINE.

Qu'avez-vous, mon pauvre mari?

ARGAN.

Venez-vous-en ici à mon secours.

BÉLINE.

Qu'est-ce que c'est donc qu'il y a, mon petit fils?

ARGAN.

M'amie!

BÉLINE.

Mon ami!

ARGAN.

On vient de me mettre en colère.

BÉLINE.

Hélas! pauvre petit mari! Comment donc, mon ami?

ARGAN.

Votre coquine de Toinette est devenue plus insolente que jamais.

BÉLINE.

Ne vous passionnez donc point.

ARGAN.

Elle m'a fait enrager, m'amie.

BÉLINE.

Doucement, mon fils.

ARGAN.

Elle a contrecarré, une heure durant, les choses que je veux faire.

BÉLINE.

Là, là, tout doux.

ARGAN.

Et a eu l'effronterie de me dire que je ne suis point malade.

BÉLINE.

C'est une impertinente.

ARGAN.

Vous savez, mon cœur, ce qui en est.

BÉLINE.

Oui, mon cœur; elle a tort.

ARGAN.

M'amour, cette coquine-là me fera mourir.

BÉLINE.

Hé là! hé là!

ARGAN.

Elle est cause de toute la bile que je fais.

BÉLINE.

Ne vous fâchez point tant.

ARGAN.

Et il y a je ne sais combien que je vous dis de me la chasser.

BÉLINE.

Mon Dieu! mon fils, il n'y a point de serviteurs et de servantes qui n'aient leurs défauts. On est contraint parfois de souffrir leurs mauvaises qualités, à cause des bonnes. Celle-ci est adroite, soigneuse, diligente, et surtout fidèle; et vous savez qu'il faut maintenant de grandes précautions pour les gens que l'on prend. Holà! Toinette!

SCÈNE VII.

ARGAN, BÉLINE, TOINETTE.

TOINETTE.

Madame.

BÉLINE.

Pourquoi donc est-ce que vous mettez mon mari en colère?

TOINETTE, d'un ton doucereux.

Moi, madame? Hélas! je ne sais pas ce que vous me voulez dire, et je ne songe qu'à complaire à monsieur en toutes choses.

ARGAN.

Ah! la traîtresse!

TOINETTE.

Il nous a dit qu'il voulait donner sa fille en mariage au fils de monsieur Diafoirus : je lui ai répondu que je trouvais le parti avantageux pour elle, mais que je croyais qu'il ferait mieux de la mettre dans un couvent.

BÉLINE.

Il n'y a pas grand mal à cela, et je trouve qu'elle a raison.

ARGAN.

Ah! m'amour, vous la croyez? C'est une scélérate, elle m'a dit cent insolences.

BÉLINE.

Hé bien! je vous crois, mon ami. Là, remettez-vous. Écoutez, Toinette : si vous fâchez jamais mon mari, je vous mettrai dehors. Çà, donnez-moi son manteau fourré et des oreillers, que je l'accommode dans sa chaise. Vous voilà je ne sais comment. Enfoncez bien votre bonnet jusque sur vos oreilles : il n'y a rien qui enrhume tant que de prendre l'air par les oreilles.

ARGAN.

Ah! m'amie, que je vous suis obligé de tous les soins que vous prenez de moi!

BÉLINE, accommodant les oreillers qu'elle met autour d'Argan.

Levez-vous, que je mette ceci sous vous. Mettons celui-ci pour vous appuyer, et celui-là de l'autre côté. Mettons celui-ci derrière votre dos, et cet autre-là pour soutenir votre tête.

TOINETTE, lui mettant rudement un oreiller sur la tête.

Et celui-ci pour vous garder du serein.

ARGAN, se levant en colère, et jetant tous les oreillers à Toinette, qui s'enfuit.

Ah! coquine, tu veux m'étouffer!

SCÈNE VIII.

ARGAN, BÉLINE.

BÉLINE.

Hé là! hé là! Qu'est-ce que c'est donc?

ARGAN, tout essoufflé, se jette dans sa chaise.

Ah, ah, ah! je n'en puis plus.

BÉLINE.

Pourquoi vous emporter ainsi? Elle a cru faire bien.

ARGAN.

Vous ne connaissez pas, m'amour, la malice de la pendarde. Ah! elle m'a mis tout hors de moi; et il faudra plus de huit médecines et de douze lavements pour réparer tout ceci.

BÉLINE.

Là, là, mon petit ami, apaisez-vous un peu.

ARGAN.

M'amie, vous êtes toute ma consolation.

BÉLINE.

Pauvre petit fils!

ARGAN.

Pour tâcher de reconnaître l'amour que vous me portez, je veux, mon cœur, comme je vous ai dit, faire mon testament.

BÉLINE.

Ah! mon ami, ne parlons point de cela, je vous prie : je ne saurais souffrir cette pensée; et le seul mot de testament me fait tressaillir de douleur.

ARGAN.

Je vous avais dit de parler pour cela à votre notaire.

BÉLINE.

Le voilà là dedans, que j'ai amené avec moi.

ARGAN.

Faites-le donc entrer, m'amour.

BÉLINE.

Hélas! mon ami, quand on aime bien un mari, on n'est guère en état de songer à tout cela.

SCÈNE IX.

MONSIEUR BONNEFOI, BÉLINE, ARGAN.

ARGAN.

Approchez, monsieur Bonnefoi, approchez. Prenez un siége, s'il vous plaît. Ma femme m'a dit, monsieur, que vous étiez fort honnête homme, et tout à fait de ses amis, et je l'ai chargée de vous parler pour un testament que je veux faire.

BÉLINE.

Hélas! je ne suis point capable de parler de ces choses-là.

MONSIEUR BONNEFOI.

Elle m'a, monsieur, expliqué vos intentions, et le dessein où vous êtes pour elle, et j'ai à vous dire là-dessus que vous ne sauriez rien donner à votre femme par votre testament.

ARGAN.

Mais pourquoi?

MONSIEUR BONNEFOI.

La coutume y résiste. Si vous étiez en pays de droit écrit, cela se pourrait faire; mais, à Paris et dans les pays coutumiers, au moins dans la plupart, c'est ce qui ne se peut, et la disposition serait nulle. Tout l'avantage qu'homme et femme conjoints par mariage se peuvent faire l'un à l'autre, c'est un don mutuel entre vifs; encore faut-il qu'il n'y ait enfants, soit des deux conjoints, ou de l'un d'eux, lors du décès du premier mourant [1].

ARGAN.

Voilà une coutume bien impertinente, qu'un mari ne puisse rien laisser à une femme dont il est aimé tendrement, et

---

[1] Ce sont les termes mêmes des articles 280 et 282 de l'ancienne coutume de Paris.

qui prend de lui tant de soin! J'aurais envie de consulter mon avocat, pour voir comment je pourrais faire.

MONSIEUR BONNEFOI.

Ce n'est point à des avocats qu'il faut aller, car ils sont d'ordinaire sévères là-dessus, et s'imaginent que c'est un grand crime que de disposer en fraude de la loi : ce sont gens de difficultés, et qui sont ignorants des détours de la conscience. Il y a d'autres personnes à consulter, qui sont bien plus accommodantes, qui ont des expédients pour passer doucement par-dessus la loi, et rendre juste ce qui n'est pas permis; qui savent aplanir les difficultés d'une affaire, et trouver des moyens d'éluder la coutume par quelque avantage indirect. Sans cela, où en serions-nous tous les jours? Il faut de la facilité dans les choses; autrement nous ne ferions rien, et je ne donnerais pas un sou de notre métier.

ARGAN.

Ma femme m'avait bien dit, monsieur, que vous étiez fort habile et fort honnête homme. Comment puis-je faire, s'il vous plaît, pour lui donner mon bien et en frustrer mes enfants?

MONSIEUR BONNEFOI.

Comment vous pouvez faire? Vous pouvez choisir doucement un ami intime de votre femme, auquel vous donnerez, en bonne forme, par votre testament, tout ce que vous pouvez; et cet ami ensuite lui rendra tout. Vous pouvez encore contracter un grand nombre d'obligations, non suspectes, au profit de divers créanciers qui prêteront leur nom à votre femme, et entre les mains de laquelle ils mettront leur déclaration que ce qu'ils en ont fait n'a été que pour lui faire plaisir. Vous pouvez aussi, pendant que vous êtes en vie, mettre entre ses mains de l'argent comptant, ou des billets que vous pourrez avoir payables au porteur.

BÉLINE.

Mon Dieu! il ne faut point vous tourmenter de tout cela. S'il vient faute de vous, mon fils, je ne veux plus rester au monde.

ARGAN.

M'amie!

BÉLINE.

Oui, mon ami, si je suis assez malheureuse pour vous perdre...

ARGAN.

Ma chère femme!

BÉLINE.

La vie ne me sera plus de rien.

ARGAN.

M'amour!

BÉLINE.

Et je suivrai vos pas, pour vous faire connaître la tendresse que j'ai pour vous.

ARGAN.

M'amie vous me fendez le cœur! Consolez-vous, je vous en prie.

MONSIEUR BONNEFOI, à Béline.

Ces larmes sont hors de saison, et les choses n'en sont point encore là.

BÉLINE.

Ah! monsieur, vous ne savez pas ce que c'est qu'un mari qu'on aime tendrement.

ARGAN.

Tout le regret que j'aurai, si je meurs, m'amie, c'est de n'avoir point un enfant de vous. Monsieur Purgon m'avait dit qu'il m'en ferait faire un.

MONSIEUR BONNEFOI.

Cela pourra venir encore.

ARGAN.

Il faut faire mon testament, m'amour, de la façon que monsieur dit; mais, par précaution, je veux vous mettre entre les mains vingt mille francs en or que j'ai dans le lambris de mon alcôve, et deux billets payables au porteur, qui me sont dus, l'un par monsieur Damon, et l'autre par monsieur Gérante.

ACTE I. SCÈNE X.

BÉLINE.

Non, non, je ne veux point de tout cela. Ah!... Combien dites-vous qu'il y a dans votre alcôve ?

ARGAN.

Vingt mille francs, m'amour.

BÉLINE.

Ne me parlez point de bien, je vous prie. Ah!... De combien sont les deux billets?

ARGAN.

Ils sont, m'amie, l'un de quatre mille francs, et l'autre de six.

BÉLINE.

Tous les biens du monde, mon ami, ne me sont rien au prix de vous.

MONSIEUR BONNEFOI, à Argan.

Voulez-vous que nous procédions au testament?

ARGAN.

Oui, monsieur; mais nous serons mieux dans mon petit cabinet. M'amour, conduisez-moi, je vous prie.

BÉLINE.

Allons, mon pauvre petit fils.

SCÈNE X.

ANGÉLIQUE, TOINETTE.

TOINETTE.

Les voilà avec un notaire, et j'ai ouï parler de testament. Votre belle-mère ne s'endort point, et c'est sans doute quelque conspiration contre vos intérêts, où elle pousse votre père.

ANGÉLIQUE.

Qu'il dispose de son bien à sa fantaisie, pourvu qu'il ne dispose point de mon cœur. Tu vois, Toinette, les desseins violents que l'on fait sur lui. Ne m'abandonne point, je te prie, dans l'extrémité où je suis.

TOINETTE.

Moi, vous abandonner! J'aimerais mieux mourir. Votre belle-mère a beau me faire sa confidente, et me vouloir jeter dans ses intérêts, je n'ai jamais pu avoir d'inclination pour elle; et j'ai toujours été de votre parti. Laissez-moi faire; j'emploierai toute chose pour vous servir; mais, pour vous servir avec plus d'effet, je veux changer de batterie, couvrir le zèle que j'ai pour vous, et feindre d'entrer dans les sentiments de votre père et de votre belle-mère.

ANGÉLIQUE.

Tâche, je t'en conjure, de faire donner avis à Cléante du mariage qu'on a conclu.

TOINETTE.

Je n'ai personne à employer à cet office, que le vieux usurier Polichinelle, mon amant; et il m'en coûtera pour cela quelques paroles de douceur, que je veux bien dépenser pour vous. Pour aujourd'hui, il est trop tard; mais demain, de grand matin, je l'envoierai querir, et il sera ravi de...

SCÈNE XI.

BÉLINE, dans la maison; ANGÉLIQUE, TOINETTE.

BÉLINE.

Toinette!

TOINETTE, à Angélique.

Voilà qu'on m'appelle. Bonsoir. Reposez-vous sur moi.

FIN DU PREMIER ACTE.

PREMIER INTERMÈDE.

Le théâtre change et représente une ville.

Polichinelle, dans la nuit, vient pour donner une sérénade à sa maîtresse. Il est interrompu d'abord par des violons contre lesquels il se met en colère, et ensuite par le guet, composé de musiciens et de danseurs.

SCÈNE I.

POLICHINELLE, seul.

O amour, amour, amour, amour! Pauvre Polichinelle, quelle diable de fantaisie t'es-tu allé mettre dans la cervelle? A quoi t'amuses-tu, misérable insensé que tu es? Tu quittes le soin de ton négoce, et tu laisses aller tes affaires à l'abandon; tu ne manges plus, tu ne bois presque plus, tu perds le repos de la nuit, et tout cela, pour qui? Pour une dragonne, franche dragonne; une diablesse qui te rembarre, et se moque de tout ce que tu peux lui dire. Mais il n'y a point à raisonner là-dessus. Tu le veux, amour: il faut être fou comme beaucoup d'autres. Cela n'est pas le mieux du monde à un homme de mon âge; mais qu'y faire? On n'est pas sage quand on veut; et les vieilles cervelles se démontent comme les jeunes.

Je viens voir si je ne pourrai point adoucir ma tigresse par une sérénade. Il n'y a rien parfois qui soit si touchant qu'un amant qui vient chanter ses doléances aux gonds et aux verrous de la porte de sa maîtresse. (Après avoir pris son luth.) Voici de quoi accompagner ma voix. O nuit! ô chère nuit! porte mes plaintes amoureuses jusque dans le lit de mon inflexible.

> Notte e dì v' amo et v' adoro.
> Cerco un sì per mio ristoro :
> Ma se voi dite di nò,
> Bella ingrata, io morirò.

> Frà la speranza
> S'afflige il cuore,
> In lontananza
> Consuma l'hore ;
> Si dolce inganno
> Che mi figura
> Breve l'affanno,
> Ahi! troppo dura!
> Così per troppo amar languisco e muoro.

> Notte e dì v' amo e v' adoro.
> Cerco un sì per mio ristoro ;
> Ma se voi dite di nò,
> Bella ingrata, io morirò.

> Se non dormite,
> Almen pensate
> Alle ferite
> Ch' al cuor mi fate.
> Deh! almen fingete,
> Per mio conforto,
> Se m' uccidete,

D' haver il torto :
Vostra pietà mi scemarà il martoro.

Notte e dì v' amo e v' adoro.
Cerco un sì per mio ristoro;
Ma se voi dite di nò,
Bella ingrata, io morirò [1].

SCÈNE II.

POLICHINELLE; UNE VIEILLE, se présentant à la fenêtre, et répondant à Polichinelle pour se moquer de lui.

LA VIEILLE chante.

Zerbinetti, ch' ogn' hor con finti sguardi,
Mentiti desiri,
Fallaci sospiri,
Accenti buggiardi,
Di fede vi preggiate,
Ah! che non m' ingannate.
Che già so per prova,
Ch' in voi non si trova
Costanza ne fede.

Oh! quanto è pazza colei che vi crede.

---

[1] « Nuit et jour je vous aime et je vous adore. Je vous demande un oui pour me soutenir; mais si vous dites non, belle ingrate, je mourrai.

» Même en espérant, mon cœur s'afflige; dans l'absence, il consume tristement les heures. L'illusion si douce qui me fait espérer que le chagrin sera court, dure trop, hélas! Ainsi, pour trop aimer, je languis et je meurs.

» Nuit et jour, etc.

» Si vous ne dormez pas, pensez au moins aux blessures que vous faites à mon cœur. Si vous me tuez, hélas! feignez au moins d'avoir tort, votre pitié adoucira mon martyre.

» Nuit et jour, etc. »

Quei sguardi languidi
Non m' innamorano,
Quei sospir fervidi
Più non m' infiammano,
 Vel' giuro a fe.
Zerbino misero,
Del vostro piangere :
Il mio cuor libero
Vuol sempre ridere;
 Credete a me,
Che già so per prova,
Ch' in voi non si trova
Costanza ne fede.

Oh! quanto è pazza colei che vi crede [1].

SCÈNE III.

POLICHINELLE; VIOLONS, derrière le théâtre.
LES VIOLONS commencent un air.

POLICHINELLE.
Quelle impertinente harmonie vient interrompre ici ma voix!

LES VIOLONS, continuant à jouer.

---

[1] « Galants, qui à toute heure, avec des regards trompeurs, des désirs mensongers, des soupirs fallacieux et des accents perfides vous vantez d'être fidèles, ah! vous ne me trompez plus! Je sais par expérience qu'on ne trouve en vous ni constance ni foi; ah! combien est folle celle qui vous croit!

» Ces regards languissants ne me donnent plus d'amour, ces soupirs brûlants ne m'enflamment plus. Je vous le jure sur ma foi. Pauvre Zerbin, mon cœur devenu libre veut toujours rire de vos plaintes. Croyez-moi, je vois par mon expérience qu'on ne trouve en vous, etc. »

POLICHINELLE.

Paix là! taisez-vous, violons. Laissez-moi me plaindre à mon aise des cruautés de mon inexorable.

LES VIOLONS de même.
POLICHINELLE.

Taisez-vous, vous dis-je; c'est moi qui veux chanter.

LES VIOLONS.
POLICHINELLE.

Paix donc!

LES VIOLONS.
POLICHINELLE.

Ouais!

LES VIOLONS.
POLICHINELLE.

Ahi!

LES VIOLONS.
POLICHINELLE.

Est-ce pour rire?

LES VIOLONS.
POLICHINELLE.

Ah! que de bruit!

LES VIOLONS.
POLICHINELLE.

Le diable vous emporte!

LES VIOLONS.
POLICHINELLE.

J'enrage!

LES VIOLONS.
POLICHINELLE.

Vous ne vous tairez pas? Ah! Dieu soit loué!

LES VIOLONS.
POLICHINELLE.

Encore?

LES VIOLONS.
POLICHINELLE.

Peste des violons!

LES VIOLONS.

POLICHINELLE.

La sotte musique que voilà !

LES VIOLONS.

POLICHINELLE, chantant pour se moquer des violons

La, la, la, la, la, la.

LES VIOLONS.

POLICHINELLE, de même.

La, la, la, la, la, la.

LES VIOLONS.

POLICHINELLE, de même.

La, la, la, la, la, la.

LES VIOLONS.

POLICHINELLE, de même.

La, la, la, la, la, la.

LES VIOLONS.

POLICHINELLE, de même.

La, la, la, la, la, la.

LES VIOLONS.

POLICHINELLE.

Par ma foi, cela me divertit. Poursuivez, messieurs les violons; vous me ferez plaisir. (N'entendant plus rien.) Allons donc, continuez, je vous en prie.

SCÈNE IV.

POLICHINELLE, seul.

Voilà le moyen de les faire taire. La musique est accoutumée à ne point faire ce qu'on veut. Oh sus, à nous. Avant que de chanter, il faut que je prélude un peu, et joue quelque pièce, afin de mieux prendre mon ton. (Il prend son luth, dont il fait semblant de jouer, en imitant avec les lèvres et la langue le son de cet instrument.) Plan, plan, plan. Plin, plin, plin. Voilà un temps fâcheux pour mettre un luth d'accord. Plin, plin, plin. Plin, tan, plan. Plin, plin. Les cordes ne tiennent point par ce temps-là. Plin, plin. J'entends du bruit. Mettons mon luth contre la porte.

SCÈNE V.

POLICHINELLE; ARCHERS, passant dans la rue, et accourant au bruit qu'ils entendent.

UN ARCHER, chantant.

Qui va là ? qui va là ?

POLICHINELLE, bas.

Qui diable est-ce là ? Est-ce que c'est la mode de parler en musique ?

L'ARCHER.

Qui va là ? qui va là ? qui va là ?

POLICHINELLE, épouvanté.

Moi, moi, moi.

L'ARCHER.

Qui va là ? qui va là ? vous dis-je.

POLICHINELLE.

Moi, moi, vous dis-je.

L'ARCHER.

Et qui toi ? et qui toi ?

POLICHINELLE.

Moi, moi, moi, moi, moi, moi.

L'ARCHER.

Dis ton nom, dis ton nom, sans davantage attendre.

POLICHINELLE, feignant d'être bien hardi.

Mon nom est : Va te faire pendre.

L'ARCHER.

Ici, camarades, ici.
Saisissons l'insolent qui nous répond ainsi.

PREMIÈRE ENTRÉE DE BALLET.

Tout le guet vient, qui cherche Polichinelle dans la nuit.

VIOLONS et DANSEURS.
POLICHINELLE.

Qui va là?

VIOLONS et DANSEURS.
POLICHINELLE.

Qui sont les coquins que j'entends?

VIOLONS et DANSEURS.
POLICHINELLE.

Euh?...

VIOLONS et DANSEURS.
POLICHINELLE.

Holà! mes laquais, mes gens!

VIOLONS et DANSEURS.
POLICHINELLE.

Par la mort!

VIOLONS et DANSEURS.
POLICHINELLE.

Par la sang!

VIOLONS et DANSEURS.
POLICHINELLE.

J'en jetterai par terre.

VIOLONS et DANSEURS.
POLICHINELLE.

Champagne, Poitevin, Picard, Basque, Breton!

VIOLONS et DANSEURS.
POLICHINELLE.

Donnez-moi mon mousqueton...

VIOLONS et DANSEURS.
POLICHINELLE, faisant semblant de tirer un coup de pistolet.

Poue.

(Ils tombent tous, et s'enfuient.)

SCÈNE VI.

POLICHINELLE, seul.

Ah, ah, ah, ah! comme je leur ai donné l'épouvante! Voilà de sottes gens, d'avoir peur de moi, qui ai peur des autres. Ma foi, il n'est que de jouer d'adresse en ce monde. Si je n'avais tranché du grand seigneur et n'avais fait le brave, ils n'auraient pas manqué de me happer. Ah, ah, ah! (Les archers se rapprochent, et, ayant entendu ce qu'il disait, ils le saisissent au collet.)

SCÈNE VII.

POLICHINELLE; ARCHERS, CHANTANTS.

LES ARCHERS, saisissant Polichinelle.
Nous le tenons. A nous, camarades, à nous!
 Dépêch'ez : de la lumière.
(Tout le guet vient avec des lanternes.)

SCÈNE VIII.

POLICHINELLE; ARCHERS, CHANTANTS ET DANSANTS.

ARCHERS.
Ah! traître; ah! fripon! c'est donc vous?
Faquin, maraud, pendard, impudent, téméraire,
Insolent, effronté, coquin, filou, voleur,
 Vous osez nous faire peur!

POLICHINELLE.
Messieurs, c'est que j'étais ivre.
ARCHERS.
Non, non, non; point de raison;
Il faut vous apprendre à vivre.
En prison, vite en prison.

POLICHINELLE.
Messieurs, je ne suis point voleur.
ARCHERS.
En prison.

POLICHINELLE.
Je suis un bourgeois de la ville.
ARCHERS.
En prison.

POLICHINELLE.
Qu'ai-je fait?
ARCHERS.
En prison, vite en prison.

POLICHINELLE.
Messieurs, laissez-moi aller.
ARCHERS.
Non.

POLICHINELLE.
Je vous prie!
ARCHERS.
Non.

POLICHINELLE.
Hé!
ARCHERS.
Non.

POLICHINELLE.
De grâce!
ARCHERS.
Non, non.

POLICHINELLE.
Messieurs!

ARCHERS.

Non, non, non.

POLICHINELLE.

S'il vous plaît.

ARCHERS.

Non, non.

POLICHINELLE.

Par charité !

ARCHERS.

Non, non.

POLICHINELLE.

Au nom du ciel !

ARCHERS.

Non, non.

POLICHINELLE.

Miséricorde !

ARCHERS.

Non, non, non, point de raison ;
Il faut vous apprendre à vivre.
En prison, vite en prison.

POLICHINELLE.

Hé ! n'est-il rien, messieurs, qui soit capable d'attendrir vos âmes ?

ARCHERS.

Il est aisé de nous toucher ;
Et nous sommes humains, plus qu'on ne saurait croire,
Donnez-nous seulement six pistoles pour boire,
Nous allons vous lâcher.

POLICHINELLE.

Hélas ! messieurs, je vous assure que je n'ai pas un sol sur moi.

ARCHERS.

Au défaut de six pistoles,
Choisissez donc, sans façon,
D'avoir trente croquignoles,
Ou douze coups de bâton.

POLICHINELLE.

Si c'est une nécessité, et qu'il faille en passer par là, je choisis les croquignoles.

ARCHERS.

Allons, préparez-vous,
Et comptez bien les coups.

DEUXIÈME ENTRÉE DE BALLET.

Les archers danseurs lui donnent des croquignoles en cadence.

POLICHINELLE, pendant qu'on lui donne des croquignoles.

Un et deux, trois et quatre, cinq et six, sept et huit, neuf et dix, onze et douze et treize, et quatorze et quinze.

ARCHERS.

Ah! ah! vous en voulez passer!
Allons, c'est à recommencer.

POLICHINELLE.

Ah! messieurs, ma pauvre tête n'en peut plus; et vous venez de me la rendre comme une pomme cuite. J'aime mieux encore les coups de bâton, que de recommencer.

ARCHERS.

Soit, puisque le bâton est pour vous plus charmant,
Vous aurez contentement.

TROISIÈME ENTRÉE DE BALLET.

Les archers danseurs lui donnent des coups de bâton en cadence.

POLICHINELLE, comptant les coups de bâton.

Un, deux, trois, quatre, cinq, six. Ah, ah, ah! je n'y saurais plus résister. Tenez, messieurs, voilà six pistoles que je vous donne.

ARCHERS.
Ah! l'honnête homme! Ah! l'âme noble et belle!
Adieu, seigneur; adieu, seigneur Polichinelle.
POLICHINELLE.
Messieurs, je vous donne le bonsoir.
ARCHERS.
Adieu, seigneur; adieu, seigneur Polichinelle.
POLICHINELLE.
Votre serviteur.
ARCHERS.
Adieu, seigneur; adieu, seigneur Polichinelle.
POLICHINELLE.
Très-humble valet.
ARCHERS.
Adieu, seigneur; adieu, seigneur Polichinelle.
POLICHINELLE.
Jusqu'au revoir.

QUATRIÈME ENTRÉE DE BALLET.

Ils dansent tous, en réjouissance de l'argent qu'ils ont reçu.

FIN DU PREMIER INTERMÈDE.

ACTE DEUXIÈME.

Le théâtre représente la chambre d'Argan.

SCÈNE I.

CLÉANTE, TOINETTE.

TOINETTE, ne reconnaissant pas Cléante.

Que demandez-vous, monsieur ?

CLÉANTE.

Ce que je demande ?

TOINETTE.

Ah ! ah ! c'est vous ! Quelle surprise ! Que venez-vous faire céans ?

CLÉANTE.

Savoir ma destinée, parler à l'aimable Angélique, consulter les sentiments de son cœur, et lui demander ses résolutions sur ce mariage fatal dont on m'a averti.

TOINETTE.

Oui ; mais on ne parle pas comme cela de but en blanc à Angélique : il faut des mystères, et l'on vous a dit l'étroite garde où elle est retenue ; qu'on ne la laisse ni sortir, ni parler à personne ; et que ce ne fut que la curiosité d'une vieille tante, qui nous fit accorder la liberté d'aller à cette comédie, qui donna lieu à la naissance de votre passion ; et nous nous sommes bien gardées de parler de cette aventure.

CLÉANTE.

Aussi ne viens-je pas ici comme Cléante, et sous l'apparence de son amant ; mais comme ami de son maître de musique, dont j'ai obtenu le pouvoir de dire qu'il m'envoie à sa place.

TOINETTE.

Voici son père. Retirez-vous un peu, et me laissez lui dire que vous êtes là.

SCÈNE II.

ARGAN, TOINETTE.

ARGAN, se croyant seul, et sans voir Toinette.

Monsieur Purgon m'a dit de me promener le matin, dans ma chambre, douze allées et douze venues ; mais j'ai oublié à lui demander si c'est en long ou en large.

TOINETTE.

Monsieur, voilà un...

ARGAN.

Parle bas, pendarde ! tu viens m'ébranler tout le cerveau, et tu ne songes pas qu'il ne faut point parler si haut à des malades.

TOINETTE.

Je voulais vous dire, monsieur...

ARGAN.

Parle bas, te dis-je.

TOINETTE.

Monsieur... (Elle fait semblant de parler.)

ARGAN.

Hé ?

TOINETTE.

Je vous dis que... (Elle fait encore semblant de parler.)

ARGAN.

Qu'est-ce que tu dis?

TOINETTE, haut.

Je dis que voilà un homme qui veut parler à vous.

ARGAN.

Qu'il vienne.

(Toinette fait signe à Cléante d'avancer.)

SCÈNE III.

ARGAN, CLÉANTE, TOINETTE.

CLÉANTE.

Monsieur...

TOINETTE, à Cléante.

Ne parlez pas si haut, de peur d'ébranler le cerveau de monsieur.

CLÉANTE.

Monsieur, je suis ravi de vous trouver debout, et de voir que vous vous portez mieux.

TOINETTE, feignant d'être en colère

Comment! qu'il se porte mieux! cela est faux. Monsieur se porte toujours mal.

CLÉANTE.

J'ai ouï dire que monsieur était mieux; et je lui trouve bon visage.

TOINETTE.

Que voulez-vous dire avec votre bon visage? Monsieur l'a fort mauvais; et ce sont des impertinents qui vous ont dit qu'il était mieux. Il ne s'est jamais si mal porté.

ARGAN.

Elle a raison.

TOINETTE.

Il marche, dort, mange et boit tout comme les autres; mais cela n'empêche pas qu'il ne soit fort malade.

ARGAN.

Cela est vrai.

CLÉANTE.

Monsieur, j'en suis au désespoir. Je viens de la part du maître à chanter de mademoiselle votre fille; il s'est vu obligé d'aller à la campagne pour quelques jours; et, comme son ami intime, il m'envoie à sa place pour lui continuer ses leçons, de peur qu'en les interrompant elle ne vînt à oublier ce qu'elle sait déjà.

ARGAN.

Fort bien. (A Toinette.) Appelez Angélique.

TOINETTE.

Je crois, monsieur, qu'il sera mieux de mener monsieur à sa chambre.

ARGAN.

Non. Faites-la venir.

TOINETTE.

Il ne pourra lui donner leçon comme il faut, s'ils ne sont en particulier.

ARGAN.

Si fait, si fait.

TOINETTE.

Monsieur, cela ne fera que vous étourdir; et il ne faut rien pour vous émouvoir en l'état où vous êtes, et vous ébranler le cerveau.

ARGAN.

Point, point : j'aime la musique; et je serai bien aise de... Ah! la voici. (A Toinette.) Allez-vous-en voir, vous, si ma femme est habillée.

SCÈNE IV.

ARGAN, ANGÉLIQUE, CLÉANTE.

ARGAN.

Venez, ma fille. Votre maître de musique est allé aux champs; et voilà une personne qu'il envoie à sa place pour vous montrer.

ANGÉLIQUE, reconnaissant Cléante.

Ah! ciel!

ARGAN.

Qu'est-ce? D'où vient cette surprise?

ANGÉLIQUE.

C'est...

ARGAN.

Quoi? Qui vous émeut de la sorte?

ANGÉLIQUE.

C'est, mon père, une aventure surprenante qui se rencontre ici.

ARGAN.

Comment?

ANGÉLIQUE.

J'ai songé cette nuit que j'étais dans le plus grand embarras du monde, et qu'une personne, faite comme monsieur, s'est présentée à moi, à qui j'ai demandé secours, et qui m'est venue tirer de la peine où j'étais; et ma surprise a été grande de voir inopinément, en arrivant ici, ce que j'ai eu dans l'idée toute la nuit.

CLÉANTE.

Ce n'est pas être malheureux que d'occuper votre pensée, soit en dormant, soit en veillant; et mon bonheur serait grand sans doute, si vous étiez dans quelque peine dont vous me jugeassiez digne de vous tirer; et il n'y a rien que je ne fisse pour...

SCÈNE V.

ARGAN, ANGÉLIQUE, CLÉANTE, TOINETTE.

TOINETTE, à Argan.

Ma foi, monsieur, je suis pour vous maintenant, et je me dédis de tout ce que je disais hier. Voici monsieur Diafoirus le père et monsieur Diafoirus le fils, qui viennent vous rendre visite. Que vous serez bien engendré[1] ! Vous allez voir le garçon le mieux fait du monde, et le plus spirituel. Il n'a dit que deux mots, qui m'ont ravie, et votre fille va être charmée de lui.

ARGAN, à Cléante, qui feint de vouloir s'en aller.

Ne vous en allez point, monsieur. C'est que je marie ma fille; et voilà qu'on lui amène son prétendu mari[2], qu'elle n'a point encore vu.

CLÉANTE.

C'est m'honorer beaucoup, monsieur, de vouloir que je sois témoin d'une entrevue si agréable.

ARGAN.

C'est le fils d'un habile médecin; et le mariage se fera dans quatre jours.

CLÉANTE.

Fort bien.

ARGAN.

Mandez-le un peu à son maître de musique, afin qu'il se trouve à la noce.

CLÉANTE.

Je n'y manquerai pas.

---

[1] *Être engendré*, pour avoir un gendre.
[2] Aujourd'hui, on dit *son prétendu*; les mots « prétendu mari » auraient un autre sens.

ARGAN.

Je vous y prie aussi.

CLÉANTE.

Vous me faites beaucoup d'honneur.

TOINETTE.

Allons, qu'on se range : les voici.

SCÈNE VI.

MONSIEUR DIAFOIRUS, THOMAS DIAFOIRUS, ARGAN, ANGÉLIQUE, CLÉANTE, TOINETTE, LAQUAIS.

ARGAN, mettant la main à son bonnet, sans l'ôter.

Monsieur Purgon, monsieur, m'a défendu de découvrir ma tête. Vous êtes du métier : vous savez les conséquences.

MONSIEUR DIAFOIRUS.

Nous sommes dans toutes nos visites pour porter secours aux malades, et non pour leur porter de l'incommodité.

(Argan et monsieur Diafoirus parlent tous deux en même temps.)

ARGAN.

Je reçois, monsieur,

MONSIEUR DIAFOIRUS.

Nous venons ici, monsieur,

ARGAN.

Avec beaucoup de joie,

MONSIEUR DIAFOIRUS.

Mon fils Thomas, et moi,

ARGAN.

L'honneur que vous me faites,

MONSIEUR DIAFOIRUS.

Vous témoigner, monsieur,

ARGAN.

Et j'aurais souhaité

MONSIEUR DIAFOIRUS.

Le ravissement où nous sommes

ARGAN.

De pouvoir aller chez vous,

MONSIEUR DIAFOIRUS.

De la grâce que vous nous faites

ARGAN.

Pour vous en assurer.

MONSIEUR DIAFOIRUS.

De vouloir bien nous recevoir

ARGAN.

Mais vous savez, monsieur,

MONSIEUR DIAFOIRUS.

Dans l'honneur, monsieur,

ARGAN.

Ce que c'est qu'un pauvre malade,

MONSIEUR DIAFOIRUS.

De votre alliance;

ARGAN.

Qui ne peut faire autre chose

MONSIEUR DIAFOIRUS.

Et vous assurer

ARGAN.

Que de vous dire ici

MONSIEUR DIAFOIRUS.

Que, dans les choses qui dépendront de notre métier.

ARGAN.

Qu'il cherchera toutes les occasions

MONSIEUR DIAFOIRUS.

De même qu'en toute autre,

ARGAN.

De vous faire connaître, monsieur,

MONSIEUR DIAFOIRUS.

Nous serons toujours prêts, monsieur,

ARGAN.

Qu'il est tout à votre service.

MONSIEUR DIAFOIRUS.

A vous témoigner notre zèle. (Il se retourne vers son fils et lui dit :) Allons, Thomas, avancez. Faites vos compliments.

THOMAS DIAFOIRUS, à monsieur Diafoirus[1].

N'est-ce pas par le père qu'il convient commencer?

MONSIEUR DIAFOIRUS.

Oui.

THOMAS DIAFOIRUS, à Argan.

Monsieur, je viens saluer, reconnaître, chérir et révérer en vous un second père, mais un second père auquel j'ose dire que je me trouve plus redevable qu'au premier. Le premier m'a engendré; mais vous m'avez choisi. Il m'a reçu par nécessité; mais vous m'avez accepté par grâce. Ce que je tiens de lui est un ouvrage de son corps; mais ce que je tiens de vous est un ouvrage de votre volonté; et d'autant plus que les facultés spirituelles sont au-dessus des corporelles, d'autant plus je vous dois, et d'autant plus je tiens précieuse cette future filiation, dont je viens aujourd'hui vous rendre, par avance, les très-humbles et très-respectueux hommages.

TOINETTE.

Vivent les colléges d'où l'on sort si habile homme!

THOMAS DIAFOIRUS, à monsieur Diafoirus.

Cela a-t-il bien été, mon père?

MONSIEUR DIAFOIRUS.

Optime.

ARGAN, à Angélique.

Allons, saluez monsieur.

THOMAS DIAFOIRUS, à monsieur Diafoirus.

Baiserai-je?

MONSIEUR DIAFOIRUS.

Oui, oui.

---

[1] L'édition de 1682 donne l'indication suivante : « Thomas Diafoirus est un grand benêt, nouvellement sorti des écoles, qui fait toutes choses de mauvaise grâce et à contre-temps. »

ACTE II. SCÈNE VI.

THOMAS DIAFOIRUS, à Angélique.

Madame, c'est avec justice que le ciel vous a concédé le nom de belle-mère, puisque l'on...

ARGAN, à Thomas Diafoirus.

Ce n'est pas ma femme, c'est ma fille à qui vous parlez.

THOMAS DIAFOIRUS.

Où donc est-elle?

ARGAN.

Elle va venir.

THOMAS DIAFOIRUS.

Attendrai-je, mon père, qu'elle soit venue?

MONSIEUR DIAFOIRUS.

Faites toujours le compliment de mademoiselle.

THOMAS DIAFOIRUS.

Mademoiselle, ne plus ne moins que la statue de Memnon rendait un son harmonieux lorsqu'elle venait à être éclairée des rayons du soleil, tout de même me sens-je animé d'un doux transport à l'apparition du soleil de vos beautés; et, comme les naturalistes remarquent que la fleur nommée héliotrope tourne sans cesse vers cet astre du jour, aussi mon cœur dores-en-avant tournera-t-il toujours vers les astres resplendissants de vos yeux adorables, ainsi que vers son pôle unique. Souffrez donc, mademoiselle, que j'appende aujourd'hui à l'autel de vos charmes l'offrande de ce cœur qui ne respire et n'ambitionne autre gloire que d'être toute sa vie, mademoiselle, votre très-humble, très-obéissant et très-fidèle serviteur et mari.

TOINETTE, en le raillant.

Voilà ce que c'est que d'étudier! on apprend à dire de belles choses.

ARGAN, à Cléante.

Hé! que dites-vous de cela?

CLÉANTE.

Que monsieur fait merveilles, et que, s'il est aussi bon médecin qu'il est bon orateur, il y aura plaisir à être de ses malades.

TOINETTE.

Assurément. Ce sera quelque chose d'admirable, s'il fait d'aussi belles cures qu'il fait de beaux discours.

ARGAN.

Allons, vite, ma chaise, et des siéges à tout le monde. (Des laquais donnent des siéges.) Mettez-vous là, ma fille. (A monsieur Diafoirus.) Vous voyez, monsieur, que tout le monde admire monsieur votre fils; et je vous trouve bien heureux de vous voir un garçon comme cela.

MONSIEUR DIAFOIRUS.

Monsieur, ce n'est pas parce que je suis son père; mais je puis dire que j'ai sujet d'être content de lui, et que tous ceux qui le voient en parlent comme d'un garçon qui n'a point de méchanceté. Il n'a jamais eu l'imagination bien vive, ni ce feu d'esprit qu'on remarque dans quelques-uns; mais c'est par là que j'ai toujours bien auguré de sa judiciaire, qualité requise pour l'exercice de notre art. Lorsqu'il était petit, il n'a jamais été ce qu'on appelle mièvre et éveillé. On le voyait toujours doux, paisible et taciturne, ne disant jamais mot, et ne jouant jamais à tous ces petits jeux que l'on nomme enfantins. On eut toutes les peines du monde à lui apprendre à lire; et il avait neuf ans qu'il ne connaissait pas encore ses lettres. Bon, disais-je en moi-même, les arbres tardifs sont ceux qui portent les meilleurs fruits. On grave sur le marbre bien plus malaisément que sur le sable; mais les choses y sont conservées bien plus longtemps; et cette lenteur à comprendre, cette pesanteur d'imagination est la marque d'un bon jugement à venir. Lorsque je l'envoyai au collége, il trouva de la peine; mais il se roidissait contre les difficultés; et ses régents se louaient toujours à moi de son assiduité et de son travail. Enfin, à force de battre le fer, il en est venu glorieusement à avoir ses licences; et je puis dire, sans vanité, que, depuis deux ans qu'il est sur les bancs, il n'y a point de candidat qui ait fait plus de bruit que lui dans toutes les disputes de notre école. Il s'y est rendu redoutable; et il ne s'y passe point d'acte où il n'aille argumenter à outrance pour la proposition contraire. Il est ferme dans la dispute, fort comme un Turc sur ses principes, ne démord jamais de son opinion, et poursuit un raisonnement jusque dans les derniers recoins de la logique. Mais, sur toute chose, ce qui me plaît en lui, et en quoi il suit mon exemple, c'est qu'il s'attache aveuglément aux opinions de nos anciens, et que jamais il n'a voulu comprendre ni écouter les raisons et les expériences des prétendues découvertes de notre siècle, touchant la circulation du sang, et autres opinions de même farine.

THOMAS DIAFOIRUS. Il tire de sa poche une grande thèse roulée, qu'il présente à Angélique.

J'ai, contre les circulateurs, soutenu une thèse, qu'avec la permission (Saluant Argan.) de monsieur, j'ose présenter à mademoiselle, comme un hommage que je lui dois des prémices de mon esprit.

ANGÉLIQUE.

Monsieur, c'est pour moi un meuble inutile, et je ne me connais pas à ces choses-là.

TOINETTE, prenant la thèse.

Donnez, donnez. Elle est toujours bonne à prendre pour l'image ; cela servira à parer notre chambre.

THOMAS DIAFOIRUS, saluant encore Argan.

Avec la permission aussi de monsieur, je vous invite à venir voir, l'un de ces jours, pour vous divertir, la dissection d'une femme, sur quoi je dois raisonner.

TOINETTE.

Le divertissement sera agréable. Il y en a qui donnent la comédie à leurs maîtresses ; mais donner une dissection est quelque chose de plus galant.

MONSIEUR DIAFOIRUS.

Au reste, pour ce qui est des qualités requises pour le mariage et la propagation, je vous assure que, selon les règles de nos docteurs, il est tel qu'on le peut souhaiter ;

qu'il possède en un degré louable la vertu prolifique, et qu'il est du tempérament qu'il faut pour engendrer et procréer des enfants bien conditionnés.

ARGAN.

N'est-ce pas votre intention, monsieur, de le pousser à la cour, et d'y ménager pour lui une charge de médecin?

MONSIEUR DIAFOIRUS.

A vous en parler franchement, notre métier auprès des grands ne m'a jamais paru agréable; et j'ai toujours trouvé qu'il valait mieux pour nous autres demeurer au public. Le public est commode. Vous n'avez à répondre de vos actions à personne; et, pourvu que l'on suive le courant des règles de l'art, on ne se met point en peine de tout ce qui peut arriver. Mais ce qu'il y a de fâcheux auprès des grands, c'est que, quand ils viennent à être malades, ils veulent absolument que leurs médecins les guérissent.

TOINETTE.

Cela est plaisant! et ils sont bien impertinents de vouloir que, vous autres, messieurs, vous les guérissiez! Vous n'êtes point auprès d'eux pour cela; vous n'y êtes que pour recevoir vos pensions et leur ordonner des remèdes; c'est à eux à guérir s'ils peuvent.

MONSIEUR DIAFOIRUS.

Cela est vrai. On n'est obligé qu'à traiter les gens dans les formes.

ARGAN, à Cléante.

Monsieur, faites un peu chanter ma fille devant la compagnie.

CLÉANTE.

J'attendais vos ordres, monsieur; et il m'est venu en pensée, pour divertir la compagnie, de chanter avec mademoiselle une scène d'un petit opéra qu'on a fait depuis peu. (A Angélique, lui donnant un papier.) Tenez, voilà votre partie.

ANGÉLIQUE.

Moi?

CLÉANTE, bas, à Angélique.

Ne vous défendez point, s'il vous plaît, et me laissez vous faire comprendre ce que c'est que la scène que nous devons chanter. (Haut.) Je n'ai pas une voix à chanter; mais ici il suffit que je me fasse entendre; et l'on aura la bonté de m'excuser par la nécessité où je me trouve de faire chanter mademoiselle.

ARGAN.

Les vers en sont-ils beaux?

CLÉANTE.

C'est proprement ici un petit opéra impromptu; et vous n'allez entendre chanter que de la prose cadencée, ou des manières de vers libres, tels que la passion et la nécessité peuvent faire trouver à deux personnes qui disent les choses d'eux-mêmes, et parlent sur-le-champ.

ARGAN.

Fort bien. Écoutons.

CLÉANTE.

Voici le sujet de la scène. Un berger était attentif aux beautés d'un spectacle qui ne faisait que de commencer, lorsqu'il fut tiré de son attention par un bruit qu'il entendit à ses côtés. Il se retourne, et voit un brutal qui, de paroles insolentes, maltraitait une bergère. D'abord il prend les intérêts d'un sexe à qui tous les hommes doivent hommage; et, après avoir donné au brutal le châtiment de son insolence, il vient à la bergère, et voit une jeune personne qui, des deux plus beaux yeux qu'il eût jamais vus, versait des larmes qu'il trouva les plus belles du monde. « Hélas! dit-il en lui-même, est-on capable d'outrager une personne si aimable? Et quel inhumain, quel barbare ne serait touché par de telles larmes? » Il prend soin de les arrêter, ces larmes qu'il trouve si belles; et l'aimable bergère prend soin en même temps de le remercier de son léger service, mais d'une manière si charmante, si tendre et si passionnée, que le berger n'y peut résister; et chaque mot, chaque regard est un trait plein de flamme dont son cœur se sent pénétré. « Est-il, disait-il, quelque chose qui puisse mériter les aimables paroles d'un tel remercîment? Et que ne voudrait-on pas faire, à quels services, à quels dangers ne serait-on pas ravi de courir, pour s'attirer un seul moment des touchantes douceurs d'une âme si reconnaissante? » Tout le spectacle passe sans qu'il y donne aucune attention; mais il se plaint qu'il est trop court, parce qu'en finissant il le sépare de son adorable bergère; et, de cette première vue, de ce premier moment, il emporte chez lui tout ce qu'un amour de plusieurs années peut avoir de plus violent. Le voilà aussitôt à sentir tous les maux de l'absence, et il est tourmenté de ne plus voir ce qu'il a si peu vu. Il fait tout ce qu'il peut pour se redonner cette vue, dont il conserve nuit et jour une si chère idée; mais la grande contrainte où l'on tient sa bergère lui en ôte tous les moyens. La violence de sa passion le fait résoudre à demander en mariage l'adorable beauté sans laquelle il ne peut plus vivre; et il en obtient d'elle la permission, par un billet qu'il a l'adresse de lui faire tenir. Mais, dans le même temps, on l'avertit que le père de cette belle a conclu son mariage avec un autre, et que tout se dispose pour en célébrer la cérémonie. Jugez quelle atteinte cruelle au cœur de ce triste berger! Le voilà accablé d'une mortelle douleur; il ne peut souffrir l'effroyable idée de voir tout ce qu'il aime entre les bras d'un autre; et son amour, au désespoir, lui fait trouver moyen de s'introduire dans la maison de sa bergère pour apprendre ses sentiments, et savoir d'elle la destinée à laquelle il doit se résoudre. Il y rencontre les apprêts de tout ce qu'il craint; il y voit venir l'indigne rival que le caprice d'un père oppose aux tendresses de son amour; il le voit triomphant, ce rival ridicule, auprès de l'aimable bergère, ainsi qu'auprès d'une conquête qui lui est assurée; et cette vue le remplit d'une colère dont il a peine à se rendre le maître. Il jette de douloureux regards sur celle qu'il adore; et son respect et la présence de son père l'empêchent de lui rien

ACTE II. SCÈNE VI.

dire que des yeux. Mais enfin il force toute contrainte, et le transport de son amour l'oblige à lui parler ainsi : (Il chante.)

Belle Philis, c'est trop, c'est trop souffrir ;
Rompons ce dur silence, et m'ouvrez vos pensées.
    Apprenez-moi ma destinée :
    Faut-il vivre? Faut-il mourir?

ANGÉLIQUE, en chantant.

Vous me voyez, Tircis, triste et mélancolique,
Aux apprêts de l'hymen dont vous vous alarmez :
Je lève au ciel les yeux, je vous regarde, je soupire :
    C'est vous en dire assez.

ARGAN.

Ouais! je ne croyais pas que ma fille fût si habile, que de chanter ainsi à livre ouvert, sans hésiter.

CLÉANTE.

    Hélas! belle Philis,
Se pourrait-il que l'amoureux Tircis
    Eût assez de bonheur
Pour avoir quelque place dans votre cœur?

ANGÉLIQUE.

Je ne m'en défends point dans cette peine extrême;
    Oui, Tircis, je vous aime.

CLÉANTE.

    O parole pleine d'appas!
    Ai-je bien entendu? Hélas!
Redites-la, Philis, que je n'en doute pas.

ANGÉLIQUE.

    Oui, Tircis, je vous aime.

CLÉANTE.

    De grâce encor, Philis!

ANGÉLIQUE.

    Je vous aime.

CLÉANTE.

Recommencez cent fois; ne vous en lassez pas.

ANGÉLIQUE.

Je vous aime, je vous aime ;
Oui, Tircis, je vous aime.

CLÉANTE.

Dieux, rois, qui sous vos pieds regardez tout le monde
Pouvez-vous comparer votre bonheur au mien ?
Mais, Philis, une pensée
Vient troubler ce doux transport.
Un rival, un rival...

ANGÉLIQUE.

Ah ! je le hais plus que la mort ;
Et sa présence, ainsi qu'à vous,
M'est un cruel supplice.

CLÉANTE.

Mais un père à ses vœux vous veut assujettir.

ANGÉLIQUE.

Plutôt, plutôt mourir,
Que de jamais y consentir ;
Plutôt, plutôt mourir, plutôt mourir !

ARGAN.

Et que dit le père à tout cela ?

CLÉANTE.

Il ne dit rien.

ARGAN.

Voilà un sot père que ce père-là, de souffrir toutes ces sottises-là sans rien dire !

CLÉANTE, voulant continuer à chanter.

Ah ! mon amour...

ARGAN.

Non, non ; en voilà assez. Cette comédie-là est de fort mauvais exemple. Le berger Tircis est un impertinent, et la bergère Philis une impudente de parler de la sorte devant son père. (A Angélique.) Montrez-moi ce papier. Ah ! ah ! où sont donc les paroles que vous avez dites ? Il n'y a là que de la musique écrite.

CLÉANTE.

Est-ce que vous ne savez pas, monsieur, qu'on a trouvé, depuis peu, l'invention d'écrire les paroles avec les notes mêmes?

ARGAN.

Fort bien. Je suis votre serviteur, monsieur; jusqu'au revoir. Nous nous serions bien passés de votre impertinent opéra.

CLÉANTE.

J'ai cru vous divertir.

ARGAN.

Les sottises ne divertissent point. Ah! voici ma femme.

SCÈNE VII.

BÉLINE, ARGAN, ANGÉLIQUE, MONSIEUR DIAFOIRUS, THOMAS DIAFOIRUS, TOINETTE.

ARGAN.

M'amour, voilà le fils de monsieur Diafoirus.

THOMAS DIAFOIRUS.

Madame, c'est avec justice que le ciel vous a concédé le nom de belle-mère, puisque l'on voit sur votre visage...

BÉLINE.

Monsieur, je suis ravie d'être venue ici à propos, pour avoir l'honneur de vous voir.

THOMAS DIAFOIRUS.

Puisque l'on voit sur votre visage... puisque l'on voit sur votre visage... Madame, vous m'avez interrompu dans le milieu de ma période, et cela m'a troublé la mémoire.

MONSIEUR DIAFOIRUS.

Thomas, réservez cela pour une autre fois.

ARGAN.

Je voudrais, m'amie, que vous eussiez été ici tantôt.

TOINETTE.

Ah! madame, vous avez bien perdu de n'avoir point été au second père, à la statue de Memnon, et à la fleur nommée héliotrope.

ARGAN.

Allons, ma fille, touchez dans la main de monsieur, et lui donnez votre foi, comme à votre mari.

ANGÉLIQUE.

Mon père!

ARGAN.

Hé bien! mon père! Qu'est-ce que cela veut dire?

ANGÉLIQUE.

De grâce, ne précipitez pas les choses. Donnez-nous au moins le temps de nous connaître, et de voir naître en nous, l'un pour l'autre, cette inclination si nécessaire à composer une union parfaite.

THOMAS DIAFOIRUS.

Quant à moi, mademoiselle, elle est déjà toute née en moi; et je n'ai pas besoin d'attendre davantage.

ANGÉLIQUE.

Si vous êtes si prompt, monsieur, il n'en est pas de même de moi; et je vous avoue que votre mérite n'a pas encore assez fait d'impression dans mon âme.

ARGAN.

Oh! bien, bien; cela aura tout le loisir de se faire quand vous serez mariés ensemble.

ANGÉLIQUE.

Hé! mon père, donnez-moi du temps, je vous prie. Le mariage est une chaîne où l'on ne doit jamais soumettre un cœur par force; et si monsieur est honnête homme, il ne doit point vouloir accepter une personne qui serait à lui par contrainte.

THOMAS DIAFOIRUS.

Nego consequentiam[1], mademoiselle; et je puis être honnête homme, et vouloir bien vous accepter des mains de monsieur votre père.

ANGÉLIQUE.

C'est un méchant moyen de se faire aimer de quelqu'un, que de lui faire violence.

THOMAS DIAFOIRUS.

Nous lisons des anciens, mademoiselle, que leur coutume était d'enlever par force, de la maison des pères, les filles qu'on menait marier, afin qu'il ne semblât pas que ce fût de leur consentement qu'elles convolaient dans les bras d'un homme.

ANGÉLIQUE.

Les anciens, monsieur, sont les anciens; et nous sommes les gens de maintenant. Les grimaces ne sont point nécessaires dans notre siècle; et, quand un mariage nous plaît, nous savons fort bien y aller, sans qu'on nous y traîne. Donnez-vous patience; si vous m'aimez, monsieur, vous devez vouloir tout ce que je veux.

THOMAS DIAFOIRUS.

Oui, mademoiselle, jusqu'aux intérêts de mon amour exclusivement.

ANGÉLIQUE.

Mais la grande marque d'amour, c'est d'être soumis aux volontés de celle qu'on aime.

THOMAS DIAFOIRUS.

Distinguo, mademoiselle. Dans ce qui ne regarde point sa possession, *concedo*; mais dans ce qui la regarde, *nego*.

TOINETTE, à Angélique.

Vous avez beau raisonner. Monsieur est frais émoulu du collége; et il vous donnera toujours votre reste. Pourquoi

---

[1] *Je nie la conséquence*, terme d'école.

tant résister, et refuser la gloire d'être attachée au corps de la Faculté?

BÉLINE.

Elle a peut-être quelque inclination en tête.

ANGÉLIQUE.

Si j'en avais, madame, elle serait telle que la raison et l'honnêteté pourraient me la permettre.

ARGAN.

Ouais! je joue ici un plaisant personnage!

BÉLINE.

Si j'étais que de vous, mon fils, je ne la forcerais point à se marier; et je sais bien ce que je ferais.

ANGÉLIQUE.

Je sais, madame, ce que vous voulez dire, et les bontés que vous avez pour moi; mais peut-être que vos conseils ne seront pas assez heureux pour être exécutés.

BÉLINE.

C'est que les filles bien sages et bien honnêtes, comme vous, se moquent d'être obéissantes et soumises aux volontés de leurs pères. Cela était bon autrefois.

ANGÉLIQUE.

Le devoir d'une fille a des bornes, madame; et la raison et les lois ne l'étendent point à toutes sortes de choses.

BÉLINE.

C'est-à-dire que vos pensées ne sont que pour le mariage; mais vous voulez choisir un époux à votre fantaisie.

ANGÉLIQUE.

Si mon père ne veut pas me donner un mari qui me plaise, je le conjurerai, au moins, de ne me point forcer à en épouser un que je ne puisse pas aimer.

ARGAN.

Messieurs, je vous demande pardon de tout ceci.

ANGÉLIQUE.

Chacun a son but en se mariant. Pour moi, qui ne veux un mari que pour l'aimer véritablement, et qui prétends en faire tout l'attachement de ma vie, je vous avoue que j'y cherche quelque précaution. Il y en a d'aucunes qui prennent des maris seulement pour se tirer de la contrainte de leurs parents, et se mettre en état de faire tout ce qu'elles voudront. Il y en a d'autres, madame, qui font du mariage un commerce de pur intérêt ; qui ne se marient que pour gagner des douaires, que pour s'enrichir par la mort de ceux qu'elles épousent, et courent sans scrupules de mari en mari, pour s'approprier leurs dépouilles. Ces personnes-là, à la vérité n'y cherchent pas tant de façons, et regardent peu la personne.

BÉLINE.

Je vous trouve aujourd'hui bien raisonnante, et je voudrais bien savoir ce que vous voulez dire par là.

ANGÉLIQUE.

Moi, madame? que voudrais-je dire que ce que je dis?

BÉLINE.

Vous êtes si sotte, m'amie, qu'on ne saurait plus vous souffrir.

ANGÉLIQUE.

Vous voudriez bien, madame, m'obliger à vous répondre quelque impertinence; mais je vous avertis que vous n'aurez pas cet avantage.

BÉLINE.

Il n'est rien d'égal à votre insolence.

ANGÉLIQUE.

Non, madame, vous avez beau dire.

BÉLINE.

Et vous avez un ridicule orgueil, une impertinente présomption, qui fait hausser les épaules à tout le monde.

ANGÉLIQUE.

Tout cela, madame, ne servira de rien. Je serai sage en dépit de vous; et, pour vous ôter l'espérance de pouvoir réussir dans ce que vous voulez, je vais m'ôter de votre vue.

SCÈNE VIII.

ARGAN, BÉLINE, MONSIEUR DIAFOIRUS, THOMAS DIAFOIRUS, TOINETTE.

ARGAN, à Angélique, qui sort.

Écoute. Il n'y a point de milieu à cela : choisis d'épouser dans quatre jours ou monsieur, ou un couvent. (A Béline) Ne vous mettez pas en peine : je la rangerai bien.

BÉLINE.

Je suis fâchée de vous quitter, mon fils ; mais j'ai une affaire en ville, dont je ne puis me dispenser. Je reviendrai bientôt.

ARGAN.

Allez, m'amour ; et passez chez votre notaire, afin qu'il expédie ce que vous savez.

BÉLINE.

Adieu, mon petit ami.

ARGAN.

Adieu, m'amie.

SCÈNE IX.

ARGAN, MONSIEUR DIAFOIRUS, THOMAS DIAFOIRUS, TOINETTE.

ARGAN.

Voilà une femme qui m'aime... cela n'est pas croyable.

MONSIEUR DIAFOIRUS.

Nous allons, monsieur, prendre congé de vous.

ARGAN.

Je vous prie, monsieur, de me dire un peu comment je suis.

MONSIEUR DIAFOIRUS, tâtant le pouls d'Argan.

Allons, Thomas, prenez l'autre bras de monsieur, pour voir si vous saurez porter un bon jugement de son pouls. *Quid dicis?*

THOMAS DIAFOIRUS.

Dico que le pouls de monsieur est le pouls d'un homme qui ne se porte point bien.

MONSIEUR DIAFOIRUS.

Bon.

THOMAS DIAFOIRUS.

Qu'il est duriuscule, pour ne pas dire dur.

MONSIEUR DIAFOIRUS.

Fort bien.

THOMAS DIAFOIRUS.

Repoussant.

MONSIEUR DIAFOIRUS.

Bene.

THOMAS DIAFOIRUS.

Et même un peu caprisant[1].

MONSIEUR DIAFOIRUS.

Optime.

THOMAS DIAFOIRUS.

Ce qui marque une intempérie dans le *parenchyme splénique*, c'est-à-dire la rate.

MONSIEUR DIAFOIRUS.

Fort bien.

ARGAN.

Non : monsieur Purgon dit que c'est mon foie qui est malade.

---

[1] Un pouls *cupricant*, ou *caprisant*, est un pouls inégal. Ce mot vient de *capra*, chèvre.

MONSIEUR DIAFOIRUS.

Eh oui : qui dit *parenchyme* dit l'un et l'autre, à cause de l'étroite sympathie qu'ils ont ensemble par le moyen du *vas breve*, du *pylore*, et souvent des *méats cholidoques*. Il vous ordonne sans doute de manger force rôti.

ARGAN.

Non : rien que du bouilli.

MONSIEUR DIAFOIRUS.

Eh oui : rôti, bouilli, même chose. Il vous ordonne fort prudemment, et vous ne pouvez être entre de meilleures mains.

ARGAN.

Monsieur, combien est-ce qu'il faut mettre de grains de sel dans un œuf?

MONSIEUR DIAFOIRUS.

Six, huit, dix, par les nombres pairs, comme dans les médicaments, par les nombres impairs.

ARGAN.

Jusqu'au revoir, monsieur.

SCÈNE X.

BÉLINE, ARGAN.

BÉLINE.

Je viens, mon fils, avant que de sortir, vous donner avis d'une chose à laquelle il faut que vous preniez garde. En passant par devant la chambre d'Angélique, j'ai vu un jeune homme avec elle, qui s'est sauvé d'abord qu'il m'a vue.

ARGAN.

Un jeune homme avec ma fille!

ACTE II. SCÈNE XI.

BÉLINE.

Oui. Votre petite fille Louison était avec eux, qui pourra vous en dire des nouvelles.

ARGAN.

Envoyez-la ici, m'amour, envoyez-la ici. Ah! l'effrontée! (Seul.) Je ne m'étonne plus de sa résistance.

SCÈNE XI.

ARGAN, LOUISON.

LOUISON.

Qu'est-ce que vous voulez, mon papa? ma belle-maman m'a dit que vous me demandez.

ARGAN.

Oui. Venez çà. Avancez là. Tournez-vous. Levez les yeux. Regardez-moi. Hé?

LOUISON.

Quoi, mon papa?

ARGAN.

Là.

LOUISON.

Quoi?

ARGAN.

N'avez-vous rien à me dire?

LOUISON.

Je vous dirai, si vous voulez, pour vous désennuyer, le conte de *Peau d'Ane*, ou bien la fable du *Corbeau et du Renard*, qu'on m'a apprise depuis peu.

ARGAN.

Ce n'est pas là ce que je demande.

LOUISON.

Quoi donc?

ARGAN.

Ah! rusée, vous savez bien ce que je veux dire!

LOUISON.

Pardonnez-moi, mon papa.

ARGAN.

Est-ce là comme vous m'obéissez?

LOUISON.

Quoi?

ARGAN.

Ne vous ai-je pas recommandé de me venir dire d'abord tout ce que vous voyez?

LOUISON.

Oui, mon papa.

ARGAN.

L'avez-vous fait?

LOUISON.

Oui, mon papa. Je vous suis venue dire tout ce que j'ai vu.

ARGAN.

Et n'avez-vous rien vu aujourd'hui?

LOUISON.

Non, mon papa.

ARGAN.

Non?

LOUISON.

Non, mon papa.

ARGAN.

Assurément?

LOUISON.

Assurément.

ARGAN.

Oh çà, je m'en vais vous faire voir quelque chose, moi.
(Il va prendre une poignée de verges.)

LOUISON.

Ah! mon papa!

ARGAN.

Ah! ah! petite masque, vous ne me dites pas que vous avez vu un homme dans la chambre de votre sœur!

LOUISON, pleurant.

Mon papa!

ARGAN, prenant Louison par le bras.

Voici qui vous apprendra à mentir.

LOUISON, se jetant à genoux.

Ah! mon papa, je vous demande pardon. C'est que ma sœur m'avait dit de ne pas vous le dire : mais je m'en vais vous dire tout.

ARGAN.

Il faut premièrement que vous ayez le fouet pour avoir menti. Puis après, nous verrons au reste.

LOUISON.

Pardon, mon papa.

ARGAN.

Non, non.

LOUISON.

Mon pauvre papa, ne me donnez pas le fouet.

ARGAN.

Vous l'aurez.

LOUISON.

Au nom de Dieu, mon papa, que je ne l'aie pas!

ARGAN, la prenant pour la fouetter.

Allons, allons.

LOUISON.

Ah! mon papa, vous m'avez blessée. Attendez : je suis morte. (Elle contrefait la morte.)

ARGAN.

Holà! Qu'est-ce là? Louison, Louison! Ah! mon Dieu! Louison! Ah! ma fille! Ah! malheureux! ma pauvre fille est morte! Qu'ai-je fait, misérable! Ah! chiennes de verges! La peste soit des verges! Ah! ma pauvre fille, ma pauvre petite Louison!

LOUISON.

Là, là, mon papa, ne pleurez point tant : je ne suis pas morte tout à fait.

ARGAN.

Voyez-vous la petite rusée? Oh! çà, çà, je vous pardonne pour cette fois-ci, pourvu que vous me disiez bien tout.

LOUISON.

Oh! oui, mon papa.

ARGAN.

Prenez-y bien garde, au moins; car voilà un petit doigt qui sait tout, et qui me dira si vous mentez.

LOUISON.

Mais, mon papa, ne dites pas à ma sœur que je vous l'ai dit.

ARGAN.

Non, non.

LOUISON, après avoir regardé si personne n'écoute.

C'est, mon papa, qu'il est venu un homme dans la chambre de ma sœur, comme j'y étais.

ARGAN.

Hé bien?

LOUISON.

Je lui ai demandé ce qu'il demandait, et il m'a dit qu'il était son maître à chanter.

ARGAN, à part.

Hon! hon! voilà l'affaire. (A Louison.) Hé bien?

LOUISON.

Ma sœur est venue après.

ARGAN.

Hé bien?

LOUISON.

Elle lui a dit : « Sortez, sortez, sortez; mon Dieu! sortez; vous me mettez au désespoir. »

ARGAN.

Hé bien?

LOUISON.

Et lui, il ne voulait pas sortir.

ARGAN.

Qu'est-ce qu'il lui disait?

LOUISON.

Il lui disait je ne sais combien de choses.

ARGAN.

Et quoi encore?

LOUISON.

Il lui disait tout ci, tout ça, qu'il l'aimait bien, et qu'elle était la plus belle du monde.

ARGAN.

Et puis après?

LOUISON.

Et puis après, il se mettait à genoux devant elle.

ARGAN.

Et puis après?

LOUISON.

Et puis après, il lui baisait les mains.

ARGAN.

Et puis après?

LOUISON.

Et puis après, ma belle-maman est venue à la porte, et il s'est enfui.

ARGAN.

Il n'y a point autre chose?

LOUISON.

Non, mon papa.

ARGAN.

Voilà mon petit doigt pourtant qui gronde quelque chose. (Mettant son doigt à son oreille.) Attendez. Hé! Ah, ah! Oui? Oh, oh! Voilà mon petit doigt qui me dit quelque chose que vous avez vu, et que vous ne m'avez pas dit.

LOUISON.

Ah! mon papa, votre petit doigt est un menteur.

ARGAN.

Prenez garde.

LOUISON.

Non, mon papa; ne le croyez pas : il ment, je vous assure.

ARGAN.

Oh bien, bien, nous verrons cela. Allez-vous-en, et prenez bien garde à tout : allez. (Seul.) Ah! il n'y a plus d'enfants! Ah! que d'affaires! Je n'ai pas seulement le loisir de songer à ma maladie. En vérité, je n'en puis plus.

(Il se remet dans une chaise.)

SCÈNE XII.

BÉRALDE, ARGAN.

BÉRALDE.

Hé bien, mon frère! qu'est-ce? Comment vous portez-vous?

ARGAN.

Ah! mon frère, fort mal.

BÉRALDE.

Comment! fort mal?

ARGAN.

Oui, je suis dans une faiblesse si grande, que cela n'est pas croyable.

BÉRALDE.

Voilà qui est fâcheux.

ARGAN.

Je n'ai pas seulement la force de pouvoir parler.

BÉRALDE.

J'étais venu ici, mon frère, vous proposer un parti pour ma nièce Angélique.

ARGAN, *parlant avec emportement, et se levant de sa chaise.*

Mon frère, ne me parlez point de cette coquine-là. C'est une friponne, une impertinente, une effrontée que je mettrai dans un couvent avant qu'il soit deux jours.

BÉRALDE.

Ah! voilà qui est bien! Je suis bien aise que la force vous revienne un peu, et que ma visite vous fasse du bien. Oh çà, nous parlerons d'affaires tantôt. Je vous amène ici un divertissement que j'ai rencontré, qui dissipera votre chagrin, et vous rendra l'âme mieux disposée aux choses que nous avons à dire. Ce sont des Égyptiens vêtus en Mores, qui font des danses mêlées de chansons, où je suis sûr que vous prendrez plaisir; et cela vaudra bien une ordonnance de monsieur Purgon. Allons.

FIN DU DEUXIÈME ACTE.

DEUXIÈME INTERMÈDE.

Le frère du Malade imaginaire lui amène, pour le divertir, plusieurs Égyptiens et Égyptiennes, vêtus en Mores, qui font des danses entremêlées de chansons.

PREMIÈRE FEMME MORE.

Profitez du printemps
 De vos beaux ans,
 Aimable jeunesse;
Profitez du printemps
 De vos beaux ans;
Donnez-vous à la tendresse.

Les plaisirs les plus charmants,
 Sans l'amoureuse flamme,
 Pour contenter une âme
N'ont point d'attraits assez puissants.

Profitez du printemps
 De vos beaux ans,
 Aimable jeunesse;
Profitez du printemps

De vos beaux ans ;
Donnez-vous à la tendresse.

Ne perdez point ces précieux moments ;
La beauté passe,
Le temps l'efface ;
L'âge de glace
Vient à sa place,
Qui nous ôte le goût de ces doux passe-temps.

Profitez du printemps
De vos beaux ans,
Aimable jeunesse ;
Profitez du printemps
De vos beaux ans ;
Donnez-vous à la tendresse.

PREMIÈRE ENTRÉE DE BALLET.

Danse des Égyptiens et des Égyptiennes.

SECONDE FEMME MORE.

Quand d'aimer on nous presse,
A quoi songez-vous ?
Nos cœurs dans la jeunesse,
N'ont vers la tendresse
Qu'un penchant trop doux.
L'amour a, pour nous prendre,
De si doux attraits,
Que, de soi, sans attendre,
On voudrait se rendre
A ses premiers traits ;
Mais tout ce qu'on écoute
Des vives douleurs
Et des pleurs qu'il nous coûte,

Fait qu'on en redoute
Toutes les douceurs.

TROISIÈME FEMME MORE.

Il est doux, à notre âge,
D'aimer tendrement
Un amant
Qui s'engage ;
Mais, s'il est volage,
Hélas ! quel tourment !

QUATRIÈME FEMME MORE.

L'amant qui se dégage
N'est pas le malheur :
La douleur
Et la rage,
C'est que le volage
Garde notre cœur.

SECONDE FEMME MORE.

Quel parti faut-il prendre
Pour nos jeunes cœurs ?

QUATRIÈME FEMME MORE.

Devons-nous nous y rendre,
Malgré ses rigueurs ?

ENSEMBLE.

Oui, suivons ses ardeurs,
Ses transports, ses caprices,
Ses douces langueurs :
S'il a quelques supplices,
Il a cent délices
Qui charment les cœurs.

SECONDE ENTRÉE DE BALLET.

Tous les Mores dansent ensemble, et font sauter des singes qu'ils ont amenés avec eux.

FIN DU DEUXIÈME INTERMÈDE.

ACTE TROISIÈME.

SCÈNE I.

BÉRALDE, ARGAN, TOINETTE.

BÉRALDE.

Hé bien! mon frère, qu'en dites-vous? Cela ne vaut-il pas bien une prise de casse?

TOINETTE.

Hon! de bonne casse est bonne.

BÉRALDE.

Oh çà! voulez-vous que nous parlions un peu ensemble?

ARGAN.

Un peu de patience, mon frère ; je vais revenir.

TOINETTE.

Tenez, monsieur, vous ne songez pas que vous ne sauriez marcher sans bâton.

ARGAN.

Tu as raison.

SCÈNE II.

BÉRALDE, TOINETTE.

TOINETTE.

N'abandonnez pas, s'il vous plaît, les intérêts de votre nièce.

BÉRALDE.

J'emploierai toutes choses pour lui obtenir ce qu'elle souhaite.

TOINETTE.

Il faut absolument empêcher ce mariage extravagant qu'il s'est mis dans la fantaisie ; et j'avais songé en moi-même que ç'aurait été une bonne affaire, de pouvoir introduire ici un médecin à notre poste[1], pour le dégoûter de son monsieur Purgon, et lui décrier sa conduite. Mais, comme nous n'avons personne en main pour cela, j'ai résolu de jouer un tour de ma tête.

BÉRALDE.

Comment?

TOINETTE.

C'est une imagination burlesque. Cela sera peut-être plus heureux que sage. Laissez-moi faire. Agissez de votre côté. Voici notre homme.

---

[1] *A notre poste*, pour à notre guise.

SCÈNE III.

ARGAN, BÉRALDE.

BÉRALDE.

Vous voulez bien, mon frère, que je vous demande, avant toute chose, de ne vous point échauffer l'esprit dans notre conversation.

ARGAN.

Voilà qui est fait.

BÉRALDE.

De répondre sans nulle aigreur aux choses que je pourrai vous dire.

ARGAN.

Oui.

BÉRALDE.

Et de raisonner ensemble sur les affaires dont nous avons à parler, avec un esprit détaché de toute passion.

ARGAN.

Mon Dieu! oui. Voilà bien du préambule.

BÉRALDE.

D'où vient, mon frère, qu'ayant le bien que vous avez, et n'ayant d'enfants qu'une fille, car je ne compte pas la petite; d'où vient, dis-je, que vous parlez de la mettre dans un couvent?

ARGAN.

D'où vient, mon frère, que je suis maître dans ma famille, pour faire ce que bon me semble?

BÉRALDE.

Votre femme ne manque pas de vous conseiller de vous défaire ainsi de vos deux filles; et je ne doute point que, par un esprit de charité, elle ne fût ravie de les voir toutes deux bonnes religieuses.

ARGAN.

Oh çà! nous y voici. Voilà tout d'abord la pauvre femme en jeu. C'est elle qui fait tout le mal, et tout le monde lui en veut.

BÉRALDE.

Non, mon frère; laissons-la là; c'est une femme qui a les meilleures intentions du monde pour votre famille, et qui est détachée de toute sorte d'intérêt; qui a pour vous une tendresse merveilleuse, et qui montre pour vos enfants une affection et une bonté qui n'est pas concevable; cela est certain. N'en parlons point, et revenons à votre fille. Sur quelle pensée, mon frère, la voulez-vous donner en mariage au fils d'un médecin?

ARGAN.

Sur la pensée, mon frère, de me donner un gendre tel qu'il me faut.

BÉRALDE.

Ce n'est point là, mon frère, le fait de votre fille; et il se présente un parti plus sortable pour elle.

ARGAN.

Oui; mais celui-ci, mon frère, est plus sortable pour moi.

BÉRALDE.

Mais le mari qu'elle doit prendre doit-il être, mon frère, ou pour elle, ou pour vous?

ARGAN.

Il doit être, mon frère, et pour elle et pour moi, et je veux mettre dans ma famille les gens dont j'ai besoin.

BÉRALDE.

Par cette raison-là, si votre petite était grande, vous lui donneriez en mariage un apothicaire?

ARGAN.

Pourquoi non?

BÉRALDE.

Est-il possible que vous serez toujours embéguiné de vos apothicaires et de vos médecins, et que vous vouliez être malade en dépit des gens et de la nature!

ARGAN.

Comment l'entendez-vous, mon frère?

BÉRALDE.

J'entends, mon frère, que je ne vois point d'homme qui soit moins malade que vous, et que je ne demanderais point une meilleure constitution que la vôtre. Une grande marque que vous vous portez bien, et que vous avez un corps parfaitement bien composé, c'est qu'avec tous les soins que vous avez pris, vous n'avez pu parvenir encore à gâter la bonté de votre tempérament, et que vous n'êtes point crevé de toutes les médecines qu'on vous a fait prendre.

ARGAN.

Mais savez-vous, mon frère, que c'est cela qui me conserve; et que monsieur Purgon dit que je succomberais, s'il était seulement trois jours sans prendre soin de moi?

BÉRALDE.

Si vous n'y prenez garde, il prendra tant de soin de vous, qu'il vous envoiera en l'autre monde.

ARGAN.

Mais raisonnons un peu, mon frère. Vous ne croyez donc point à la médecine?

BÉRALDE.

Non, mon frère; et je ne vois pas que, pour son salut, il soit nécessaire d'y croire.

ARGAN.

Quoi! vous ne tenez pas véritable une chose établie par tout le monde, et que tous les siècles ont révérée?

BÉRALDE.

Bien loin de la tenir véritable, je la trouve, entre nous, une des plus grandes folies qui soit parmi les hommes; et, à regarder les choses en philosophe, je ne vois point une plus plaisante momerie, je ne vois rien de plus ridicule qu'un homme qui se veut mêler d'en guérir un autre.

ARGAN.

Pourquoi ne voulez-vous pas, mon frère, qu'un homme en puisse guérir un autre ?

BÉRALDE.

Par la raison, mon frère, que les ressorts de notre machine sont des mystères, jusques ici, où les hommes ne voient goutte; et que la nature nous a mis au-devant des yeux des voiles trop épais pour y connaître quelque chose.

ARGAN.

Les médecins ne savent donc rien, à votre compte?

BÉRALDE.

Si fait, mon frère. Ils savent la plupart de fort belles humanités, savent parler en beau latin, savent nommer en grec toutes les maladies, les définir et les diviser ; mais pour ce qui est de les guérir, c'est ce qu'ils ne savent point du tout.

ARGAN.

Mais toujours faut-il demeurer d'accord que, sur cette matière, les médecins en savent plus que les autres.

BÉRALDE.

Ils savent, mon frère, ce que je vous ai dit, qui ne guérit pas de grand'chose : et toute l'excellence de leur art consiste en un pompeux galimatias, en un spécieux babil, qui vous donne des mots pour des raisons, et des promesses pour des effets.

ARGAN.

Mais enfin, mon frère, il y a des gens aussi sages et aussi habiles que vous; et nous voyons que, dans la maladie, tout le monde a recours aux médecins.

BÉRALDE.

C'est une marque de la faiblesse humaine, et non pas de la vérité de leur art.

ARGAN.

Mais il faut bien que les médecins croient leur art véritable, puisqu'ils s'en servent pour eux-mêmes.

BÉRALDE.

C'est qu'il y en a parmi eux qui sont eux-mêmes dans l'erreur populaire dont ils profitent; et d'autres qui en profitent sans y être. Votre monsieur Purgon, par exemple, n'y sait point de finesse; c'est un homme tout médecin, depuis la tête jusqu'aux pieds, un homme qui croit à ses règles plus qu'à toutes les démonstrations des mathématiques, et qui croirait du crime à les vouloir examiner; qui ne voit rien d'obscur dans la médecine, rien de douteux, rien de difficile; et qui, avec une impétuosité de prévention, une roideur de confiance, une brutalité de sens commun et de raison, donne au travers des purgations et des saignées, et ne balance aucune chose. Il ne lui faut point vouloir mal de tout ce qu'il pourra vous faire : c'est de la meilleure foi du monde qu'il vous expédiera; et il ne fera, en vous tuant, que ce qu'il a fait à sa femme et à ses enfants, et ce qu'en un besoin il ferait à lui-même.

ARGAN.

C'est que vous avez, mon frère, une dent de lait contre lui. Mais, enfin, venons au fait. Que faire donc quand on est malade?

BÉRALDE.

Rien, mon frère.

ARGAN.

Rien ?

BÉRALDE.

Rien. Il ne faut que demeurer en repos. La nature d'elle-même, quand nous la laissons faire, se tire doucement du désordre où elle est tombée. C'est notre inquiétude, c'est notre impatience qui gâte tout; et presque tous les hommes meurent de leurs remèdes, et non pas de leurs maladies.

ARGAN.

Mais il faut demeurer d'accord, mon frère, qu'on peut aider cette nature par de certaines choses.

BÉRALDE.

Mon Dieu! mon frère, ce sont de pures idées dont nous aimons à nous repaître; et de tout temps il s'est glissé parmi les hommes de belles imaginations que nous venons à croire, parce qu'elles nous flattent, et qu'il serait à souhaiter qu'elles fussent véritables. Lorsqu'un médecin vous parle d'aider, de secourir, de soulager la nature, de lui ôter ce qui lui nuit, et lui donner ce qui lui manque, de la rétablir, et de la remettre dans une pleine facilité de ses fonctions ; lorsqu'il vous parle de rectifier le sang, de tempérer les entrailles et le cerveau, de dégonfler la rate, de raccommoder la poitrine, de réparer le foie, de fortifier le cœur, de rétablir et conserver la chaleur naturelle, et d'avoir des secrets pour étendre la vie à de longues années, il vous dit justement le roman de la médecine. Mais, quand vous en venez à la vérité et à l'expérience, vous ne trouvez rien de tout cela; et il en est comme de ces beaux songes, qui ne vous laissent au réveil que le déplaisir de les avoir crus.

ARGAN.

C'est-à-dire que toute la science du monde est renfermée dans votre tête; et vous voulez en savoir plus que tous les grands médecins de notre siècle.

BÉRALDE.

Dans les discours et dans les choses, ce sont deux sortes de personnes que vos grands médecins. Entendez-les parler, les plus habiles gens du monde; voyez-les faire, les plus ignorants de tous les hommes.

ARGAN.

Hoy! vous êtes un grand docteur, à ce que je vois; et je voudrais bien qu'il y eût ici quelqu'un de ces messieurs, pour rembarrer vos raisonnements, et rabaisser votre caquet.

BÉRALDE.

Moi, mon frère, je ne prends point à tâche de combattre la médecine; et chacun, à ses périls et fortune, peut croire tout ce qui lui plaît. Ce que j'en dis n'est qu'entre nous; et j'aurais souhaité de pouvoir un peu vous tirer de l'erreur où vous êtes, et, pour vous divertir, vous mener voir, sur ce chapitre, quelqu'une des comédies de Molière.

ARGAN.

C'est un bon impertinent que votre Molière, avec ses comédies! et je le trouve bien plaisant, d'aller jouer d'honnêtes gens comme les médecins!

BÉRALDE.

Ce ne sont point les médecins qu'il joue, mais le ridicule de la médecine.

ARGAN.

C'est bien à lui à faire, de se mêler de contrôler la médecine! voilà un bon nigaud, un bon impertinent, de se moquer des consultations et des ordonnances, de s'attaquer au corps des médecins, et d'aller mettre sur son théâtre des personnes vénérables comme ces messieurs-là!

BÉRALDE.

Que voulez-vous qu'il y mette, que les diverses professions des hommes? On y met bien tous les jours les princes et les rois, qui sont d'aussi bonne maison que les médecins.

ARGAN.

Par la mort non de diable! si j'étais que des médecins, je me vengerais de son impertinence; et, quand il sera malade, je le laisserais mourir sans secours. Il aurait beau faire et beau dire, je ne lui ordonnerais pas la moindre petite saignée, le moindre petit lavement, et je lui dirais : « Crève, crève; cela t'apprendra une autre fois à te jouer à la Faculté. »

BÉRALDE.

Vous voilà bien en colère contre lui.

ARGAN.

Oui. C'est un malavisé; et si les médecins sont sages, ils feront ce que je dis.

BÉRALDE.

Il sera encore plus sage que vos médecins, car il ne leur demandera point de secours.

ARGAN.

Tant pis pour lui, s'il n'a point recours aux remèdes.

BÉRALDE.

Il a ses raisons pour n'en point vouloir, et il soutient que cela n'est permis qu'aux gens vigoureux et robustes, et qui ont des forces de reste pour porter les remèdes avec la maladie; mais que, pour lui, il n'a justement de la force que pour porter son mal.

ARGAN.

Les sottes raisons que voilà ! Tenez, mon frère, ne parlons point de cet homme-là davantage; car cela m'échauffe la bile, et vous me donneriez mon mal.

BÉRALDE.

Je le veux bien, mon frère; et, pour changer de discours, je vous dirai que, sur une petite répugnance que vous témoigne votre fille, vous ne devez point prendre les résolutions violentes de la mettre dans un couvent; que, pour le choix d'un gendre, il ne faut pas suivre aveuglément la passion qui vous emporte, et qu'on doit, sur cette matière, s'accommoder un peu à l'inclination d'une fille, puisque c'est pour toute la vie, et que de là dépend tout le bonheur d'un mariage.

SCÈNE IV.

MONSIEUR FLEURANT, une seringue à la main, **ARGAN**, **BÉRALDE**.

ARGAN.
Ah! mon frère, avec votre permission.
BÉRALDE.
Comment? Que voulez-vous faire?
ARGAN.
Prendre ce petit lavement-là : ce sera bientôt fait.
BÉRALDE.
Vous vous moquez. Est-ce que vous ne sauriez être un moment sans lavement ou sans médecine? Remettez cela à une autre fois, et demeurez un peu en repos.
ARGAN.
Monsieur Fleurant, à ce soir, ou à demain au matin.
MONSIEUR FLEURANT, à Béralde.
De quoi vous mêlez-vous, de vous opposer aux ordonnances de la médecine, et d'empêcher monsieur de prendre mon clystère? Vous êtes bien plaisant d'avoir cette hardiesse-là!
BÉRALDE.
Allez, monsieur; on voit bien que vous n'avez pas accoutumé de parler à des visages.
MONSIEUR FLEURANT.
On ne doit point ainsi se jouer des remèdes, et me faire perdre mon temps. Je ne suis venu ici que sur une bonne ordonnance; et je vais dire à monsieur Purgon comme on m'a empêché d'exécuter ses ordres, et de faire ma fonction. Vous verrez, vous verrez...

SCÈNE V.

ARGAN, BÉRALDE.

ARGAN.

Mon frère, vous serez cause ici de quelque malheur.

BÉRALDE.

Le grand malheur de ne pas prendre un lavement que monsieur Purgon a ordonné ! Encore un coup, mon frère, est-il possible qu'il n'y ait pas moyen de vous guérir de la maladie des médecins, et que vous vouliez être toute votre vie enseveli dans leurs remèdes ?

ARGAN.

Mon Dieu ! mon frère, vous en parlez comme un homme qui se porte bien ; mais, si vous étiez à ma place, vous changeriez bien de langage. Il est aisé de parler contre la médecine, quand on est en pleine santé.

BÉRALDE.

Mais quel mal avez-vous ?

ARGAN.

Vous me feriez enrager. Je voudrais que vous l'eussiez, mon mal, pour voir si vous jaseriez tant. Ah ! voici monsieur Purgon.

SCÈNE VI.

MONSIEUR PURGON, ARGAN, BÉRALDE, TOINETTE.

MONSIEUR PURGON.

Je viens d'apprendre là-bas, à la porte, de jolies nouvelles : qu'on se moque ici de mes ordonnances, et qu'on a fait refus de prendre le remède que j'avais prescrit.

ARGAN.

Monsieur, ce n'est pas...

MONSIEUR PURGON.

Voilà une hardiesse bien grande, une étrange rébellion d'un malade contre son médecin!

TOINETTE.

Cela est épouvantable.

MONSIEUR PURGON.

Un clystère que j'avais pris plaisir à composer moi-même.

ARGAN.

Ce n'est pas moi...

MONSIEUR PURGON.

Inventé et formé dans toutes les règles de l'art.

TOINETTE.

Il a tort.

MONSIEUR PURGON.

Et qui devait faire dans des entrailles un effet merveilleux!

ARGAN.

Mon frère...

MONSIEUR PURGON.

Le renvoyer avec mépris!

ARGAN, montrant Béralde.

C'est lui...

MONSIEUR PURGON.

C'est une action exorbitante ;

TOINETTE.

Cela est vrai.

MONSIEUR PURGON.

Un attentat énorme contre la médecine ;

ARGAN, montrant Béralde.

Il est cause...

MONSIEUR PURGON.

Un crime de lèse-Faculté, qui ne se peut assez punir.

TOINETTE.

Vous avez raison.

MONSIEUR PURGON.

Je vous déclare que je romps commerce avec vous,

ARGAN.

C'est mon frère...

MONSIEUR PURGON.

Que je ne veux plus d'alliance avec vous,

TOINETTE.

Vous ferez bien.

MONSIEUR PURGON.

Et que, pour finir toute liaison avec vous, voilà la donation que je faisais à mon neveu en faveur du mariage. (Il déchire la donation, et en jette les morceaux avec fureur.)

ARGAN.

C'est mon frère qui a fait tout le mal.

MONSIEUR PURGON.

Mépriser mon clystère !

ARGAN.

Faites-le venir ; je m'en vais le prendre.

MONSIEUR PURGON.

Je vous aurais tiré d'affaire avant qu'il fût peu.

TOINETTE.

Il ne le mérite pas.

ACTE III. SCÈNE VI.

MONSIEUR PURGON.

J'allais nettoyer votre corps, et en évacuer entièrement les mauvaises humeurs.

ARGAN.

Ah! mon frère!

MONSIEUR PURGON.

Et je ne voulais plus qu'une douzaine de médecines pour vider le fond du sac.

TOINETTE.

Il est indigne de vos soins.

MONSIEUR PURGON.

Mais, puisque vous n'avez pas voulu guérir par mes mains,

ARGAN.

Ce n'est pas ma faute.

MONSIEUR PURGON.

Puisque vous vous êtes soustrait de l'obéissance que l'on doit à son médecin,

TOINETTE.

Cela crie vengeance.

MONSIEUR PURGON.

Puisque vous vous êtes déclaré rebelle aux remèdes que je vous ordonnais,

ARGAN.

Hé! point du tout.

MONSIEUR PURGON.

J'ai à vous dire que je vous abandonne à votre mauvaise constitution, à l'intempérie de vos entrailles, à la corruption de votre sang, à l'âcreté de votre bile, et à la féculence de vos humeurs.

TOINETTE.

C'est fort bien fait.

ARGAN.

Mon Dieu!

MONSIEUR PURGON.

Et je veux qu'avant qu'il soit quatre jours vous deveniez dans un état incurable;

ARGAN.

Ah! miséricorde!

MONSIEUR PURGON.

Que vous tombiez dans la bradypepsie,

ARGAN.

Monsieur Purgon!

MONSIEUR PURGON.

De la bradypepsie dans la dyspepsie,

ARGAN.

Monsieur Purgon!

MONSIEUR PURGON.

De la dyspepsie dans l'apepsie,

ARGAN.

Monsieur Purgon!

MONSIEUR PURGON.

De l'apepsie dans la lienterie,

ARGAN.

Monsieur Purgon!

MONSIEUR PURGON.

De la lienterie dans la dyssenterie,

ARGAN.

Monsieur Purgon!

MONSIEUR PURGON.

De la dyssenterie dans l'hydropisie,

ARGAN.

Monsieur Purgon!

MONSIEUR PURGON.

Et de l'hydropisie dans la privation de la vie, où vous aura conduit votre folie.

SCÈNE VII.

ARGAN, BÉRALDE.

ARGAN.

Ah! mon Dieu! je suis mort. Mon frère, vous m'avez perdu.

BÉRALDE.

Quoi! qu'y a-t-il?

ARGAN.

Je n'en puis plus. Je sens déjà que la médecine se venge.

BÉRALDE.

Ma foi, mon frère, vous êtes fou; et je ne voudrais pas, pour beaucoup de choses, qu'on vous vît faire ce que vous faites. Tâtez-vous un peu, je vous prie; revenez à vous-même, et ne donnez point tant à votre imagination.

ARGAN.

Vous voyez, mon frère, les étranges maladies dont il m'a menacé.

BÉRALDE.

Le simple homme que vous êtes!

ARGAN.

Il dit que je deviendrai incurable avant qu'il soit quatre jours.

BÉRALDE.

Et ce qu'il dit, que fait-il à la chose? Est-ce un oracle qui a parlé? Il semble, à vous entendre, que monsieur Purgon tienne dans ses mains le filet de vos jours, et que, d'autorité suprême, il vous l'allonge et vous le raccourcisse comme il lui plaît. Songez que les principes de votre vie sont en vous-même, et que le courroux de monsieur Purgon est aussi peu capable de vous faire mourir que tous ses remèdes de vous faire vivre. Voici une aventure, si vous voulez, à vous défaire des médecins ; ou, si vous êtes né à ne pouvoir vous en passer, il est aisé d'en avoir un autre, avec lequel, mon frère, vous puissiez courir un peu moins de risque.

ARGAN.

Ah! mon frère, il sait tout mon tempérament, et la manière dont il faut me gouverner.

BÉRALDE.

Il faut vous avouer que vous êtes un homme d'une grande prévention, et que vous voyez les choses avec d'étranges yeux.

SCÈNE VIII.

ARGAN, BÉRALDE, TOINETTE.

TOINETTE, à Argan.

Monsieur, voilà un médecin qui demande à vous voir.

ARGAN.

Et quel médecin?

TOINETTE.

Un médecin de la médecine.

ARGAN.

Je te demande qui il est.

TOINETTE.

Je ne le connais pas, mais il me ressemble comme deux gouttes d'eau; et si je n'étais sûre que ma mère était honnête femme, je dirais que ce serait quelque petit frère qu'elle m'aurait donné depuis le trépas de mon père.

ARGAN.

Fais-le venir.

SCÈNE IX.

ARGAN, BÉRALDE.

BÉRALDE.

Vous êtes servi à souhait. Un médecin vous quitte, un autre se présente.

ARGAN.

J'ai bien peur que vous ne soyez cause de quelque malheur.

BÉRALDE.

Encore! vous en revenez toujours là?

ARGAN.

Voyez-vous, j'ai sur le cœur toutes ces maladies-là que je ne connais point, ces...

SCÈNE X.

ARGAN, BÉRALDE; TOINETTE, en médecin.

TOINETTE.

Monsieur, agréez que je vienne vous rendre visite, et vous offrir mes petits services pour toutes les saignées et les purgations dont vous aurez besoin.

ARGAN.

Monsieur, je vous suis fort obligé. (A Béralde.) Par ma foi, voilà Toinette elle-même.

TOINETTE.

Monsieur, je vous prie de m'excuser : j'ai oublié de donner une commission à mon valet; je reviens tout à l'heure.

SCÈNE XI.

ARGAN, BÉRALDE.

ARGAN.

Hé! ne diriez-vous pas que c'est effectivement Toinette?

BÉRALDE.

Il est vrai que la ressemblance est tout à fait grande; mais ce n'est pas la première fois qu'on a vu de ces sortes de choses, et les histoires ne sont pleines que de ces jeux de la nature.

ARGAN.

Pour moi, j'en suis surpris; et...

SCÈNE XII.

ARGAN, BÉRALDE, TOINETTE.

TOINETTE.

Que voulez-vous, monsieur?

ARGAN.

Comment?

TOINETTE.

Ne m'avez-vous pas appelée?

ARGAN.

Moi? non.

TOINETTE.

Il faut donc que les oreilles m'aient corné.

ARGAN.

Demeure un peu ici pour voir comme ce médecin te ressemble.

TOINETTE.

Oui, vraiment! J'ai affaire là-bas : et je l'ai assez vu.

SCÈNE XIII.

ARGAN, BÉRALDE.

ARGAN.

Si je ne les voyais tous deux, je croirais que ce n'est qu'un.

BÉRALDE.

J'ai lu des choses surprenantes de ces sortes de ressemblances; et nous en avons vu, de notre temps, où tout le monde s'est trompé.

ARGAN.

Pour moi, j'aurais été trompé à celle-là; et j'aurais juré que c'est la même personne.

SCÈNE XIV.

ARGAN, BÉRALDE; TOINETTE, en médecin.

TOINETTE.

Monsieur, je vous demande pardon de tout mon cœur.

ARGAN, bas, à Béralde.

Cela est admirable.

TOINETTE.

Vous ne trouverez pas mauvais, s'il vous plaît, la curiosité que j'ai eue de voir un illustre malade comme vous êtes; et votre réputation, qui s'étend partout, peut excuser la liberté que j'ai prise.

ARGAN.

Monsieur, je suis votre serviteur.

TOINETTE.

Je vois, monsieur, que vous me regardez fixement. Quel âge croyez-vous bien que j'aie?

ARGAN.

Je crois que tout au plus vous pouvez avoir vingt-six ou vingt-sept ans.

TOINETTE.

Ah, ah, ah, ah, ah! j'en ai quatre-vingt-dix.

ARGAN.

Quatre-vingt-dix!

TOINETTE.

Oui, vous voyez un effet des secrets de mon art, de me conserver ainsi frais et vigoureux.

ARGAN.

Par ma foi, voilà un beau jeune vieillard pour quatre-vingt-dix ans!

TOINETTE.

Je suis médecin passager, qui vais de ville en ville, de province en province, de royaume en royaume, pour chercher d'illustres matières à ma capacité, pour trouver des malades dignes de m'occuper, capables d'exercer les grands et beaux secrets que j'ai trouvés dans la médecine. Je dédaigne de m'amuser à ce menu fatras de maladies ordinaires, à ces bagatelles de rhumatismes et de fluxions, à ces fiévrotes, à ces vapeurs, et à ces migraines. Je veux des maladies d'importance, de bonnes fièvres continues, avec des transports au cerveau, de bonnes fièvres pourprées, de bonnes pestes, de bonnes hydropisies formées, de bonnes pleurésies avec des inflammations de poitrine; c'est là que je me plais, c'est là que je triomphe; et je voudrais, monsieur, que vous eussiez toutes les maladies que je viens de dire, que vous fussiez abandonné de tous les médecins, désespéré, à l'agonie, pour vous montrer l'excellence de mes remèdes, et l'envie que j'aurais de vous rendre service.

ARGAN.

Je vous suis obligé, monsieur, des bontés que vous avez pour moi.

TOINETTE.

Donnez-moi votre pouls. Allons donc, que l'on batte comme il faut. Ahi! Je vous ferai bien aller comme vous devez. Hoy! ce pouls-là fait l'impertinent; je vois bien que vous ne me connaissez pas encore. Qui est votre médecin?

ARGAN.

Monsieur Purgon.

TOINETTE.

Cet homme-là n'est point écrit sur mes tablettes entre les grands médecins. De quoi dit-il que vous êtes malade?

ARGAN.

Il dit que c'est du foie, et d'autres disent que c'est de la rate.

TOINETTE.

Ce sont tous des ignorants. C'est du poumon que vous êtes malade.

ARGAN.

Du poumon?

TOINETTE.

Oui. Que sentez-vous?

ARGAN.

Je sens de temps en temps des douleurs de tête.

TOINETTE.

Justement, le poumon.

ARGAN.

Il me semble parfois que j'ai un voile devant les yeux.

TOINETTE.

Le poumon.

ARGAN.

J'ai quelquefois des maux de cœur.

TOINETTE.

Le poumon.

ARGAN.

Je sens parfois des lassitudes par tous les membres.

TOINETTE.

Le poumon.

ARGAN.

Et quelquefois il me prend des douleurs dans le ventre, comme si c'étaient des coliques.

TOINETTE.

Le poumon. Vous avez appétit à ce que vous mangez?

ARGAN.

Oui, monsieur.

TOINETTE.

Le poumon. Vous aimez à boire un peu de vin?

ARGAN.

Oui, monsieur.

TOINETTE.

Le poumon. Il vous prend un petit sommeil après le repas, et vous êtes bien aise de dormir?

ARGAN.

Oui, monsieur.

TOINETTE.

Le poumon, le poumon, vous dis-je. Que vous ordonne votre médecin pour votre nourriture?

ARGAN.

Il m'ordonne du potage.

TOINETTE.

Ignorant!

ARGAN.

De la volaille,

TOINETTE.

Ignorant!

ACTE III. SCÈNE XIV.

ARGAN.

Du veau,

TOINETTE.

Ignorant!

ARGAN.

Des bouillons,

TOINETTE.

Ignorant!

ARGAN.

Des œufs frais;

TOINETTE.

Ignorant!

ARGAN.

Et le soir, de petits pruneaux pour lâcher le ventre.

TOINETTE.

Ignorant!

ARGAN.

Et surtout de boire mon vin fort trempé.

TOINETTE.

Ignorantus, ignoranta, ignorantum. Il faut boire votre vin pur; et, pour épaissir votre sang, qui est trop subtil, il faut manger de bon gros bœuf, de bon gros porc, de bon fromage de Hollande; du gruau et du riz, et des marrons et des oublies, pour coller et conglutiner. Votre médecin est une bête. Je veux vous en envoyer un de ma main; et je viendrai vous voir de temps en temps, tandis que je serai en cette ville.

ARGAN.

Vous m'obligez beaucoup.

TOINETTE.

Que diantre faites-vous de ce bras-là?

ARGAN.

Comment?

TOINETTE.

Voilà un bras que je me ferais couper tout à l'heure, si j'étais que de vous.

ARGAN.

Et pourquoi?

TOINETTE.

Ne voyez-vous pas qu'il tire à soi toute la nourriture, et qu'il empêche ce côté-là de profiter?

ARGAN.

Oui; mais j'ai besoin de mon bras.

TOINETTE.

Vous avez là aussi un œil droit que je me ferais crever, si j'étais en votre place.

ARGAN.

Crever un œil?

TOINETTE.

Ne voyez-vous pas qu'il incommode l'autre, et lui dérobe sa nourriture? Croyez-moi, faites-vous-le crever au plus tôt : vous en verrez plus clair de l'œil gauche.

ARGAN.

Cela n'est pas pressé.

TOINETTE.

Adieu. Je suis fâché de vous quitter sitôt; mais il faut que je me trouve à une grande consultation qui doit se faire pour un homme qui mourut hier.

ARGAN.

Pour un homme qui mourut hier?

TOINETTE.

Oui : pour aviser et voir ce qu'il aurait fallu lui faire pour le guérir. Jusqu'au revoir.

ARGAN.

Vous savez que les malades ne reconduisent point.

SCÈNE XV.

ARGANTE, BÉRALDE.

BÉRALDE.
Voilà un médecin, vraiment, qui paraît fort habile !
ARGAN.
Oui, mais il va un peu bien vite.
BÉRALDE.
Tous les grands médecins sont comme cela.
ARGAN.
Me couper un bras et me crever un œil, afin que l'autre se porte mieux ! J'aime bien mieux qu'il ne se porte pas si bien. La belle opération, de me rendre borgne et manchot !

SCÈNE XVI.

ARGAN, BÉRALDE, TOINETTE.

TOINETTE, *feignant de parler à quelqu'un*.
Allons, allons, je suis votre servante. Je n'ai pas envie de rire.
ARGAN.
Qu'est-ce que c'est ?
TOINETTE.
Votre médecin, ma foi, qui me voulait tâter le pouls.
ARGAN.
Voyez un peu, à l'âge de quatre-vingt-dix ans !
BÉRALDE.
Oh çà ! mon frère, puisque voilà votre monsieur Purgon

brouillé avec vous, ne voulez-vous pas bien que je vous parle du parti qui s'offre pour ma nièce?

ARGAN.

Non, mon frère : je veux la mettre dans un couvent, puisqu'elle s'est opposée à mes volontés. Je vois bien qu'il y a quelque amourette là-dessous, et j'ai découvert certaine entrevue secrète qu'on ne sait pas que j'ai découverte.

BÉRALDE.

Hé bien! mon frère, quand il y aurait quelque petite inclination, cela serait-il si criminel? Et rien peut-il vous offenser, quand tout ne va qu'à des choses honnêtes, comme le mariage!

ARGAN.

Quoi qu'il en soit, mon frère, elle sera religieuse ; c'est une chose résolue.

BÉRALDE.

Vous voulez faire plaisir à quelqu'un.

ARGAN.

Je vous entends. Vous en revenez toujours là, et ma femme vous tient au cœur.

BÉRALDE.

Hé bien! oui, mon frère; puisqu'il faut parler à cœur ouvert, c'est votre femme que je veux dire; et, non plus que l'entêtement de la médecine, je ne puis vous souffrir l'entêtement où vous êtes pour elle, et voir que vous donniez, tête baissée, dans tous les piéges qu'elle vous tend.

TOINETTE.

Ah! monsieur, ne parlez point de madame; c'est une femme sur laquelle il n'y a rien à dire, une femme sans artifice, et qui aime monsieur, qui l'aime... On ne peut pas dire cela.

ARGAN.

Demandez-lui un peu les caresses qu'elle me fait.

TOINETTE.

Cela est vrai.

ARGAN.
L'inquiétude que lui donne ma maladie.
TOINETTE.
Assurément.
ARGAN.
Et les soins et les peines qu'elle prend autour de moi.
TOINETTE.
Il est certain. (A Béralde.) Voulez-vous que je vous convainque, et vous fasse voir tout à l'heure comme madame aime monsieur ? (A Argan.) Monsieur, souffrez que je lui montre son bec jaune et le tire d'erreur.
ARGAN.
Comment ?
TOINETTE.
Madame s'en va revenir. Mettez-vous tout étendu dans cette chaise, et contrefaites le mort. Vous verrez la douleur où elle sera quand je lui dirai la nouvelle.
ARGAN.
Je le veux bien.
TOINETTE.
Oui ; mais ne la laissez pas longtemps dans le désespoir, car elle en pourrait bien mourir.
ARGAN.
Laisse-moi faire.
TOINETTE, à Béralde.
Cachez-vous, vous, dans ce coin-là.

SCÈNE XVII.

ARGAN, TOINETTE.

ARGAN.
N'y a-t-il point quelque danger à contrefaire le mort ?

TOINETTE.

Non, non. Quel danger y aurait-il? Étendez-vous là seulement. (Bas.) Il y aura plaisir à confondre votre frère. Voici madame. Tenez-vous bien.

SCÈNE XVIII.

BÉLINE; ARGAN, étendu dans sa chaise; TOINETTE.

TOINETTE, feignant de ne pas voir Béline.

Ah! mon Dieu! Ah! malheur! Quel étrange accident!

BÉLINE.

Qu'est-ce, Toinette?

TOINETTE.

Ah, madame!

BÉLINE.

Qu'y a-t-il?

TOINETTE.

Votre mari est mort.

BÉLINE.

Mon mari est mort?

TOINETTE.

Hélas! oui, le pauvre défunt est trépassé.

BÉLINE.

Assurément?

TOINETTE.

Assurément. Personne ne sait encore cet accident-là; et je me suis trouvée ici toute seule. Il vient de passer entre mes bras. Tenez, le voilà tout de son long dans cette chaise.

BÉLINE.

Le ciel en soit loué! Me voilà délivrée d'un grand fardeau. Que tu es sotte, Toinette, de t'affliger de cette mort!

TOINETTE.

Je pensais, madame, qu'il fallût pleurer.

ACTE III. SCÈNE XVIII.

BÉLINE.

Va, va, cela n'en vaut pas la peine. Quelle perte est-ce que la sienne? et de quoi servait-il sur la terre? Un homme incommode à tout le monde, malpropre, dégoûtant, sans cesse un lavement ou une médecine dans le ventre, mouchant, toussant, crachant toujours; sans esprit, ennuyeux, de mauvaise humeur, fatiguant sans cesse les gens, et grondant jour et nuit servantes et valets.

TOINETTE.

Voilà une belle oraison funèbre!

BÉLINE.

Il faut, Toinette, que tu m'aides à exécuter mon dessein; et tu peux croire qu'en me servant, ta récompense est sûre. Puisque, par un bonheur, personne n'est encore averti de la chose, portons-le dans son lit, et tenons cette mort cachée, jusqu'à ce que j'aie fait mon affaire. Il y a des papiers, il y a de l'argent, dont je me veux saisir; et il n'est pas juste que j'aie passé sans fruit auprès de lui mes plus belles années. Viens, Toinette; prenons auparavant toutes ses clefs.

ARGAN, se levant brusquement.

Doucement.

BÉLINE.

Ahi!

ARGAN.

Oui, madame ma femme, c'est ainsi que vous m'aimez?

TOINETTE.

Ah! ah! le défunt n'est pas mort!

ARGAN, à Béline, qui sort.

Je suis bien aise de voir votre amitié, et d'avoir entendu le beau panégyrique que vous avez fait de moi. Voilà un avis au lecteur qui me rendra sage à l'avenir, et qui m'empêchera de faire bien des choses.

SCÈNE XIX.

BÉRALDE, sortant de l'endroit où il s'était caché; ARGAN, TOINETTE.

BÉRALDE.

Hé bien! mon frère, vous le voyez.

TOINETTE.

Par ma foi, je n'aurais jamais cru cela. Mais j'entends votre fille. Remettez-vous comme vous étiez, et voyons de quelle manière elle recevra votre mort. C'est une chose qu'il n'est pas mauvais d'éprouver; et, puisque vous êtes en train, vous connaîtrez par là les sentiments que votre famille a pour vous.

(Béralde va se cacher.)

SCÈNE XX.

ARGAN, ANGÉLIQUE, TOINETTE.

TOINETTE, feignant de ne pas voir Angélique.

O ciel! ah! fâcheuse aventure! Malheureuse journée!

ANGÉLIQUE.

Qu'as-tu, Toinette? et de quoi pleures-tu?

TOINETTE.

Hélas! j'ai de tristes nouvelles à vous donner.

ANGÉLIQUE.

Hé! quoi?

TOINETTE.

Votre père est mort.

ANGÉLIQUE.

Mon père est mort, Toinette?

TOINETTE.

Oui. Vous le voyez là, il vient de mourir tout à l'heure d'une faiblesse qui lui a pris.

ANGÉLIQUE.

O ciel! quelle infortune! quelle atteinte cruelle! Hélas! faut-il que je perde mon père, la seule chose qui me restait au monde, et qu'encore, pour un surcroît de désespoir, je le perde dans un moment où il était irrité contre moi! Que deviendrai-je, malheureuse? et quelle consolation trouver après une si grande perte?

SCÈNE XXI.

ARGAN, ANGÉLIQUE, CLÉANTE, TOINETTE.

CLÉANTE.

Qu'avez-vous donc, belle Angélique? et quel malheur pleurez-vous?

ANGÉLIQUE.

Hélas! je pleure tout ce que dans la vie je pouvais perdre de plus cher et de plus précieux; je pleure la mort de mon père.

CLÉANTE.

O ciel! quel accident! quel coup inopiné! Hélas! après la demande que j'avais conjuré votre oncle de lui faire pour moi, je venais me présenter à lui, et tâcher, par mes respects et par mes prières, de disposer son cœur à vous accorder à mes vœux.

ANGÉLIQUE.

Ah! Cléante! ne parlons plus de rien. Laissons là toutes les pensées du mariage. Après la perte de mon père, je ne veux plus être du monde, et j'y renonce pour jamais. Oui, mon père, si j'ai résisté tantôt à vos volontés, je veux suivre du moins une de vos intentions, et réparer par là le chagrin que je m'accuse de vous avoir donné. (Se jetant à ses genoux.) Souffrez, mon père, que je vous en donne ici ma parole, et que je vous embrasse pour vous témoigner mon ressentiment.

ARGAN, embrassant Angélique.

Ah! ma fille!

ANGÉLIQUE.

Ahi!

ARGAN.

Viens. N'aie point de peur, je ne suis pas mort. Va, tu es mon vrai sang, ma véritable fille, et je suis ravi d'avoir vu ton bon naturel.

SCÈNE XXII.

ARGAN, BÉRALDE, ANGÉLIQUE, CLÉANTE, TOINETTE.

ANGÉLIQUE.

Ah! quelle surprise agréable! Mon père, puisque, par un bonheur extrême, le ciel vous redonne à mes vœux, souffrez qu'ici je me jette à vos pieds pour vous supplier d'une chose. Si vous n'êtes pas favorable au penchant de mon cœur, si vous me refusez Cléante pour époux, je vous conjure au moins de ne me point forcer d'en épouser un autre. C'est toute la grâce que je vous demande.

CLÉANTE, se jetant aux genoux d'Argan.

Hé! monsieur, laissez-vous toucher à ses prières et aux miennes, et ne vous montrez point contraire aux mutuels empressements d'une si belle inclination.

BÉRALDE.

Mon frère, pouvez-vous tenir là contre?

TOINETTE.

Monsieur, serez-vous insensible à tant d'amour?

ARGAN.

Qu'il se fasse médecin, je consens au mariage. (A Cléante.) Oui, faites-vous médecin, je vous donne ma fille.

CLÉANTE.

Très-volontiers, monsieur. S'il ne tient qu'à cela pour être votre gendre, je me ferai médecin, apothicaire même, si vous voulez. Ce n'est pas une affaire que cela, et je ferais bien d'autres choses pour obtenir la belle Angélique.

BÉRALDE.

Mais, mon frère, il me vient une pensée. Faites-vous médecin vous-même. La commodité sera encore plus grande, d'avoir en vous tout ce qu'il vous faut.

TOINETTE.

Cela est vrai. Voilà le vrai moyen de vous guérir bientôt, et il n'y a point de maladie si osée que de se jouer à la personne d'un médecin.

ARGAN.

Je pense, mon frère, que vous vous moquez de moi. Est-ce que je suis en âge d'étudier?

BÉRALDE.

Bon, étudier! Vous êtes assez savant, et il y en a beaucoup parmi eux qui ne sont pas plus habiles que vous.

ARGAN.

Mais il faut savoir bien parler latin, connaître les maladies, et les remèdes qu'il y faut faire.

BÉRALDE.

En recevant la robe et le bonnet de médecin, vous apprendrez tout cela, et vous serez après plus habile que vous ne voudrez.

ARGAN.

Quoi! l'on sait discourir sur les maladies quand on a cet habit-là?

BÉRALDE.

Oui. L'on n'a qu'à parler avec une robe et un bonnet, tout galimatias devient savant, et toute sottise devient raison,

TOINETTE.

Tenez, monsieur, quand il n'y aurait que votre barbe, c'est déjà beaucoup, et la barbe fait plus de la moitié d'un médecin.

CLÉANTE.

En tout cas, je suis prêt à tout.

BÉRALDE, à Argan.

Voulez-vous que l'affaire se fasse tout à l'heure?

ARGAN.

Comment, tout à l'heure?

BÉRALDE.

Oui, et dans votre maison.

ARGAN.

Dans ma maison?

BÉRALDE.

Oui. Je connais une faculté de mes amies, qui viendra tout à l'heure en faire la cérémonie dans votre salle. Cela ne vous coûtera rien.

ARGAN.

Mais, moi, que dire, que répondre?

BÉRALDE.

On vous instruira en deux mots, et l'on vous donnera par écrit ce que vous devez dire. Allez-vous-en vous mettre en habit décent. Je vais les envoyer querir.

ARGAN.

Allons, voyons cela.

SCÈNE XXIII.

BÉRALDE, ANGÉLIQUE, CLÉANTE, TOINETTE.

CLÉANTE.

Que voulez-vous dire? et qu'entendez-vous avec cette faculté de vos amies?

TOINETTE.

Quel est donc votre dessein?

BÉRALDE.

De nous divertir un peu ce soir. Les comédiens ont fait un petit intermède de la réception d'un médecin, avec des danses et de la musique; je veux que nous en prenions ensemble le divertissement, et que mon frère y fasse le premier personnage.

ANGÉLIQUE.

Mais, mon oncle, il me semble que vous vous jouez un peu beaucoup de mon père.

BÉRALDE.

Mais, ma nièce, ce n'est pas tant le jouer que s'accommoder à ses fantaisies. Tout ceci n'est qu'entre nous. Nous y pouvons aussi prendre chacun un personnage, et nous donner ainsi la comédie les uns aux autres. Le carnaval autorise cela. Allons vite préparer toutes choses.

CLÉANTE, à Angélique.

Y consentez-vous?

ANGÉLIQUE.

Oui, puisque mon oncle nous conduit.

FIN DU TROISIÈME ACTE.

TROISIÈME INTERMÈDE.

C'est une cérémonie burlesque d'un homme qu'on fait médecin, en récit, chant et danse.

PREMIÈRE ENTRÉE DE BALLET.

Plusieurs tapissiers viennent préparer la salle et placer les bancs en cadence. Ensuite de quoi, toute l'assemblée, composée de huit porte-seringues, six apothicaires, vingt-deux docteurs, et celui qui se fait recevoir médecin, huit chirurgiens dansants, et deux chantants, entrent et prennent place, chacun selon son rang.

PRÆSES.

Savantissimi doctores,
Medicinæ professores,
Qui hic assemblati estis;
Et vos, altri messiores,
Sententiarum Facultatis
Fideles executores,
Chirurgiani et apothicari,
Atque tota compania aussi,
Salus, honor et argentum,
Atque bonum appetitum.

Non possum, docti confreri,
En moi satis admirari,

Qualis bona inventio
Est medici professio ;
Quam bella chosa est et bene trovata,
Medicina illa benedicta,
Quæ, suo nomine solo,
Surprenanti miraculo,
Depuis si longo tempore,
Facit à gogo vivere
Tant de gens omni genere.

Per totam terram videmus
Grandam vogam ubi sumus;
Et quod grandes et petiti
Sunt de nobis infatuti.
Totus mundus, currens ad nostros remedios,
Nos regardat sicut deos;
Et nostris ordonnanciis
Principes et reges soumissos videtis.

Doncque il est nostræ sapientiæ,
Boni sensus atque prudentiæ
De fortement travaillare
A nos bene conservare
In tali credito, voga et honore:
Et prendere gardam à non recevere,
In nostro docto corpore,
Quam personas capabiles,
Et totas dignas remplire
Has plaças honorabiles.

C'est pour cela que nunc convocatis estis ;
Et credo quod trovabitis
Dignam matieram medici
In savanti homine que voici ;
Lequel, in chosis omnibus,

Dono ad interrogandum,
Et à fond examinandum
Vostris capacitatibus.

PRIMUS DOCTOR.

Si mihi licentiam dat dominus præses,
Et tanti docti doctores,
Et assistantes illustres,
Très-savanti bacheliero,
Quem estimo et honoro,
Domandabo causam et rationem quare
Opium facit dormire.

BACHELIERUS.

Mihi a docto doctore
Domandatur causam et rationem quare
Opium facit dormire.
A quoi respondeo :
Quia est in eo
Virtus dormitiva,
Cujus est natura
Sensus assoupire.

CHORUS.

Bene, bene, bene, bene respondere.
Dignus, dignus est intrare
In nostro docto corpore.
Bene, bene respondere.

SECUNDUS DOCTOR.

Cum permissione domini præsidis,
Doctissimæ Facultatis,
Et totius his nostris actis
Companiæ assistantis,
Domandabo tibi, docte bacheliere,
Quæ sunt remedia
Quæ, in maladia
Dite hydropisia,
Convenit facere.

BACHELIERUS.

Clysterium donare,
Postea seignare,
Ensuita purgare.

CHORUS.

Bene, bene, bene, bene respondere.
Dignus, dignus est intrare
In nostro docto corpore.

TERTIUS DOCTOR.

Si bonum semblatur domino præsidi,
Doctissimæ Facultati,
Et companiæ præsenti,
Domandabo tibi, docte bacheliere,
Quæ remedia eticis,
Pulmonicis atque asmaticis
Trovas à propos facere.

BACHELIERUS.

Clysterium donare,
Postea seignare,
Ensuita purgare.

CHORUS.

Bene, bene, bene, bene respondere.
Dignus, dignus est intrare
In nostro docto corpore.

QUARTUS DOCTOR.

Super illas maladias,
Doctus bachelierus dixit maravillas;
Mais, si non ennuyo dominum præsidem,
Doctissimam Facultatem,
Et totam honorabilem
Companiam ecoutantem;
Faciam illi unam questionem.
Dès hiero maladus unus
Tombavit in meas manus;
Habet grandam fievram cum redoublamentis,

Grandam dolorem capitis,
Et grandum malum au côté,
Cum granda difficultate
Et pena de respirare.
   Veillas mihi dire,
   Docte bacheliere,
   Quid illi facere.

BACHELIERUS.

Clysterium donare,
Postea seignare,
Ensuita purgare.

QUINTUS DOCTOR.

Mais, si maladia
Opiniatria
Non vult se garire,
Quid illi facere?

BACHELIERUS.

Clysterium donare,
Postea seignare,
Ensuita purgare.
Reseignare, repurgare et reclysterisare.

CHORUS.

Bene, bene, bene, bene respondere.
   Dignus, dignus est intrare
   In nostro docto corpore.

PRÆSES.

Juras gardare statuta
Per Facultatem præscripta,
Cum sensu et jugeamento?

BACHELIERUS.

   Juro [1].

---

[1] C'est en prononçant ce mot, le 7 février 1673, jour de la quatrième représentation, que Molière, déjà malade, fut pris d'une convulsion qu'il s'efforça de cacher. Le même soir, à dix heures, il avait cessé de vivre.

PRÆSES.

Essere in omnibus
Consultationibus,
Ancieni aviso,
Aut bono,
Aut mauvaiso?

BACHELIERUS.

Juro.

PRÆSES.

De non jamais te servire
De remediis aucunis,
Quam de ceux seulement doctæ Facultatis,
Maladus dût-il crevare
Et mori de suo malo?

BACHELIERUS.

Juro.

PRÆSES.

Ego, cum isto boneto
Venerabili et docto,
Dono tibi et concedo
Virtutem et puissanciam
    Medicandi,
    Purgandi,
    Seignandi,
    Perçandi,
    Taillandi,
    Coupandi,
    Et occidendi
Impune per totam terram.

DEUXIÈME ENTRÉE DE BALLET.

Tous les chirurgiens et apothicaires viennent lui faire la révérence en cadence.

BACHELIERUS.

Grandes doctores doctrinæ
De la rhubarbe et du séné,
Ce serait sans doute à moi chosa folla,
Inepta et ridicula,
Si j'alloibam m'engageare
Vobis louangeas donare,
Et entreprenoibam adjoutare
Des lumieras au soleillo,
Et des etoilas au cielo,
Des ondas à l'oceano,
Et des rosas au printano.
Agreate qu'avec uno moto
Pro toto remercimento
Rendam gratias corpori tam docto.
Vobis, vobis debeo
Bien plus qu'à naturæ et qu'à patri meo.
Natura et pater meus
Hominem me habent factum;
Mais vos me, ce qui est bien plus,
Avetis factum medicum :
Honor, favor et gratia,
Qui, in hoc corde que voilà,
Imprimant ressentimenta
Qui dureront in secula.

CHORUS.

Vivat, vivat, vivat, vivat, cent fois vivat,
Novus doctor, qui tam bene parlat!
Mille, mille annis, et manget et bibat,
Et seignet et tuat!

TROISIÈME ENTRÉE DE BALLET.

Tous les chirurgiens et les apothicaires dansent au son des instruments et des voix, et des battements de mains, et des mortiers d'apothicaires.

CHIRURGUS.

Puisse-t-il voir doctas
Suas ordonnancias,
Omnium chirurgorum,
Et apothicarum
Remplire boutiquas!

CHORUS.

Vivat, vivat, vivat, vivat, cent fois vivat,
Novus doctor, qui tam bene parlat!
Mille, mille annis, et manget et bibat,
Et seignet et tuat!

CHIRURGUS.

Puissent toti anni
Lui essere boni
Et favorabiles,
Et n'habere jamais
Quam pestas, verolas,
Fievras, pleuresias,
Fluxus de sang et dyssenterias!

CHORUS.

Vivat, vivat, vivat, vivat, cent fois vivat,
Novus doctor, qui tam bene parlat!
Mille, mille annis, et manget et bibat,
Et seignet et tuat!

QUATRIÈME ENTRÉE DE BALLET.

Les médecins, les chirurgiens et les apothicaires sortent tous, selon leur rang, en cérémonie, comme ils sont entrés.

FIN DU MALADE IMAGINAIRE.

LES DEUX FARCES

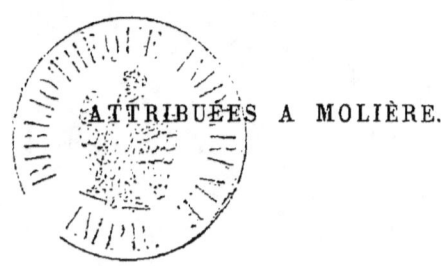

ATTRIBUÉES A MOLIÈRE.

AVERTISSEMENT.

D'après les notes laissées par la Grange, Molière aurait composé un grand nombre de farces, jouées par lui et sa troupe pendant ses pérégrinations en province. Ce genre de pièces avait été mis en honneur par les Italiens et par les acteurs du midi de la France. Le sujet de la comédie était fourni plutôt par un canevas laissant un libre champ à l'improvisation du comédien, que par un manuscrit appris par cœur et déclamé sur la scène. C'était la comédie improvisée, dans laquelle les Scaramouche, les Arlequin et les Mezzetin avaient eu de grands succès.

Il est certain que ces sortes d'atellanes, composées par Molière dans sa jeunesse, ne furent jamais considérées par notre grand comique comme des productions littéraires dignes de lui, et destinées à voir le jour.

Deux d'entre elles nous ont été conservées : *la Jalousie du Barbouillé* et *le Médecin volant*, et si nous leur donnons place dans cette édition, c'est que la curiosité publique, s'attachant à tout ce qu'a produit la plume des maîtres de l'art, recherche dans leurs essais la première révélation de leur génie.

L'authenticité de ces deux pièces paraît certaine. Le manuscrit, possédé par J.-B. Rousseau, fut remis par lui en 1734 à M. de Chauvelin, garde des sceaux.

Ces deux comédies en un acte ont été imprimées pour la première fois en 1819 dans l'édition de Désoer.

Bien que leur place naturelle eût été en tête de notre édition, nous les avons rejetées à la fin, par la raison que Molière ayant voué à l'oubli ces œuvres d'un jour, il eût été malséant de les faire figurer en première ligne avec les ouvrages qui lui ont assuré l'immortalité.

LE MÉDECIN VOLANT.

PERSONNAGES.

GORGIBUS, père de Lucile.
LUCILE, fille de Gorgibus.
VALÈRE, amant de Lucile.
SABINE, cousine de Lucile.
SGANARELLE, valet de Valère.
GROS-RENÉ, valet de Gorgibus.
UN AVOCAT.

LE MEDECIN VOLANT.

SCÈNE I.

VALÈRE, SABINE.

VALÈRE.
Eh bien! Sabine, quel conseil me donnes-tu?
SABINE.
Vraiment, il y a bien des nouvelles. Mon oncle veut résolûment que ma cousine épouse Villebrequin, et les affaires sont tellement avancées, que je crois qu'ils eussent été mariés dès aujourd'hui, si vous n'étiez aimé; mais, comme ma cousine m'a confié le secret de l'amour qu'elle vous porte, et que nous nous sommes vues à l'extrémité par l'avarice de mon vilain oncle, nous nous sommes avisées d'une bonne invention pour différer le mariage. C'est que ma cousine, dès l'heure que je vous parle, contrefait la malade; et le bon vieillard, qui est assez crédule, m'envoie querir un médecin. Si vous en pouviez envoyer quelqu'un qui fût de vos bons amis, et qui fût de notre intelligence, il conseillerait à la malade de prendre l'air à la campagne. Le bonhomme ne manquera pas de faire loger ma cousine à ce pavillon qui est au bout de notre jardin, et, par ce moyen, vous pourriez l'entretenir à l'insu de notre vieillard, l'épouser, et le laisser pester tout son soûl avec Villebrequin.
VALÈRE.
Mais le moyen de trouver sitôt un médecin à ma poste, et qui voulût tant hasarder pour mon service! Je te le dis franchement, je n'en connais pas un.

SABINE.

Je songe à une chose; si vous faisiez habiller votre valet en médecin : il n'y a rien si facile à duper que le bonhomme.

VALÈRE.

C'est un lourdaud qui gâtera tout; mais il faut s'en servir, faute d'autre. Adieu, je le vais chercher. Où diable trouver ce maroufle à présent? mais le voici tout à propos.

SCÈNE II.

VALÈRE, SGANARELLE.

VALÈRE.

Ah! mon pauvre Sganarelle, que j'ai de joie de te voir! J'ai besoin de toi dans une affaire de conséquence; mais, comme je ne sais pas ce que tu sais faire...

SGANARELLE.

Ce que je sais faire, monsieur? Employez-moi seulement en vos affaires de conséquence, ou pour quelque chose d'importance : par exemple, envoyez-moi voir quelle heure il est à une horloge, voir combien le beurre vaut au marché, abreuver un cheval, c'est alors que vous connaîtrez ce que je sais faire.

VALÈRE.

Ce n'est pas cela; c'est qu'il faut que tu contrefasses le médecin.

SGANARELLE.

Moi, médecin, monsieur! Je suis prêt à faire tout ce qu'il vous plaira; mais, pour faire le médecin, je suis assez votre serviteur pour n'en rien faire du tout; et par quel bout m'y prendre, bon Dieu? Ma foi, monsieur, vous vous moquez de moi!

SCÈNE II.

VALÈRE.

Si tu veux entreprendre cela, va, je te donnerai dix pistoles.

SGANARELLE.

Ah! pour dix pistoles, je ne dis pas que je ne sois médecin; car, voyez-vous bien, monsieur, je n'ai pas l'esprit tant, tant subtil, pour vous dire la vérité. Mais, quand je serai médecin, où irai-je?

VALÈRE.

Chez le bonhomme Gorgibus, voir sa fille qui est malade; mais tu es un lourdaud qui, au lieu de bien faire, pourrais bien...

SGANARELLE.

Hé! mon Dieu, monsieur, ne soyez point en peine; je vous réponds que je ferai aussi bien mourir une personne qu'aucun médecin qui soit dans la ville. On dit un proverbe, d'ordinaire : Après la mort le médecin; mais vous verrez que, si je m'en mêle, on dira : Après le médecin gare la mort! Mais, néanmoins, quand je songe, cela est bien difficile de faire le médecin; et si je ne fais rien qui vaille?

VALÈRE.

Il n'y a rien de si facile en cette rencontre; Gorgibus est un homme simple, grossier, qui se laissera étourdir de ton discours, pourvu que tu parles d'Hippocrate et de Galien, et que tu sois un peu effronté.

SGANARELLE.

C'est-à-dire qu'il lui faudra parler philosophie, mathématique. Laissez-moi faire; s'il est un homme facile, comme vous le dites, je vous réponds de tout; venez seulement me faire avoir un habit de médecin, et m'instruire de ce qu'il me faut faire, et me donner mes licences, qui sont les dix pistoles promises.

(Valère et Sganarelle s'en vont.)

SCÈNE III.

GORGIBUS, GROS-RENÉ.

GORGIBUS.

Allez vitement chercher un médecin, car ma fille est bien malade, et dépêchez-vous.

GROS-RENÉ.

Que diable aussi! pourquoi vouloir donner votre fille à un vieillard? Croyez-vous que ce ne soit pas le désir qu'elle a d'avoir un jeune homme qui la travaille? Voyez-vous la connexité qu'il y a, etc. (*galimatias*).

GORGIBUS.

Va-t'en vite; je vois bien que cette maladie-là reculera bien les noces.

GROS-RENÉ.

Et c'est ce qui me fait enrager; je croyais refaire mon ventre d'une bonne carrelure, et m'en voilà sevré. Je m'en vais chercher un médecin pour moi, aussi bien que pour votre fille; je suis désespéré. (Il sort.)

SCÈNE IV.

SABINE, GORGIBUS, SGANARELLE.

SABINE.

Je vous trouve à propos, mon oncle, pour vous apprendre une bonne nouvelle. Je vous amène le plus habile médecin du monde, un homme qui vient des pays étrangers, qui sait les plus beaux secrets, et qui sans doute guérira ma

SCÈNE IV.

cousine. On me l'a indiqué par bonheur, et je vous l'amène. Il est si savant que je voudrais de bon cœur être malade, afin qu'il me guérît.

GORGIBUS.

Où est-il donc?

SABINE.

Le voilà qui me suit; tenez, le voilà!

GORGIBUS.

Très-humble serviteur à monsieur le médecin. Je vous envoie querir pour voir ma fille qui est malade; je mets toute mon espérance en vous.

SGANARELLE.

Hippocrate dit, et Galien, par vives raisons, persuade qu'une personne ne se porte pas bien quand elle est malade. Vous avez raison de mettre votre espérance en moi; car je suis le plus grand, le plus habile, le plus docte médecin qui soit dans la Faculté végétable, sensitive et minérale.

GORGIBUS.

J'en suis fort ravi.

SGANARELLE.

Ne vous imaginez pas que je sois un médecin ordinaire, un médecin du commun. Tous les autres médecins ne sont, à mon égard, que des avortons de médecins. J'ai des talents particuliers, j'ai des secrets. Salamalec, salamalec. Rodrigue, as-tu du cœur? *signor, si; signor, no. Per omnia sæcula sæculorum.* Mais encore voyons un peu.

SABINE.

Eh! ce n'est pas lui qui est malade, c'est sa fille.

SGANARELLE.

Il n'importe; le sang du père et de la fille ne sont qu'une même chose; et par l'altération de celui du père, je puis connaître la maladie de la fille. Monsieur Gorgibus, y aurait-il moyen de voir de l'urine de l'égrotante?

GORGIBUS.

Oui-da; Sabine, vîte allez querir de l'urine de ma fille. (Sabine sort.) Monsieur le médecin, j'ai grand'peur qu'elle ne meure.

SGANARELLE.

Ah! qu'elle s'en garde bien! il ne faut pas qu'elle s'amuse à se laisser mourir sans l'ordonnance de la médecine. (Sabine rentre.) Voilà de l'urine qui marque grande chaleur, grande inflammation dans les intestins; elle n'est pas tant mauvaise pourtant.

GORGIBUS.

Eh quoi! monsieur, vous l'avalez?

SGANARELLE.

Ne vous étonnez pas de cela; les médecins, d'ordinaire, se contentent de la regarder; mais moi, qui suis un médecin hors du commun, je l'avale, parce qu'avec le goût je discerne bien mieux la cause et les suites de la maladie; mais, à vous dire la vérité, il y en avait trop peu pour avoir un bon jugement : qu'on la fasse encore pisser.

SABINE sort et revient.

J'ai bien eu de la peine à la faire pisser.

SGANARELLE.

Que cela! voilà bien de quoi! Faites-la pisser copieusement, copieusement. Si tous les malades pissent de la sorte, je veux être médecin toute ma vie.

SABINE sort et revient.

Voilà tout ce qu'on peut avoir; elle ne peut pas pisser davantage.

SGANARELLE.

Quoi! monsieur Gorgibus, votre fille ne pisse que des gouttes? voilà une pauvre pisseuse que votre fille; je vois bien qu'il faudra que je lui ordonne une potion pissatrice. N'y aurait-il pas moyen de voir la malade?

SABINE.

Elle est levée; si vous voulez, je la ferai venir.

SCÈNE V.

SABINE, GORGIBUS, SGANARELLE, LUCILE.

SGANARELLE.

Eh bien! mademoiselle, vous êtes malade?

LUCILE.

Oui, monsieur.

SGANARELLE.

Tant pis! c'est une marque que vous ne vous portez pas bien. Sentez-vous de grandes douleurs à la tête, aux reins?

LUCILE.

Oui, monsieur.

SGANARELLE.

C'est fort bien fait. Oui, ce grand médecin, au chapitre qu'il a fait de la nature des animaux, dit... cent belles choses; et, comme les humeurs qui ont de la connexité ont beaucoup de rapport; car, par exemple, comme la mélancolie est ennemie de la joie, et que la bile qui se répand par le corps nous fait devenir jaunes, et qu'il n'est rien plus contraire à la santé que la maladie, nous pouvons dire, avec ce grand homme, que votre fille est fort malade. Il faut que je vous fasse une ordonnance.

GORGIBUS.

Vite une table, du papier, de l'encre.

SGANARELLE.

Y a-t-il quelqu'un qui sache écrire?

GORGIBUS.

Est-ce que vous ne le savez point?

SGANARELLE.

Ah! je ne m'en souvenais pas; j'ai tant d'affaires dans la tête, que j'oublie la moitié... Je crois qu'il serait nécessaire que votre fille prît un peu l'air, qu'elle se divertît à la campagne.

GORGIBUS.

Nous avons un fort beau jardin, et quelques chambres qui y répondent; si vous le trouvez à propos, je l'y ferai loger.

SGANARELLE.

Allons visiter les lieux. (Ils sortent tous.)

SCÈNE VI.

L'AVOCAT, seul.

J'ai ouï dire que la fille de monsieur Gorgibus était malade; il faut que je m'informe de sa santé, et que je lui offre mes services comme ami de toute sa famille. Holà, holà! monsieur Gorgibus y est-il?

SCÈNE VII.

GORGIBUS, L'AVOCAT.

L'AVOCAT.

Ayant appris la maladie de mademoiselle votre fille, je vous suis venu témoigner la part que j'y prends, et vous faire offre de tout ce qui dépend de moi.

GORGIBUS.

J'étais là dedans avec le plus savant homme!

L'AVOCAT

N'y aurait-il pas moyen de l'entretenir un moment?

SCÈNE VIII.

GORGIBUS, L'AVOCAT, SGANARELLE.

GORGIBUS.

Monsieur, voilà un fort habile homme de mes amis, qui souhaiterait de vous parler et vous entretenir.

SGANARELLE.

Je n'ai pas le loisir, monsieur Gorgibus; il faut aller à mes malades. Je ne prendrai pas la droite avec vous, monsieur.

L'AVOCAT.

Monsieur, après ce que m'a dit monsieur Gorgibus de votre mérite et de votre savoir, j'ai eu la plus grande passion du monde d'avoir l'honneur de votre connaissance, et j'ai pris la liberté de vous saluer à ce dessein; je crois que vous ne le trouverez pas mauvais. Il faut avouer que ceux qui excellent en quelque science sont dignes de grande louange, et particulièrement ceux qui font profession de la médecine, tant à cause de son utilité, que parce qu'elle contient en elle plusieurs autres sciences, ce qui rend sa parfaite connaissance fort difficile; et c'est fort à propos qu'Hippocrate dit dans son premier aphorisme: *Vita brevis, ars vero longa, occasio autem præceps, experimentum periculosum, judicium difficile.*

SGANARELLE, à Gorgibus.

Ficile tantinapota baril cambustibus.

L'AVOCAT.

Vous n'êtes pas de ces médecins qui ne s'appliquent qu'à la médecine qu'on appelle rationale ou dogmatique, et je crois que vous l'exercez tous les jours avec beaucoup de succès, *experientia magistra rerum*. Les premiers hommes qui firent profession de la médecine furent tellement estimés d'avoir cette belle science, qu'on les mit au nombre des dieux pour les belles cures qu'ils faisaient tous les jours. Ce n'est pas qu'on doive mépriser un médecin qui n'aurait pas rendu la santé à son malade, puisqu'elle ne dépend pas absolument de ses remèdes, ni de son savoir : *interdum docta plus valet arte malum.* Monsieur, j'ai peur de vous être importun : je prends congé de vous, dans l'espérance que j'ai qu'à la première vue j'aurai l'honneur de converser avec vous avec plus de loisir. Vos heures vous sont précieuses, etc. (Il sort.)

GORGIBUS.

Que vous semble de cet homme-là?

SGANARELLE.

Il sait quelque petite chose. S'il fût demeuré tant soit peu davantage, je l'allais mettre sur une matière sublime et relevée. Cependant je prends congé de vous. (Gorgibus lui donne de l'argent.) Hé! que voulez-vous faire?

GORGIBUS.

Je sais bien ce que je vous dois.

SGANARELLE.

Vous moquez-vous, monsieur Gorgibus? Je n'en prendrai pas, je ne suis pas un homme mercenaire. (Il prend l'argent.) Votre très-humble serviteur. (Sganarelle sort, et Gorgibus rentre dans sa maison.)

SCÈNE IX.

VALÈRE, seul.

Je ne sais ce qu'aura fait Sganarelle; je n'ai point eu de ses nouvelles, et je suis fort en peine où je le pourrais rencontrer. (Sganarelle revient en habit de valet.) Mais bon, le voici. Hé bien! Sganarelle, qu'as-tu fait depuis que je ne t'ai pas vu?

SCÈNE X.

VALÈRE, SGANARELLE.

SGANARELLE.

Merveille sur merveille; j'ai si bien fait, que Gorgibus me prend pour un habile médecin. Je me suis introduit chez lui; je lui ai conseillé de faire prendre l'air à sa fille, laquelle est à présent dans un appartement qui est au bout de leur jardin, tellement qu'elle est fort éloignée du vieillard, et que vous pourrez l'aller voir commodément.

VALÈRE.

Ah! que tu me donnes de joie! Sans perdre de temps, je la vais trouver de ce pas. (Il sort.)

SGANARELLE.

Il faut avouer que ce bonhomme de Gorgibus est un vrai lourdaud de se laisser tromper de la sorte. (Apercevant Gorgibus.) Ah! ma foi, tout est perdu; c'est à ce coup que voilà la médecine renversée; mais il faut que je le trompe.

SCÈNE XI.

SGANARELLE, GORGIBUS.

GORGIBUS.

Bonjour, monsieur.

SGANARELLE.

Monsieur, votre serviteur; vous voyez un pauvre garçon au désespoir : ne connaissez-vous pas un médecin qui est arrivé depuis peu en cette ville, qui fait des cures admirables?

GORGIBUS.

Oui, je le connais ; il vient de sortir de chez moi.

SGANARELLE.

Je suis son frère, monsieur : nous sommes jumeaux ; et, comme nous nous ressemblons fort, on nous prend quelquefois l'un pour l'autre.

GORGIBUS.

Je me donne au diable si je n'y ai été trompé. Et comment vous nommez-vous ?

SGANARELLE.

Narcisse, monsieur, pour vous rendre service. Il faut que vous sachiez qu'étant dans son cabinet j'ai répandu deux fioles d'essence qui étaient sur le bord de sa table ; aussitôt il s'est mis dans une colère si étrange contre moi, qu'il m'a mis hors du logis ; il ne me veut plus jamais voir, tellement que je suis un pauvre garçon à présent, sans appui, sans support, sans aucune connaissance.

GORGIBUS.

Allez, je ferai votre paix ; je suis de ses amis, et je vous promets de vous remettre avec lui ; je lui parlerai d'abord que je le verrai.

SGANARELLE.

Je vous serai bien obligé, monsieur Gorgibus. (Il sort et rentre aussitôt avec sa robe de médecin.)

SCÈNE XII.

SGANARELLE, GORGIBUS.

SGANARELLE.

Il faut avouer que quand ces malades ne veulent pas suivre l'avis du médecin, et qu'ils s'abandonnent à la débauche...

SCÈNE XII.

GORGIBUS.

Monsieur le médecin, très-humble serviteur. Je vous demande une grâce.

SGANARELLE.

Qu'y a-t-il, monsieur? Est-il question de vous rendre service?

GORGIBUS.

Monsieur, je viens de rencontrer monsieur votre frère qui est tout à fait fâché de...

SGANARELLE.

C'est un coquin, monsieur Gorgibus.

GORGIBUS.

Je vous réponds qu'il est tellement contrit de vous avoir mis en colère...

SGANARELLE.

C'est un ivrogne, monsieur Gorgibus.

GORGIBUS.

Eh! monsieur, voulez-vous désespérer ce pauvre garçon?

SGANARELLE.

Qu'on ne m'en parle plus; mais voyez l'impudence de ce coquin-là, de vous aller trouver pour faire son accord; je vous prie de ne m'en pas parler.

GORGIBUS.

Au nom de Dieu, monsieur le médecin, faites cela pour l'amour de moi. Si je suis capable de vous obliger en autre chose, je le ferai de bon cœur. Je m'y suis engagé, et...

SGANARELLE.

Vous m'en priez avec tant d'instance... Quoique j'eusse fait serment de ne lui pardonner jamais, allez, touchez là, je lui pardonne. Je vous assure que je me fais grande violence, et qu'il faut que j'aie bien de la complaisance pour vous. Adieu, monsieur Gorgibus. (Gorgibus rentre dans sa maison et Sganarelle s'en va.)

SCÈNE XIII.

VALÈRE, SGANARELLE.

VALÈRE.

Il faut que j'avoue que je n'eusse jamais cru que Sganarelle se fût si bien acquitté de son devoir. (Sganarelle rentre avec ses habits de valet.) Ah! mon pauvre garçon, que je t'ai d'obligation! que j'ai de joie! et que...

SGANARELLE.

Ma foi, vous parlez fort à votre aise. Gorgibus m'a rencontré; et, sans une invention que j'ai trouvée, toute la mèche était découverte. (Apercevant Gorgibus.) Mais fuyez-vous-en, le voici. (Valère sort.)

SCÈNE XIV.

GORGIBUS, SGANARELLE.

GORGIBUS.

Je vous cherchais partout pour vous dire que j'ai parlé à votre frère : il m'a assuré qu'il vous pardonnait; mais, pour en être plus assuré, je veux qu'il vous embrasse en ma présence; entrez dans mon logis, et je l'irai chercher.

SGANARELLE.

Eh! monsieur Gorgibus, je ne crois pas que vous le trouviez à présent; et puis je ne resterai pas chez vous : je crains trop de sa colère.

GORGIBUS.

Ah ! vous y demeurerez, car je vous enfermerai. Je m'en

vais à présent chercher votre frère; ne craignez rien, je vous réponds qu'il n'est plus fâché. (Il sort.)

SGANARELLE, de la fenêtre.

Ma foi, me voilà attrapé ce coup-là; il n'y a plus moyen de m'en échapper. Le nuage est fort épais, et j'ai bien peur que, s'il vient à crever, il ne grêle sur mon dos force coups de bâton, ou que, par quelque ordonnance plus forte que toutes celles des médecins, on ne m'applique tout au moins un cautère royal sur les épaules. Mes affaires vont mal; mais pourquoi se désespérer? puisque j'ai tant fait, poussons la fourbe jusqu'au bout. Oui, oui, il en faut encore sortir, et faire voir que Sganarelle est le roi des fourbes. (Il saute par la fenêtre et s'en va¹.)

SCÈNE XV.

GROS-RENÉ, GORGIBUS, SGANARELLE.

GROS-RENÉ.

Ah! ma foi, voilà qui est drôle! comme diable on saute ici par les fenêtres! Il faut que je demeure ici, et que je voie à quoi tout cela aboutira.

GORGIBUS.

Je ne saurais trouver ce médecin; je ne sais où diable il s'est caché. (Apercevant Sganarelle qui revient en habit de médecin.) Mais le voici. Monsieur, ce n'est pas assez d'avoir pardonné à votre frère; je vous prie, pour ma satisfaction, de l'embrasser : il est chez moi, et je vous cherchais partout pour vous prier de faire cet accord en ma présence.

---

1 Le titre du *Médecin volant* vient de l'agilité avec laquelle Sganarelle fait ses évolutions par la fenêtre. C'est l'imitation du canevas italien, *il Medico volante*.

SGANARELLE.

Vous vous moquez, monsieur Gorgibus; n'est-ce pas assez que je lui pardonne? Je ne le veux jamais voir.

GORGIBUS.

Mais, monsieur, pour l'amour de moi.

SGANARELLE.

Je ne saurais vous rien refuser : dites-lui qu'il descende. (Pendant que Gorgibus entre dans la maison par la porte, Sganarelle y rentre par la fenêtre.)

GORGIBUS, à la fenêtre.

Voilà votre frère qui vous attend là-bas : il m'a promis qu'il fera tout ce que vous voudrez.

SGANARELLE, à la fenêtre.

Monsieur Gorgibus, je vous prie de le faire venir ici; je vous conjure que ce soit en particulier que je lui demande pardon, parce que sans doute il me ferait cent hontes, cent opprobres devant tout le monde. (Gorgibus sort de sa maison par la porte, et Sganarelle par la fenêtre.)

GORGIBUS.

Oui-da, je m'en vais lui dire... Monsieur, il dit qu'il est honteux, et qu'il vous prie d'entrer, afin qu'il vous demande pardon en particulier. Voilà la clef, vous pouvez entrer; je vous supplie de ne pas me refuser, et de me donner ce contentement.

SGANARELLE.

Il n'y a rien que je ne fasse pour votre satisfaction : vous allez entendre de quelle manière je le vais traiter. (A la fenêtre.) Ah! te voilà, coquin. — Monsieur mon frère, je vous demande pardon, je vous promets qu'il n'y a pas de ma faute. — Pilier de débauche, coquin, va, je t'apprendrai à venir avoir la hardiesse d'importuner monsieur Gorgibus, de lui rompre la tête de tes sottises. — Monsieur mon frère... — Tais-toi, te dis-je. — Je ne vous désoblig... — Tais-toi, coquin.

GROS-RENÉ.

Qui diable pensez-vous qui soit chez vous à présent?

SCÈNE XV.

GORGIBUS.

C'est le médecin et Narcisse son frère; ils avaient quelque différend, et ils font leur accord.

GROS-RENÉ.

Le diable emporte! ils ne sont qu'un.

SGANARELLE, à la fenêtre.

Ivrogne que tu es, je t'apprendrai à vivre. Comme il baisse la vue! il voit bien qu'il a failli, le pendard. Ah! l'hypocrite, comme il fait le bon apôtre!

GROS-RENÉ.

Monsieur, dites-lui un peu par plaisir qu'il fasse mettre son frère à la fenêtre.

GORGIBUS.

Oui-da... Monsieur le médecin, je vous prie de faire paraître votre frère à la fenêtre.

SGANARELLE, de la fenêtre.

Il est indigne de la vue des gens d'honneur, et puis je ne le saurais souffrir auprès de moi.

GORGIBUS.

Monsieur, ne me refusez pas cette grâce, après toutes celles que vous m'avez faites.

SGANARELLE, de la fenêtre.

En vérité, monsieur Gorgibus, vous avez un tel pouvoir sur moi, que je ne vous puis rien refuser. Montre-toi, coquin. (Après avoir disparu un moment, il se remontre en habit de valet.) Monsieur Gorgibus, je suis votre obligé. (Il disparaît encore, et reparaît aussitôt en robe de médecin.) Eh bien! avez-vous vu cette image de la débauche?

GROS-RENÉ.

Ma foi, ils ne sont qu'un; et, pour vous le prouver, dites-lui un peu que vous les voulez voir ensemble.

GORGIBUS.

Mais faites-moi la grâce de le faire paraître avec vous, et de l'embrasser devant moi à la fenêtre.

SGANARELLE, de la fenêtre.

C'est une chose que je refuserais à tout autre qu'à vous;

mais, pour vous montrer que je veux tout faire pour l'amour de vous, je m'y résous, quoique avec peine, et veux auparavant qu'il vous demande pardon de toutes les peines qu'il vous a données. — Oui, monsieur Gorgibus, je vous demande pardon de vous avoir tant importuné, et vous promets, mon frère, en présence de monsieur Gorgibus que voilà, de faire si bien désormais, que vous n'aurez plus lieu de vous plaindre, vous priant de ne plus songer à ce qui s'est passé. (Il embrasse son chapeau et sa fraise, qu'il a mis au bout de son coude.)

GORGIBUS.

Eh bien ! ne les voilà pas tous deux ?

GROS-RENÉ.

Ah ! par ma foi, il est sorcier.

SGANARELLE, sortant de la maison, en médecin.

Monsieur, voilà la clef de votre maison que je vous rends ; je n'ai pas voulu que ce coquin soit descendu avec moi, parce qu'il me fait honte ; je ne voudrais pas qu'on le vît en ma compagnie, dans la ville où je suis en quelque réputation. Vous irez le faire sortir quand bon vous semblera. Je vous donne le bonjour, et suis votre serviteur, etc. (Il feint de s'en aller, et, après avoir mis bas sa robe, rentre dans la maison par la fenêtre.)

GORGIBUS.

Il faut que j'aille délivrer ce pauvre garçon ; en vérité, s'il lui a pardonné, ce n'a pas été sans le bien maltraiter. (Il entre dans sa maison, et en sort avec Sganarelle en habit de valet.)

SGANARELLE.

Monsieur, je vous remercie de la peine que vous avez prise, et de la bonté que vous avez eue, je vous en serai obligé toute ma vie.

GROS-RENÉ.

Où pensez-vous que soit à présent le médecin ?

GORGIBUS.

Il s'en est allé.

GROS-RENÉ, qui a ramassé la robe de Sganarelle.

Je le tiens sous mon bras. Voilà le coquin qui faisait le

médecin, et qui vous trompe. Cependant qu'il vous trompe et joue la farce chez vous, Valère et votre fille sont ensemble, qui s'en vont à tous les diables.

GORGIBUS.

Oh! que je suis malheureux! mais tu seras pendu, fourbe, coquin!

SGANARELLE.

Monsieur, qu'allez-vous faire de me pendre? Écoutez un mot, s'il vous plaît; il est vrai que c'est par mon invention que mon maître est avec votre fille; mais, en le servant, je ne vous ai point désobligé : c'est un parti sortable pour elle, tant pour la naissance que pour les biens. Croyez-moi, ne faites point un vacarme qui tournerait à votre confusion, et envoyez à tous les diables ce coquin-là avec Villebrequin. Mais voici nos amants.

SCÈNE XVI.

VALÈRE, LUCILE, GORGIBUS, SGANARELLE.

VALÈRE.

Nous nous jetons à vos pieds.

GORGIBUS.

Je vous pardonne, et suis heureusement trompé par Sganarelle, ayant un si brave gendre. Allons tous faire noces, et boire à la santé de toute la compagnie.

FIN DU MÉDECIN VOLANT.

LA
JALOUSIE DU BARBOUILLÉ.

PERSONNAGES.

LE BARBOUILLÉ, mari d'Angélique.

LE DOCTEUR.

ANGÉLIQUE, fille de Gorgibus.

VALÈRE, amant d'Angélique.

CATHAU, suivante d'Angélique.

GORGIBUS, père d'Angélique.

VILLEBREQUIN.

LA VALLÉE.

LA JALOUSIE DU BARBOUILLÉ.

SCÈNE I.

LE BARBOUILLÉ, seul.

Il faut avouer que je suis le plus malheureux de tous les hommes ! J'ai une femme qui me fait enrager : au lieu de me donner du soulagement, et de faire les choses à mon souhait, elle me fait donner au diable vingt fois le jour; au lieu de se tenir à la maison, elle aime la promenade, la bonne chère, et fréquente je ne sais quelle sorte de gens. Ah ! pauvre Barbouillé, que tu es misérable ! Il faut pourtant la punir. Si tu la tuais... l'intention ne vaut rien, car tu serais pendu. Si tu la faisais mettre en prison... la carogne en sortirait avec son passe-partout. Que diable faire donc ? Mais voilà monsieur le docteur qui passe par ici, il faut que je lui demande un bon conseil sur ce que je dois faire.

SCÈNE II.

LE DOCTEUR, LE BARBOUILLÉ.

LE BARBOUILLÉ.
Je m'en allais vous chercher pour vous faire une prière sur une chose qui m'est d'importance.
LE DOCTEUR.
Il faut que tu sois bien mal appris, bien lourdaud et bien

mal morigéné, mon ami, puisque tu m'abordes sans ôter ton chapeau, sans observer *rationem loci, temporis et personæ*. Quoi! débuter par un discours mal digéré, au lieu de dire: *Salve, vel salvus sis, doctor doctorum eruditissime*. Hé! pour qui me prends-tu, mon ami?

LE BARBOUILLÉ.

Ma foi, excusez-moi, c'est que j'avais l'esprit en écharpe, et je ne songeais pas à ce que je faisais; mais je sais bien que vous êtes galant homme.

LE DOCTEUR.

Sais-tu bien d'où vient le mot galant homme?

LE BARBOUILLÉ.

Qu'il vienne de Villejuif ou d'Aubervilliers, je ne m'en soucie guère.

LE DOCTEUR.

Sache que le mot galant homme vient d'élégant; prenant le *g* et l'*a* de la dernière syllabe, cela fait *ga*, et puis prenant *l*, ajoutant un *a* et les deux dernières lettres, cela fait *galant*, et puis ajoutant *homme*, cela fait *galant homme*. Mais, encore, pour qui me prends-tu?

LE BARBOUILLÉ.

Je vous prends pour un docteur. Or çà, parlons un peu de l'affaire que je vous veux proposer; il faut que vous sachiez...

LE DOCTEUR.

Sache auparavant que je ne suis pas seulement une fois docteur, mais que je suis une, deux, trois, quatre, cinq, six, sept, huit, neuf et dix fois docteur. 1º Parce que, comme l'unité est la base, le fondement et le premier de tous les nombres; aussi, moi, je suis le premier de tous les docteurs, le docte des doctes. 2º Parce qu'il y a deux facultés nécessaires pour la parfaite connaissance de toutes choses, le sens et l'entendement; et, comme je suis tout sens et tout entendement, je suis deux fois docteur.

LE BARBOUILLÉ.
D'accord. C'est que...
LE DOCTEUR.
3° Parce que le nombre de trois est celui de la perfection, selon Aristote; et, comme je suis parfait, et que toutes mes productions le sont aussi, je suis trois fois docteur.
LE BARBOUILLÉ.
Eh bien, monsieur le docteur...
LE DOCTEUR.
4° Parce que la philosophie a quatre parties : la logique, la morale, la physique et la métaphysique; et comme je les possède toutes quatre, et que je suis parfaitement versé en icelles, je suis quatre fois docteur.
LE BARBOUILLÉ.
Que diable, je n'en doute pas. Écoutez-moi donc.
LE DOCTEUR.
5° Parce qu'il y a cinq universaux, le genre, l'espèce, la différence, le propre et l'accident, sans la connaissance desquels il est impossible de faire aucun bon raisonnement; et, comme je m'en sers avec avantage, et que j'en connais l'utilité, je suis cinq fois docteur.
LE BARBOUILLÉ.
Il faut que j'aie bonne patience.
LE DOCTEUR.
6° Parce que le nombre de six est le nombre du travail; et, comme je travaille incessamment pour ma gloire, je suis six fois docteur.
LE BARBOUILLÉ.
Ho! parle tant que tu voudras.
LE DOCTEUR.
7° Parce que le nombre de sept est le nombre de la félicité; et, comme je possède une parfaite connaissance de tout ce qui peut rendre heureux, et que je le suis en effet par mes talents, je me sens obligé de dire de moi-même : *O ter quaterque beatum!* 8° Parce que le nombre de huit est le

nombre de la justice à cause de l'égalité qui se rencontre en lui, et que la justice et la prudence avec lesquelles je mesure et pèse toutes mes actions me rendent huit fois docteur. 9° Parce qu'il y a neuf Muses, et que je suis également chéri d'elles. 10° Parce que, comme on ne peut passer le nombre de dix sans faire une répétition des autres nombres, et qu'il est le nombre universel; aussi, quand on m'a trouvé, on a trouvé le docteur universel; je contiens en moi tous les autres docteurs. Ainsi, tu vois, par des raisons plausibles, vraies, démonstratives et convaincantes, que je suis une, deux, trois, quatre, cinq, six, sept, huit, neuf, dix fois docteur.

LE BARBOUILLÉ.

Que diable est ceci? je croyais trouver un homme bien savant, qui me donnerait un bon conseil, et je trouve un ramoneur de cheminées, qui, au lieu de me parler, s'amuse à jouer à la mourre. Un, deux, trois, quatre; ha, ha, ha! Oh bien! ce n'est pas cela; c'est que je vous prie de m'écouter, et croyez que je ne suis pas un homme à vous faire perdre vos peines, et que, si vous me satisfaites sur ce que je veux de vous, je vous donnerai ce que vous voudrez; de l'argent, si vous en voulez.

LE DOCTEUR.

Hé! de l'argent?

LE BARBOUILLÉ.

Oui, de l'argent, et toute autre chose que vous pourriez demander.

LE DOCTEUR, troussant sa robe.

Tu me prends donc pour un homme à qui l'argent fait tout faire, pour un homme attaché à l'intérêt, pour une âme mercenaire? Sache, mon ami, que, quand tu me donnerais une bourse pleine de pistoles, et que cette bourse serait dans une riche boîte, cette boîte dans un étui précieux, cet étui dans un coffre admirable, ce coffre dans un cabinet curieux, ce cabinet dans une chambre magnifique, cette chambre dans un appartement agréable, cet appartement dans un château pompeux, ce château dans une citadelle incomparable, cette citadelle dans une ville célèbre, cette ville dans une île fertile, cette île dans une province opulente, cette province dans une monarchie florissante, cette monarchie dans tout le monde, et que tout le monde où serait cette monarchie florissante, où serait cette province opulente, où serait cette île fertile, où serait cette ville célèbre, où serait cette citadelle incomparable, où serait ce château pompeux, où serait cet appartement agréable, où serait ce cabinet curieux, où serait ce coffre admirable, où serait cet étui précieux, où serait cette riche boîte dans laquelle serait enfermée la bourse pleine de pistoles, que je me soucierais aussi peu de ton argent et de toi que de cela. (Il s'en va.)

LE BARBOUILLÉ.

Ma foi, je m'y suis mépris : à cause qu'il est vêtu comme un médecin, j'ai cru qu'il lui fallait parler d'argent; mais puisqu'il n'en veut point, il n'y a rien de plus aisé que de le contenter : je m'en vais courir après lui. (Il sort.)

SCÈNE III.

ANGÉLIQUE, VALÈRE, CATHAU.

ANGÉLIQUE.

Monsieur, je vous assure que vous m'obligerez beaucoup de me tenir quelquefois compagnie; mon mari est si mal bâti, si débauché, si ivrogne, que ce m'est un supplice d'être avec lui, et je vous laisse à penser quelle satisfaction on peut avoir d'un rustre comme lui.

VALÈRE.

Mademoiselle, vous me faites trop d'honneur de me vouloir souffrir. Je vous promets de contribuer de tout mon pouvoir à votre divertissement; et, puisque vous témoignez que ma compagnie ne vous est point désagréable, je vous ferai connaître par mes empressements combien j'ai de joie de la bonne nouvelle que vous m'apprenez.

CATHAU.

Ah! changez de discours, voyez porte-guignon qui arrive.

SCÈNE IV.

LE BARBOUILLÉ, VALÈRE, ANGÉLIQUE, CATHAU.

VALÈRE.

Mademoiselle, je suis au désespoir de vous apporter de si méchantes nouvelles; mais aussi bien les auriez-vous apprises de quelque autre; et, puisque votre frère est fort malade...

ANGÉLIQUE.

Monsieur, ne m'en dites pas davantage; je suis votre servante et vous rends grâce de la peine que vous avez prise.

LE BARBOUILLÉ.

Ma foi, sans aller chez le notaire, voilà le certificat de mon cocuage. Ha! ha! madame la carogne, je vous trouve avec un homme, après toutes les défenses que je vous ai faites, et vous me voulez envoyer de Gemini en Capricorne.

ANGÉLIQUE.

Eh bien! faut-il gronder pour cela? Ce monsieur vient de m'apprendre que mon frère est bien malade : où est le sujet de querelle?

CATHAU.

Ah! le voilà venu; je m'étonnais bien si nous aurions longtemps du repos.

LE BARBOUILLÉ.

Vous vous gâtez, par ma foi, toutes deux, mesdames les

carognes; toi, Cathau, tu corromps ma femme; depuis que tu la sers, elle ne vaut pas la moitié de ce qu'elle valait.

CATHAU.

Vraiment oui, vous nous la baillez bonne.

ANGÉLIQUE.

Laissez là cet ivrogne; ne vois-tu pas qu'il est si soûl qu'il ne sait ce qu'il dit?

SCÈNE V.

GORGIBUS, VILLEBREQUIN, ANGÉLIQUE, CATHAU, LE BARBOUILLÉ.

GORGIBUS.

Ne voilà pas encore mon maudit gendre qui querelle ma fille!

VILLEBREQUIN.

Il faut savoir ce que c'est.

GORGIBUS.

Eh quoi! toujours se quereller! vous n'aurez pas la paix dans votre ménage?

LE BARBOUILLÉ.

Cette coquine-là m'appelle ivrogne. (A Angélique.) Tiens, je suis bien tenté de te bailler une quinte major en présence de tes parents.

GORGIBUS.

Au diable l'escarcelle, si vous l'aviez fait.

ANGÉLIQUE.

Mais aussi c'est lui qui commence toujours à...

CATHAU.

Que maudite soit l'heure où vous avez choisi ce grigou!

VILLEBREQUIN.

Allons, taisez-vous; la paix.

SCÈNE VI.

GORGIBUS, VILLEBREQUIN, ANGÉLIQUE, CATHAU, LE BARBOUILLÉ, LE DOCTEUR.

LE DOCTEUR.
Qu'est ceci? quel désordre! quelle querelle! quel grabuge! quel vacarme! quel bruit! quel différend! quelle combustion! Qu'y a-t-il? messieurs, qu'y a-t-il? qu'y a-t-il? Çà, çà, voyons s'il n'y a pas moyen de vous mettre d'accord; que je sois votre pacificateur, que j'apporte l'union chez vous.

GORGIBUS.
C'est mon gendre et ma fille qui ont eu bruit ensemble.

LE DOCTEUR.
Et qu'est-ce que c'est? voyons, dites-moi un peu la cause de leur différend.

GORGIBUS.
Monsieur...

LE DOCTEUR.
Mais en peu de paroles.

GORGIBUS.
Oui-da : mettez donc votre bonnet.

LE DOCTEUR.
Savez-vous d'où vient le mot bonnet?

GORGIBUS.
Nenni.

LE DOCTEUR.
Cela vient de *bonum est,* bon est, voilà qui est bon, parce qu'il garantit des catarrhes et fluxions.

GORGIBUS.
Ma foi, je ne savais pas cela.

LE DOCTEUR.

Dites donc vite cette querelle.

GORGIBUS.

Voici ce qui est arrivé.

LE DOCTEUR.

Je ne crois pas que vous soyez homme à me tenir longtemps, puisque je vous en prie. J'ai quelques affaires pressantes qui m'appellent à la ville; mais, pour remettre la paix dans votre famille, je veux bien m'arrêter un moment.

GORGIBUS.

J'aurai fait en un moment.

LE DOCTEUR.

Soyez donc bref.

GORGIBUS.

Voilà qui est fait incontinent.

LE DOCTEUR.

Il faut avouer, monsieur Gorgibus, que c'est une belle qualité que de dire les choses en peu de paroles, et que les grands parleurs, au lieu de se faire écouter, se rendent le plus souvent si importuns, qu'on ne les entend point : *virtutem primam esse puta compescere linguam*. Oui, la plus belle qualité d'un honnête homme, c'est de parler peu.

GORGIBUS.

Vous saurez donc...

LE DOCTEUR.

Socrate recommandait trois choses fort soigneusement à ses disciples : la retenue dans les actions, la sobriété dans le manger, et de dire les choses en peu de paroles. Commencez donc, monsieur Gorgibus.

GORGIBUS.

C'est ce que je veux faire.

LE DOCTEUR.

En peu de mots, sans façon, sans vous amuser à beaucoup de discours, tranchez-moi d'un apophthegme, vite, vite, monsieur Gorgibus, dépêchons, évitez la prolixité.

GORGIBUS.

Laissez-moi donc parler.

LE DOCTEUR.

Monsieur Gorgibus, touchez là, vous parlez trop; il faut que quelque autre me dise la cause de leur querelle.

VILLEBREQUIN.

Monsieur le docteur, vous saurez que...

LE DOCTEUR.

Vous êtes un ignorant, un indocte, un homme ignare de toutes les bonnes disciplines, un âne en bon français. Eh quoi! vous commencez la narration sans avoir fait un mot d'exorde! Il faut que quelque autre me conte le désordre. Mademoiselle, contez-moi un peu le détail de ce vacarme.

ANGÉLIQUE.

Voyez-vous bien là mon gros coquin, mon sac à vin de mari?

LE DOCTEUR.

Doucement, s'il vous plaît : parlez avec respect de votre époux, quand vous êtes devant la moustache d'un docteur comme moi.

ANGÉLIQUE.

Ah vraiment oui, docteur? Je me moque bien de vous et de votre doctrine, et je suis docteur quand je veux.

LE DOCTEUR.

Tu es docteur quand tu veux? Ouais! Je pense que tu es un plaisant docteur. Tu as la mine de suivre fort ton caprice : des parties d'oraison, tu n'aimes que la conjonction; des genres, que le masculin; des déclinaisons, le génitif; de la syntaxe, *mobile cum fixo;* et enfin de la quantité, tu n'aimes que le dactyle *quia constat ex una longa et duabus brevibus.* Venez çà, vous, dites-moi un peu quelle est la cause, le sujet de votre combustion.

LE BARBOUILLÉ.

Monsieur le docteur...

SCÈNE VI.

LE DOCTEUR.

Voilà qui est bien commencé ; monsieur le docteur, ce mot a quelque chose de doux à l'oreille, quelque chose plein d'emphase; monsieur le docteur!

LE BARBOUILLÉ.

A la mienne volonté...

LE DOCTEUR.

Voilà qui est bien... à la mienne volonté! La volonté présuppose le souhait, le souhait présuppose des moyens pour arriver à ses fins, et la fin présuppose un objet; voilà qui est bien... à la mienne volonté!

LE BARBOUILLÉ.

J'enrage.

LE DOCTEUR.

Otez-moi ce mot, j'enrage; voilà un terme bas et populaire.

LE BARBOUILLÉ.

Hé! monsieur le docteur, écoutez-moi, de grâce.

LE DOCTEUR.

Audi, *quœso*, aurait dit Cicéron.

LE BARBOUILLÉ.

Oh! ma foi, si se rompt, si se casse, ou si se brise, je ne m'en mets guère en peine; mais tu m'écouteras, ou je te vais casser ton museau doctoral; et que diable donc est ceci?

LE BARBOUILLÉ, ANGÉLIQUE, GORGIBUS, CATHAU, VILLEBREQUIN, voulant dire la cause de la querelle, et LE DOCTEUR, disant que la paix est une belle chose, parlent tous à la fois. Au milieu de tout ce bruit, le Barbouillé attache le Docteur par le pied et le fait tomber; le Docteur se doit laisser tomber sur le dos : le Barbouillé l'entraîne par la corde qu'il lui a attachée au pied, et, pendant qu'il l'entraîne, le Docteur doit toujours parler, et compter par ses doigts toutes ses raisons, comme s'il n'était point à terre.

(Le Barbouillé et le Docteur disparaissent.)

GORGIBUS.

Allons, ma fille, retirez-vous chez vous, et vivez bien avec votre mari.

VILLEBREQUIN.

Adieu, serviteur et bonsoir.

(Villebrequin, Gorgibus et Angélique s'en vont.)

SCÈNE VII.

VALÈRE, LA VALLÉE.

VALÈRE.

Monsieur, je vous suis obligé du soin que vous avez pris, et je vous promets de me rendre dans une heure à l'assignation que vous me donnez.

LA VALLÉE.

Cela ne peut se différer; et si vous tardez d'un quart d'heure, le bal sera fini dans un moment : vous n'aurez pas le bien d'y voir celle que vous aimez, si vous n'y venez tout présentement.

VALÈRE.

Allons donc ensemble de ce pas.

(Ils s'en vont.)

SCÈNE VIII.

ANGÉLIQUE, seule.

Cependant que mon mari n'y est pas, je vais faire un tour à un bal que donne une de mes voisines. Je serai revenue auparavant lui, car il est quelque part au cabaret; il ne s'apercevra pas que je suis sortie. Ce maroufle-là me laisse toute seule à la maison, comme si j'étais son chien. (Elle s'en va.)

SCÈNE IX.

LE BARBOUILLÉ, seul.

Je savais bien que j'aurais raison de ce diable de docteur et de sa fichue doctrine. Au diable l'ignorant! j'ai bien envoyé toute sa science par terre. Il faut pourtant que j'aille un peu voir si notre bonne ménagère m'aura fait à souper.
(Il sort.)

SCÈNE X.

ANGÉLIQUE, seule.

Que je suis malheureuse! j'ai resté trop tard, l'assemblée est finie : je suis arrivée justement comme tout le monde sortait; mais il m'importe, ce sera pour une autre fois. Je m'en vais cependant au logis comme si de rien n'était. Ouais! la porte est fermée; Cathau, Cathau!

SCÈNE XI.

LE BARBOUILLÉ, à la fenêtre, ANGÉLIQUE.

LE BARBOUILLÉ.

Cathau, Cathau! Eh bien! qu'a-t-elle fait, Cathau? et d'où venez-vous, madame la carogne, à l'heure qu'il est, et par le temps qu'il fait?

ANGÉLIQUE.

D'où je viens? ouvre-moi seulement, et je te le dirai après.

LE BARBOUILLÉ.

Oui, ah! ma foi, tu peux aller coucher là d'où tu viens, ou, si tu l'aimes mieux, dans la rue; je n'ouvre point à une coureuse comme toi. Comment, diable! être toute seule à l'heure qu'il est! Je ne sais si c'est imagination, mais mon front m'en paraît plus rude de moitié.

ANGÉLIQUE.

Eh bien! pour être toute seule, qu'en veux-tu dire? Tu me querelles quand je suis en compagnie : comment donc faut-il faire?

LE BARBOUILLÉ.

Il faut être retirée à la maison, donner ordre au souper, avoir soin du ménage, des enfants; mais, sans tant de discours inutiles, adieu, bonsoir, va-t'en au diable, et me laisse en repos.

ANGÉLIQUE.

Tu ne veux pas m'ouvrir?

LE BARBOUILLÉ.

Non, je n'ouvrirai pas.

ANGÉLIQUE.

Hé! mon pauvre petit mari, je t'en prie, ouvre-moi, mon cher petit cœur.

LE BARBOUILLÉ.

Ah! crocodile! ah! serpent dangereux! tu me caresses pour me trahir.

ANGÉLIQUE.

Ouvre, ouvre donc.

LE BARBOUILLÉ.

Adieu, *vade retro, Satanas!*

ANGÉLIQUE.

Quoi! tu ne m'ouvriras pas?

LE BARBOUILLÉ.

Non.

ANGÉLIQUE.

Et tu n'as point de pitié de ta femme qui t'aime tant?

SCÈNE XI.

LE BARBOUILLÉ.

Non, je suis inflexible ; tu m'as offensé, je suis vindicatif comme tous les diables, c'est-à-dire bien fort, je suis inexorable.

ANGÉLIQUE.

Sais-tu bien que si tu me pousses à bout, et que tu me mettes en colère, je ferai quelque chose dont tu te repentiras ?

LE BARBOUILLÉ.

Et que feras-tu, bonne chienne ?

ANGÉLIQUE.

Tiens, si tu ne m'ouvres, je m'en vais me tuer devant la porte ; mes parents, qui sans doute viendront ici auparavant de se coucher, pour savoir si nous sommes bien ensemble, me trouveront morte, et tu seras pendu.

LE BARBOUILLÉ.

Ah, ah, ah, ah, la bonne bête ! et qui y perdra le plus de nous deux ? Va, va, tu n'es pas si sotte que de faire ce coup-là.

ANGÉLIQUE.

Tu ne le crois donc pas ? Tiens, tiens, voilà mon couteau tout prêt ; si tu ne m'ouvres, je m'en vais tout à cette heure m'en donner dans le cœur.

LE BARBOUILLÉ.

Prends garde, voilà qui est bien pointu.

ANGÉLIQUE.

Tu ne veux donc pas m'ouvrir ?

LE BARBOUILLÉ.

Je t'ai déjà dit vingt fois que je n'ouvrirai point ; tue-toi, crève, va-t'en au diable, je ne m'en soucie pas.

ANGÉLIQUE, faisant semblant de se frapper.

Adieu donc... Ay ! je suis morte.

LE BARBOUILLÉ.

Serait-elle bien assez sotte pour avoir fait ce coup-là ? Il faut que je descende avec la chandelle pour aller voir.

ANGÉLIQUE.

Il faut que je t'attrape. Si je peux entrer dans la maison subtilement cependant que tu me chercheras, chacun aura bien son tour.

LE BARBOUILLÉ.

Eh bien! ne savais-je pas bien qu'elle n'était pas si sotte? Elle est morte, et si elle court comme le cheval de Pacolet [1]. Ma foi, elle m'avait fait peur tout de bon. Elle a bien fait de gagner au pied; car si je l'eusse trouvée en vie, après m'avoir fait cette frayeur-là, je lui aurais apostrophé cinq ou six clystères de coups de pied dans le cul, pour lui apprendre à faire la bête. Je m'en vais me coucher cependant. Oh! oh! je pense que le vent a fermé la porte. Hé! Cathau, Cathau, ouvre-moi.

ANGÉLIQUE.

Cathau, Cathau! Eh bien! qu'a-t-elle fait Cathau? et d'où venez-vous, monsieur l'ivrogne? Ah! vraiment, va, mes parents, qui vont venir dans un moment, sauront tes vérités. Sac à vin, infâme, tu ne bouges du cabaret, et tu laisses une pauvre femme avec des petits enfants, sans savoir s'ils ont besoin de quelque chose, à croquer le marmot tout le long du jour.

LE BARBOUILLÉ.

Ouvre vite, diablesse que tu es, ou je te casserai la tête.

SCÈNE XII.

GORGIBUS, VILLEBREQUIN, ANGÉLIQUE, LE BARBOUILLÉ.

GORGIBUS.

Qu'est ceci? toujours de la dispute, de la querelle, et de la dissension!

---

[1] Cheval enchanté plus rapide que l'éclair, qui figure dans le vieux roman de *Valentin et Orson.*

SCÈNE XIII.

VILLEBREQUIN.

Eh quoi! vous ne serez jamais d'accord?

ANGÉLIQUE.

Mais voyez un peu, le voilà qui est soûl, et revient, à l'heure qu'il est, faire un vacarme horrible; il me menace.

GORGIBUS.

Mais aussi ce n'est pas là l'heure de revenir. Ne devriez-vous pas, comme un bon père de famille, vous retirer de bonne heure, et bien vivre avec votre femme?

LE BARBOUILLÉ.

Je me donne au diable si j'ai sorti de la maison : demandez plutôt à ces messieurs qui sont là-bas dans le parterre; c'est elle qui ne fait que de revenir. Ah! que l'innocence est opprimée!

VILLEBREQUIN.

Çà, çà, allons, accordez-vous; demandez-lui pardon.

LE BARBOUILLÉ.

Moi, pardon! j'aimerais mieux que le diable l'eût emportée. Je suis dans une colère que je ne me sens pas.

GORGIBUS.

Allons, ma fille, embrassez votre mari, et soyez bons amis.

SCÈNE XIII.

LE DOCTEUR, à la fenêtre, en bonnet de nuit et en camisole;
LE BARBOUILLÉ, VILLEBREQUIN, GORGIBUS,
ANGÉLIQUE.

LE DOCTEUR.

Eh quoi! toujours du bruit, du désordre, de la dissension, des querelles, des débats, des différends, des combustions, des altercations éternelles? Qu'est-ce? qu'y a-t-il donc? On ne saurait avoir du repos.

VILLEBREQUIN.

Ce n'est rien, monsieur le docteur, tout le monde est d'accord.

LE DOCTEUR.

A propos d'accord, voulez-vous que je vous lise un chapitre d'Aristote, où il prouve que toutes les parties de l'univers ne subsistent que par l'accord qui est entre elles?

VILLEBREQUIN.

Cela est-il bien long?

LE DOCTEUR.

Non, cela n'est pas long; cela contient environ soixante ou quatre-vingts pages.

VILLEBREQUIN.

Adieu, bonsoir, nous vous remercions.

GORGIBUS.

Il n'en est pas de besoin.

LE DOCTEUR.

Vous ne le voulez pas?

GORGIBUS.

Non.

LE DOCTEUR.

Adieu donc, puisque ainsi est; bonsoir : *latine, bona nox*.

VILLEBREQUIN.

Allons-nous-en souper ensemble, nous autres.

FIN DE LA JALOUSIE DU BARBOUILLÉ.

POÉSIES DIVERSES.

POÉSIES DIVERSES.

LA GLOIRE DU VAL-DE-GRACE [1].

1669

Digne fruit de vingt ans de travaux somptueux,
Auguste bâtiment, temple majestueux,
Dont le dôme superbe, élevé dans la nue,
Pare du grand Paris la magnifique vue,
Et, parmi tant d'objets semés de toutes parts,
Du voyageur surpris prend les premiers regards,
Fais briller à jamais, dans ta noble richesse,
La splendeur du saint vœu d'une grande princesse,
Et porte un témoignage à la postérité
De sa magnificence et de sa piété.
Conserve à nos neveux une montre fidèle
Des exquises beautés que tu tiens de son zèle :
Mais défends bien surtout de l'injure des ans
Le chef-d'œuvre fameux de ses riches présents,
Cet éclatant morceau de savante peinture

---

[1] Le Val-de-Grâce fut fondé par la reine mère Anne d'Autriche, en accomplissement du vœu qu'elle avait fait de bâtir une magnifique église si Dieu mettait un terme à la stérilité dont elle était affligée, et que fit cesser, après vingt-deux ans, la naissance de Louis XIV.

La fresque de Mignard, qui décore la coupole du Val-de-Grâce, représente les cieux ouverts : c'est ce qu'en termes d'art on appelle une *Gloire*.

Dont elle a couronné ta noble architecture :
C'est le plus bel effet des grands soins qu'elle a pris,
Et ton marbre et ton or ne sont point de ce prix.
 Toi qui, dans cette coupe [1], à ton vaste génie
Comme un ample théâtre heureusement fournie,
Es venu déployer les précieux trésors
Que le Tibre t'a vu ramasser sur ses bords ;
Dis-nous, fameux Mignard, par qui te sont versées
Les charmantes beautés de tes nobles pensées ;
Et dans quel fonds tu prends cette variété
Dont l'esprit est surpris, et l'œil est enchanté.
Dis-nous quel feu divin, dans tes fécondes veilles,
De tes expressions enfante les merveilles ;
Quel charme ton pinceau répand dans tous ses traits,
Quelle force il y mêle à ses plus doux attraits,
Et quel est ce pouvoir, qu'au bout des doigts tu portes,
Qui sait faire à nos yeux vivre des choses mortes,
Et, d'un peu de mélange et de bruns et de clairs,
Rendre esprit la couleur, et les pierres des chairs ?
 Tu te tais, et prétends que ce sont des matières
Dont tu dois nous cacher les savantes lumières,
Et que ces beaux secrets, à tes travaux vendus,
Te coûtent un peu trop pour être répandus ;
Mais ton pinceau s'explique, et trahit ton silence ;
Malgré toi, de ton art il nous fait confidence ;
Et, dans ses beaux efforts à nos yeux étalés,
Les mystères profonds nous en sont révélés.
Une pleine lumière ici nous est offerte ;
Et ce dôme pompeux est une école ouverte,
Où l'ouvrage, faisant l'office de la voix,
Dicte de ton grand art les souveraines lois.
Il nous dit fortement les trois nobles parties [2]

---

[1] Pour *coupole*.
[2] L'invention, le dessin et le coloris. (*Note de Molière.*)

Qui rendent d'un tableau les beautés assorties,
Et dont, en s'unissant, les talents relevés
Donnent à l'univers les peintres achevés.

Mais des trois, comme reine, il nous expose celle [1]
Que ne peut nous donner le travail, ni le zèle;
Et qui, comme un présent de la faveur des cieux,
Est du nom de divine appelée en tous lieux;
Elle, dont l'essor monte au-dessus du tonnerre,
Et sans qui l'on demeure à ramper contre terre;
Qui meut tout, règle tout, en ordonne à son choix,
Et des deux autres mène et régit les emplois.
Il nous enseigne à prendre une digne matière,
Qui donne au feu du peintre une vaste carrière,
Et puisse recevoir tous les grands ornements
Qu'enfante un beau génie en ses accouchements,
Et dont la Poésie et sa sœur la Peinture
Parent l'instruction de leur docte imposture;
Composent avec art ces attraits, ces douceurs,
Qui font à leurs leçons un passage en nos cœurs;
Et par qui, de tout temps, ces deux sœurs si pareilles
Charment, l'une les yeux, et l'autre les oreilles.

Mais il nous dit de fuir un discord apparent
Du lieu que l'on nous donne et du sujet qu'on prend;
Et de ne point placer dans un tombeau des fêtes,
Le ciel contre nos pieds, et l'enfer sur nos têtes.

Il nous apprend à faire avec détachement,
De groupes contrastés un noble agencement,
Qui du champ du tableau fasse un juste partage,
En conservant les bords un peu légers d'ouvrage,
N'ayant nul embarras, nul fracas vicieux,
Qui rompe ce repos, si fort ami des yeux;
Mais où, sans se presser le groupe se rassemble,
Et forme un doux concert, fasse un beau tout-ensemble,

---

[1] L'invention, première partie de la peinture. (*Note de Molière*.)

Où rien ne soit à l'œil mendié, ni redit,
Tout s'y voyant tiré d'un vaste fonds d'esprit,
Assaisonné du sel de nos grâces antiques,
Et non du fade goût des ornements gothiques :
Ces monstres odieux des siècles ignorants,
Que de la barbarie ont produits les torrents,
Quand leur cours inondant presque toute la terre,
Fit à la politesse une mortelle guerre,
Et, de la grande Rome abattant les remparts,
Vint, avec son empire, étouffer les beaux-arts.

Il nous montre à poser avec noblesse et grâce
La première figure à la plus belle place,
Riche d'un agrément, d'un brillant de grandeur
Qui s'empare d'abord des yeux du spectateur;
Prenant un soin exact que, dans tout un ouvrage,
Elle joue aux regards le plus beau personnage;
Et que, par aucun rôle au spectacle placé,
Le héros du tableau ne se voie effacé.

Il nous enseigne à fuir les ornements débiles
Des épisodes froids, et qui sont inutiles,
A donner au sujet toute sa vérité,
A lui garder partout pleine fidélité,
Et ne se point porter à prendre de licence,
A moins qu'à des beautés elle donne naissance.

Il nous dicte amplement les leçons du dessin [1]
Dans la manière grecque, et dans le goût romain;
Le grand choix du beau vrai, de la belle nature,
Sur les restes exquis de l'antique sculpture,
Qui, prenant d'un sujet la brillante beauté,
En savait séparer la faible vérité,
Et, formant de plusieurs une beauté parfaite,
Nous corrige par l'art la nature qu'on traite.

Il nous explique à fond, dans ses instructions,

---

[1] Le dessin, seconde partie de la peinture. (*Note de Molière.*)

L'union de la grâce et des proportions;
Les figures partout doctement dégradées,
Et leurs extrémités soigneusement gardées;
Les contrastes savants des membres agroupés,
Grands, nobles, étendus, et bien développés,
Balancés sur leur centre en beauté d'attitude,
Tous formés l'un pour l'autre avec exactitude,
Et n'offrant point aux yeux ces galimatias
Où la tête n'est point de la jambe, ou du bras;
Leur juste attachement aux lieux qui les font naître,
Et les muscles touchés autant qu'ils doivent l'être;
La beauté des contours observés avec soin,
Point durement traités, amples, tirés de loin,
Inégaux, ondoyants, et tenant de la flamme,
Afin de conserver plus d'action et d'âme;
Les nobles airs de tête amplement variés,
Et tous au caractère avec choix mariés;
Et c'est là qu'un grand peintre, avec pleine largesse,
D'une féconde idée étale la richesse,
Faisant briller partout de la diversité,
Et ne tombant jamais dans un air répété :
Mais un peintre commun trouve une peine extrême
A sortir, dans ses airs, de l'amour de soi-même;
De redites sans nombre il fatigue les yeux,
Et, plein de son image, il se peint en tous lieux,

 Il nous enseigne aussi les belles draperies,
De grands plis bien jetés suffisamment nourries,
Dont l'ornement aux yeux doit conserver le nu,
Mais qui, pour le marquer, soit un peu retenu;
Qui ne s'y colle point, mais en suive la grâce,
Et, sans la serrer trop, la caresse et l'embrasse.

 Il nous montre à quel air, dans quelles actions,
Se distinguent à l'œil toutes les passions;
Les mouvements du cœur, peints d'une adresse extrême,
Par des gestes puisés dans la passion même,

Bien marqués pour parler, appuyés, forts et nets,
Imitant en vigueur les gestes des muets,
Qui veulent réparer la voix que la nature
Leur a voulu nier, ainsi qu'à la peinture.
   Il nous étale enfin les mystères exquis
De la belle partie où triompha Zeuxis [1],
Et qui, le revêtant d'une gloire immortelle,
Le fit aller de pair avec le grand Apelle :
L'union, les concerts et les tons des couleurs,
Contrastes, amitiés, ruptures et valeurs,
Qui font les grands effets, les fortes impostures,
L'achèvement de l'art, et l'âme des figures.
   Il nous dit clairement dans quel choix le plus beau
On peut prendre le jour et le champ du tableau;
Les distributions et d'ombre et de lumière
Sur chacun des objets et sur la masse entière;
Leur dégradation dans l'espace de l'air
Par les tons différents de l'obscur et du clair,
Et quelle force il faut aux objets mis en place,
Que l'approche distingue et le lointain efface;
Les gracieux repos que, par des soins communs,
Les bruns donnent aux clairs, comme les clairs aux bruns;
Avec quel agrément d'insensible passage
Doivent ces opposés entrer en assemblage;
Par quelle douce chute ils doivent y tomber,
Et dans un milieu tendre aux yeux se dérober;
Ces fonds officieux qu'avec art on se donne,
Qui reçoivent si bien ce qu'on leur abandonne;
Par quels coups de pinceau, formant de la rondeur,
Le peintre donne au plat le relief du sculpteur;
Quel adoucissement des teintés de lumière
Fait perdre ce qui tourne, et le chasse derrière;
Et comme avec un champ fuyant, vague et léger,

---

[1] Le coloris, troisième partie de la peinture. (*Note de Molière.*)

La fierté de l'obscur sur la douceur du clair
Triomphant de la toile, en tire avec puissance
Les figures que veut garder sa résistance,
Et, malgré tout l'effort qu'elle oppose à ses coups,
Les détache du fond, et les amène à nous.
 Il nous dit tout cela, ton admirable ouvrage :
Mais, illustre Mignard, n'en prends aucun ombrage :
Ne crains pas que ton art, par ta main découvert,
A marcher sur tes pas tienne un chemin ouvert,
Et que de ses leçons les grands et beaux oracles
Élèvent d'autres mains à tes doctes miracles :
Il y faut les talents que ton mérite joint;
Et ce sont des secrets qui ne s'apprennent point.
On n'acquiert point, Mignard, par les soins qu'on se donne
Trois choses dont les dons brillent dans ta personne,
Les passions, la grâce et les tons de couleur,
Qui des riches tableaux font l'exquise valeur;
Ce sont présents du ciel, qu'on voit peu qu'il assemble;
Et les siècles ont peine à les trouver ensemble.
C'est par là qu'à nos yeux nuls travaux enfantés
De ton noble travail n'atteindront les beautés :
Malgré tous les pinceaux que ta gloire réveille,
Il sera de nos jours la fameuse merveille,
Et des bouts de la terre en ces superbes lieux
Attirera les pas des savants curieux.
 O vous, dignes objets de la noble tendresse
Qu'a fait briller pour vous cette auguste princesse,
Dont au grand Dieu naissant, au véritable Dieu,
Le zèle magnifique a consacré ce lieu[1],
Purs esprits, où du ciel sont les grâces infuses,
Beaux temples des vertus, admirables recluses,

---

[1] L'église du Val-de-Grâce était consacrée à Jésus *naissant* et à la Vierge, sa mère; on lisait sur la frise du portique :

Jesu nascenti Virginique matri.

Qui, dans votre retraite, avec tant de ferveur,
Mêlez parfaitement la retraite du cœur,
Et, par un choix pieux hors du monde placées,
Ne détachez vers lui nulle de vos pensées,
Qu'il vous est cher d'avoir sans cesse devant vous
Ce tableau de l'objet de vos vœux les plus doux;
D'y nourrir par vos yeux les précieuses flammes
Dont si fidèlement brûlent vos belles âmes;
D'y sentir redoubler l'ardeur de vos désirs;
D'y donner à toute heure un encens de soupirs,
Et d'embrasser du cœur une image si belle
Des célestes beautés de la gloire éternelle,
Beautés qui dans leurs fers tiennent vos libertés,
Et vous font mépriser toutes autres beautés!
 Et toi, qui fus jadis la maîtresse du monde,
Docte et fameuse école en raretés féconde;
Où les arts déterrés ont, par un digne effort,
Réparé les dégâts des barbares du Nord;
Source des beaux débris des siècles mémorables,
O Rome, qu'à tes soins nous sommes redevables
De nous avoir rendu, façonné de ta main,
Ce grand homme, chez toi devenu tout Romain,
Dont le pinceau célèbre, avec magnificence,
De ses riches travaux vient parer notre France,
Et dans un noble lustre y produire à nos yeux
Cette belle peinture inconnue en ces lieux,
La fresque, dont la grâce, à l'autre préférée,
Se conserve un éclat d'éternelle durée;
Mais dont la promptitude et les brusques fiertés
Veulent un grand génie à toucher ses beautés!
 De l'autre qu'on connaît, la traitable méthode
Aux faiblesses d'un peintre aisément s'accommode :
La paresse de l'huile, allant avec lenteur,
Du plus tardif génie attend la pesanteur;
Elle sait secourir, par le temps qu'elle donne

Les faux pas que peut faire un pinceau qui tâtonne ;
Et sur cette peinture on peut, pour faire mieux,
Revenir, quand on veut, avec de nouveaux yeux.
Cette commodité de retoucher l'ouvrage
Aux peintres chancelants est un grand avantage ;
Et ce qu'on ne fait pas en vingt fois qu'on reprend,
On le peut faire en trente, on le peut faire en cent.
Mais la fresque est pressante, et veut, sans complaisance,
Qu'un peintre s'accommode à son impatience,
La traite à sa manière, et, d'un travail soudain,
Saisisse le moment qu'elle donne à sa main.
La sévère rigueur de ce moment qui passe
Aux erreurs d'un pinceau ne fait aucune grâce ;
Avec elle il n'est point de retour à tenter,
Et tout, au premier coup, se doit exécuter.
Elle veut un esprit où se rencontre unie
La pleine connaissance avec le grand génie,
Secouru d'une main propre à le seconder,
Et maîtresse de l'art jusqu'à le gourmander ;
Une main prompte à suivre un beau feu qui la guide,
Et dont, comme un éclair, la justesse rapide
Répande dans ses fonds, à grands traits non tâtés,
De ses expressions les touchantes beautés.

   C'est par là que la fresque, éclatante de gloire,
Sur les honneurs de l'autre emporte la victoire,
Et que tous les savants, en juges délicats,
Donnent la préférence à ses mâles appas.
Cent doctes mains chez elle ont cherché la louange ;
Et Jules, Annibal [1], Raphaël, Michel-Ange,
Les Mignards de leur siècle, en illustres rivaux,
Ont voulu par la fresque anoblir leurs travaux.

   Nous la voyons ici doctement revêtue
De tous les grands attraits qui surprennent la vue.

---

[1] Jules Romain, Annibal Carrache.

Jamais rien de pareil n'a paru dans ces lieux ;
Et la belle inconnue a frappé tous les yeux.
Elle a non-seulement, par ses grâces fertiles,
Charmé du grand Paris les connaisseurs habiles,
Et touché de la cour le beau monde savant ;
Ses miracles encore ont passé plus avant ;
Et de nos courtisans les plus légers d'étude
Elle a pour quelque temps fixé l'inquiétude,
Arrêté leur esprit, attaché leurs regards,
Et fait descendre en eux quelque goût des beaux-arts.

   Mais ce qui, plus que tout, élève son mérite,
C'est de l'auguste Roi l'éclatante visite ;
Ce monarque, dont l'âme aux grandes qualités
Joint un goût délicat des savantes beautés,
Qui, séparant le bon d'avec son apparence,
Décide sans erreur, et loue avec prudence ;
Louis, le grand Louis, dont l'esprit souverain
Ne dit rien au hasard, et voit tout d'un œil sain,
A versé de sa bouche à ses grâces brillantes
De deux précieux mots les douceurs chatouillantes ;
Et l'on sait qu'en deux mots ce Roi judicieux
Fait des plus beaux travaux l'éloge glorieux.

   Colbert, dont le bon goût suit celui de son maître,
A senti même charme, et nous le fait paraître.
Ce vigoureux génie au travail si constant,
Dont la vaste prudence à tous emplois s'étend,
Qui du choix souverain tient, par son haut mérite,
Du commerce et des arts la suprême conduite,
A d'une noble idée enfanté le dessein
Qu'il confie aux talents de cette docte main,
Et dont il veut par elle attacher la richesse
Aux sacrés murs du temple où son cœur s'intéresse[1].

---

[1] Saint-Eustache. (*Note de Molière.*)

Colbert était de la paroisse de Saint-Eustache, et il fut inhumé dans cette église.

La voilà, cette main, qui se met en chaleur;
Elle prend les pinceaux, trace, étend la couleur,
Empâte, adoucit, touche, et ne fait nulle pause :
Voilà qu'elle a fini ; l'ouvrage aux yeux s'expose;
Et nous y découvrons, aux yeux des grands experts,
Trois miracles de l'art en trois tableaux divers.
Mais, parmi cent objets d'une beauté touchante,
Le Dieu porte au respect, et n'a rien qui n'enchante;
Rien en grâce, en douceur, en vive majesté,
Qui ne présente à l'œil une divinité;
Elle est toute en ces traits si brillants de noblesse :
La grandeur y paraît, l'équité, la sagesse,
La bonté, la puissance ; enfin, ces traits font voir
Ce que l'esprit de l'homme a peine à concevoir.

Poursuis, ô grand Colbert, à vouloir dans la France
Des arts que tu régis établir l'excellence,
Et donne à ce projet et si grand et si beau,
Tous les riches moments d'un si docte pinceau.
Attache à des travaux, dont l'éclat te renomme,
Le reste précieux des jours de ce grand homme.
Tels hommes rarement se peuvent présenter,
Et, quand le ciel les donne, il faut en profiter.
De ces mains, dont les temps ne sont guère prodigues,
Tu dois à l'univers les savantes fatigues;
C'est à ton ministère à les aller saisir
Pour les mettre aux emplois que tu peux leur choisir;
Et, pour ta propre gloire, il ne faut point attendre
Qu'elles viennent t'offrir ce que ton choix doit prendre.
Les grands hommes, Colbert, sont mauvais courtisans,
Peu faits à s'acquitter des devoirs complaisants;
A leurs réflexions tout entiers ils se donnent;
Et ce n'est que par là qu'ils se perfectionnent.
L'étude et la visite ont leurs talents à part.
Qui se donne à sa cour se dérobe à son art.
Un esprit partagé rarement s'y consomme;

Et les emplois de feu demandent tout un homme.
Ils ne sauraient quitter les soins de leur métier
Pour aller chaque jour fatiguer ton portier;
Ni partout, près de toi, par d'assidus hommages,
Mendier des prôneurs les éclatants suffrages.
Cet amour de travail, qui toujours règne en eux,
Rend à tous autres soins leur esprit paresseux;
Et tu dois consentir à cette négligence
Qui de leurs beaux talents te nourrit l'excellence.
Souffre que, dans leur art s'avançant chaque jour,
Par leurs ouvrages seuls ils te fassent leur cour.
Leur mérite à tes yeux y peut assez paraître;
Consultes-en ton goût, il s'y connaît en maître,
Et te dira toujours, pour l'honneur de ton choix,
Sur qui tu dois verser l'éclat des grands emplois.
 C'est ainsi que des arts la renaissante gloire
De tes illustres soins ornera la mémoire;
Et que ton nom, porté dans cent travaux pompeux,
Passera triomphant à nos derniers neveux.

SONNET.

A MONSIEUR LA MOTHE LE VAYER[1] SUR LA MORT DE SON FILS.

Aux larmes, le Vayer, laisse tes yeux ouverts;
Ton deuil est raisonnable encor qu'il soit extrême,
Et lorsque pour toujours on perd ce que tu perds,
La Sagesse, crois-moi, peut pleurer elle-même.

On se propose à tort cent préceptes divers
Pour vouloir d'un œil sec voir mourir ce qu'on aime :
L'effort en est barbare aux yeux de l'univers,
Et c'est brutalité plus que vertu suprême.

On sait bien que les pleurs ne ramèneront pas
Ce cher fils que t'enlève un imprévu trépas,
Mais la perte par là n'en est pas moins cruelle.

Ses vertus de chacun le faisaient révérer,
Il avait le cœur grand, l'esprit beau, l'âme belle;
Et ce sont des sujets à toujours le pleurer.

LETTRE D'ENVOI.

« Vous voyez bien, monsieur, que je m'écarte fort du
» chemin qu'on suit d'ordinaire en pareille rencontre, que
» le sonnet que je vous envoie n'est rien moins qu'une con-

---

[1] Écrivain de mérite, qui fut le précepteur de M. le duc d'Orléans.

» solation ; mais j'ai cru qu'il fallait en user de la sorte avec
» vous, et que c'est consoler un philosophe que de lui jus-
» tifier ses larmes, et de mettre sa douleur en liberté. Si je
» n'ai pas trouvé d'assez fortes raisons pour affranchir votre
» tendresse des sévères leçons de la philosophie, et pour
» vous obliger à pleurer sans contrainte, il en faut accuser
» le peu d'éloquence d'un homme qui ne saurait persuader
» ce qu'il sait si bien faire.

» Molière. »

VERS

Placés au bas d'une gravure de Ledoyen,
d'après Chauveau, représentant la Confrérie de l'esclavage de Notre-Dame de la Charité
établie en l'église des religieux de la Charité par N. S. P. le pape
Alexandre VII, l'an 1665.

In funiculis Adam traham eos in vinculis charitatis
Osée, II, 4.

Brisez les tristes fers du honteux esclavage
Où vous tient du péché le commerce odieux
Et venez recevoir le glorieux servage
Que vous tendent les mains de la Reine des cieux :
L'un, sur vous, à vos sens donne pleine victoire ;
L'autre sur vos désirs vous fait régner en rois ;
L'un vous tire aux enfers, et l'autre dans la gloire :
Hélas ! peut-on, mortels, balancer sur ce choix ?

J.-B. P. Molière.

STANCES [1].

Souffrez qu'Amour cette nuit vous réveille ;
Par mes soupirs laissez-vous enflammer ;
Vous dormez trop, adorable merveille,
Car c'est dormir que de ne point aimer.

Ne craignez rien ; dans l'amoureux empire
Le mal n'est pas si grand que l'on le fait :
Et lorsqu'on aime, et que le cœur soupire,
Son propre mal souvent le satisfait.

Le mal d'aimer, c'est de vouloir le taire :
Pour l'éviter parlez en ma faveur.
Amour le veut, n'en faites point mystère ;
Mais vous tremblez, et ce dieu vous fait peur.

Peut-on souffrir une plus douce peine ?
Peut-on subir une plus douce loi ?
Qu'étant des cœurs la douce souveraine,
Dessus le vôtre Amour agisse en roi !

Rendez-vous donc, ô divine Amarante,
Soumettez-vous aux volontés d'Amour ;
Aimez pendant que vous êtes charmante,
Car le temps passe, et n'a point de retour.

---

[1] Ces stances se trouvent dans la première partie d'un recueil intitulé : *Délices de la poésie galante* ; elles ont été insérées pour la première fois en 1845 dans les œuvres de Molière.

BOUTS-RIMÉS [1]

COMMANDÉS PAR LE PRINCE [2] SUR LE BEL AIR.

Que vous m'embarrassez avec votre . . . . . grenouille,
Qui traîne à ses talons le doux mot d' . . . hypocras !
Je hais des bouts-rimés le puéril. . . . . . . fatras,
Et tiens qu'il vaudrait mieux filer une . . . quenouille.

La gloire du bel air n'a rien qui me. . . . chatouille ;
Vous m'assommez l'esprit avec un gros. . . plâtras,
Et je tiens heureux ceux qui sont morts à . Coutras,
Voyant tout le papier qu'en sonnets on. . . barbouille.

M'accable derechef la haine du. . . . . cagot,
Plus méchant mille fois que n'est un vieux magot,
Plutôt qu'un bout-rimé me fasse entrer en danse.

Je vous le chante clair, comme un. . . . . chardonneret,
Au bout de l'univers je fuis dans une . . . manse.
Adieu, grand prince, adieu ; tenez-vous. . guilleret.

---

[1] Ces bouts-rimés ont été imprimés pour la première fois à la suite de *la Comtesse d'Escarbagnas* dans l'édition de 1682.
[2] Probablement le prince de Condé.

AU ROI.

SUR LA CONQUÊTE DE LA FRANCHE-COMTÉ[1].

Ce sont faits inouïs, GRAND ROI, que tes victoires !
L'avenir aura peine à les bien concevoir ;
Et de nos vieux héros les pompeuses histoires
Ne nous ont point chanté ce que tu nous fais voir.

Quoi ! presque au même instant qu'on te l'a vu résoudre,
Voir toute une province unie à tes États !
Les rapides torrents, et les vents, et la foudre,
Vont-ils, dans leurs effets, plus vite que ton bras ?

N'attends pas, au retour d'un si fameux ouvrage,
Des soins de notre muse un éclatant hommage.
Cet exploit en demande, il le faut avouer.

Mais nos chansons, GRAND ROI, ne sont pas sitôt prêtes ;
Et tu mets moins de temps à faire tes conquêtes
    Qu'il n'en faut pour les bien louer.

FIN DES POÉSIES DIVERSES.

---

[1] Il s'agit ici de la première conquête de la Franche-Comté, accomplie au mois de février 1668.

TABLE DES MATIÈRES.

	Pages
Psyché, tragédie-ballet	1
Les Fourberies de Scapin, comédie	95
La Comtesse d'Escarbagnas, comédie	177
Les Femmes savantes, comédie	211
Le Malade imaginaire, comédie	307
Le Médecin volant, farce	407
La Jalousie de Barbouillé, farce	445

POÉSIES DIVERSES.

La Gloire du Val-de-Grâce, poésie	489
Sonnet à M. la Mothe le Vayer, sur la mort de son fils	501
Vers placés au bas d'une gravure de Ledoyen	502
Stances	503
Bouts-rimés	504
Au Roi, sur la conquête de la Franche-Comté	505

LA BIBLIOTHÈQUE UNIVERSELLE DES FAMILLES

SE COMPOSE DE 500 BEAUX VOLUMES

CHOISIS PARMI LES MEILLEURS OUVRAGES ANCIENS ET MODERNES.

Prix, par série, 2 francs le volume. — Séparément, 2 fr. 50 c.

Voici les Ouvrages compris dans la première Série, classés par ordre de matières :

RELIGION.

NOUVEAU TESTAMENT. — Les Évangiles. — Les Actes des Apôtres. — Épîtres, etc. 2
L'IMITATION DE JÉSUS-CHRIST 1
LA VIE DE JÉSUS-CHRIST 1
BOSSUET. — Traité de la Connaissance de Dieu et de soi-même. — Traité du libre arbitre. — Oraisons funèbres. — Élév. à Dieu sur les Myst. de la Relig. 3
BOURDALOUE. — Avent. — Carême . . 3
FÉNELON. — Traité de l'Existence de Dieu. — Lettres sur divers sujets de métaphysique et de religion 2
SAINT FRANÇOIS DE SALES. — Introduction à la vie dévote 1
FLÉCHIER. — Oraisons funèbres. — Sermons. — Discours de piété 1
MASSILLON. — Avent. — Carême. — Petit Carême. — Oraisons funèbres. 4

MORALE.

LA ROCHEFOUCAULD. — Maximes . . . 1
LA BRUYÈRE. — Caractères 1
PASCAL. — Pensées 1
VAUVENARGUES. — Pensées 1

PHILOSOPHIE.

DESCARTES. — Discours de la Méthode. — Les Méditations. — Réponses aux Objections. — Passions de l'Ame, etc. 2
MALEBRANCHE. — Recherche de la vérité. — Entretiens métaphysiques. — Méditations. — Traité de l'amour de Dieu. Entretiens d'un philosophe chrétien et d'un philosophe chinois 2

HISTOIRE.

AMYOT. — Vies des Hommes célèbres de Plutarque 3
BOSSUET. — Discours sur l'Hist. univ. 1
FLÉCHIER. — Hist. de Théodose le Grand. 1
MONTESQUIEU. — Considérations sur les Causes de la grandeur et de la décadence des Romains 1
RETZ (CARDINAL DE). — Mémoires . . 2
VOLTAIRE. — Siècle de Louis XIV. — Siècle de Louis XV. — Hist. de Charles XII 4

POÉSIE.

BOILEAU. — Œuvres complètes . . . 3
CORNEILLE (PIERRE). — Œuvres complètes 7
CORNEILLE (THOMAS). — Œuvres . . . 1
CHÉNIER (ANDRÉ). — Poésies 1

POÉSIE.

DELILLE. — L'Imagination. — Les Géorgiques. — Malheur et Pitié. — Les Jardins. — l'Homme des champs. — Pièces diverses 2
MALHERBE. — Œuvres 1
MOLIÈRE. — Œuvres complètes . . . 5
RACINE (JEAN). — Œuvres complètes . 4
RACINE (LOUIS). — Poème de la Religion. — Poème de la Grâce. — Odes sacrées. — Pièces diverses 1
REGNARD. — Œuvres choisies 2
VOLTAIRE. — Théâtre choisi. — La Henriade. — Choix de poésies 4

LITTÉRATURE.

BERNARDIN DE SAINT-PIERRE. — Études de la nature 2
CHATEAUBRIAND. — Génie du Christianisme 1
FÉNELON. — Éducation des Filles. — Dialogues sur l'Éloquence. — Opuscules littéraires. — Poésies 2
FONTENELLE — Entretiens sur la pluralité des mondes 1
Mme DE SÉVIGNÉ. — Œuvres complètes. 8
VOLTAIRE. — Choix de Correspondance. 2

HISTOIRE NATURELLE.

BUFFON. — Histoire de l'Homme. — Histoire des Mammifères 2

ROMANS.

BERNARDIN DE SAINT-PIERRE. — Paul et Virginie. — La Chaumière indienne. — Voyage à l'Ile de France 1
FÉNELON. — Télémaque 1
Mme DE STAEL. — Corinne 1

FABLES.

LA FONTAINE. — Fables 1
FÉNELON. — Fables 1
FLORIAN. — Fables 1

VOYAGES.

BARTHÉLEMY. — Voyage d'Anacharsis. 4
CHATEAUBRIAND. — Voyages. — Itinéraire de Paris à Jérusalem 2

DROIT PUBLIC.

D'AGUESSEAU. — Mercuriales 1
MONTESQUIEU. — Esprit des lois . . 2

PARIS. — IMPRIMERIE ET LIBRAIRIE CENTRALES DE NAPOLÉON CHAIX ET Cie.

www.ingramcontent.com/pod-product-compliance
Lightning Source LLC
Chambersburg PA
CBHW071606230426
43669CB00012B/1852